HISTOIRE

DE

LA LÉGISLATION MÉDICALE BELGE.

Chaque exemplaire est revêtu de la signature de l'auteur

BRUXELLES, Impr. de De Vroye et Callewaert

HISTOIRE

DE

LA LÉGISLATION MÉDICALE BELGE,

PAR

JULES SAUVEUR,

CHEF DE BUREAU AU MINISTÈRE DE L'INTÉRIEUR,

DOCTEUR EN DROIT, DOCTEUR EN SCIENCES POLITIQUES ET ADMINISTRATIVES, ETC.

BRUXELLES.

LIBRAIRIE POLYTECHNIQUE D'AUG. DECQ,

RUE DE LA MADELEINE, 9.

1862

HISTOIRE

DE

LA LÉGISLATION MÉDICALE BELGE.

TITRE I.

LÉGISLATION ANTÉRIEURE AU RÉGIME FRANÇAIS.

CHAPITRE PRÉLIMINAIRE.

CONSIDÉRATIONS GÉNÉRALES.

1. *L'art de guérir,* c'est-à-dire la connaissance et l'application des principes qui ont pour but de remédier aux souffrances ou aux infirmités des hommes, remonte à la plus haute antiquité.

L'histoire nous apprend que chez les peuples primitifs, les Égyptiens, les Hébreux, que dans l'Inde, en Grèce, à Rome sous les rois, et aussi dans la Gaule à l'époque de sa conquête par les armées de César, cet art, particulièrement exercé par les ministres des cultes, était considéré comme un don surnaturel : Esculape chez les Grecs et les Romains, Bellenus chez les anciens Belges, furent même placés au rang des divinités tutélaires.

Lorsque le flambeau de la civilisation eut dissipé les ténèbres dont l'art de guérir était environné, lorsque la science eut substitué ses lois rationnelles aux pratiques élémentaires et superstitieuses du passé, la *médecine*, envisagée, non plus comme le fruit d'une révélation divine, mais comme une des plus belles, des plus utiles découvertes de l'humanité, continua à jouir de la plus haute estime.

L'exercice de *l'art de guérir* ou de la *médecine*, car autrefois ces deux termes avaient une signification identique, comprend, dans son ensemble, un certain nombre de faits dont les uns ressortissent exclusivement à la raison, tandis que les autres se présentent sous un aspect matériel.

Ainsi le diagnostic des maladies, c'est-à-dire l'appréciation de leur siége, de leur nature et de leur importance, de même que la détermination des moyens propres à les guérir, sont des actes intellectuels.

L'amputation d'un membre, la saignée ou toute autre opération qui réclame l'emploi de la main ou d'un instrument, sont, au contraire, des actes pratiques.

La préparation des substances médicamenteuses est également un acte pratique, mais d'un caractère tout spécial.

C'est en se basant sur ces distinctions naturelles, que les anciens Grecs ont divisé l'art de guérir en trois branches : la *médecine dogmatique*, qui juge, qui ordonne ; la *chirurgie*, qui exige un acte manuel ; et la *pharmacie*, qui comprend la composition et la vente des remèdes.

Cette division était, toutefois, purement théorique, car même au temps d'Hippocrate et de ses successeurs, le médecin préparait encore lui-même les médicaments dont il prescrivait l'usage, et donnait aux patients les soins chirurgicaux nécessaires.

Il en était de même à Rome sous les premiers empereurs, ainsi que dans les Gaules lors de l'invasion des armées de César : les druides, prêtres de Bellenus, sacrificateurs et médecins, s'appliquaient à soulager les guerriers blessés, recueillaient et préparaient de leurs mains les sucs végétaux et les simples, notamment le gui sacré, auxquels ils attribuaient des vertus bienfaisantes.

Il est cependant une catégorie de soins, de secours médicaux qui, depuis l'origine des siècles, a été soustraite à l'action intelligente des médecins, pour être confiée à peu près exclusivement à la prudence de certaines femmes : nous entendons parler des *accouchements naturels*. Ce fait, qui s'explique, du reste, par des considérations faciles à saisir, a été constaté, non seulement chez les Arabes, les Romains, les Grecs, mais même chez les Hébreux, ainsi que l'attestent différents passages de la Genèse [1]. Chez les premiers Belges, c'étaient les druidesses qui prêtaient l'aide de leur ministère aux femmes en couches.

En résumé, dans les Gaules comme parmi la généralité des nations à l'état d'enfance, l'art de guérir, c'est-à-dire la *médecine*, à la fois dogmatique, chirurgicale et pharmaceutique, selon la définition des Grecs, était exercée par une classe d'hommes qui s'y vouaient particulièrement, tandis que *les soins obstétricaux* étaient laissés à certaines femmes plus ou moins expérimentées.

Vers le milieu du XIIe siècle, époque de la fondation des écoles et des universités ecclésiastiques, alors que les sciences médicales étaient cultivées presque exclusivement par le clergé, le concile de Tours défendit aux prêtres toute opération sanglante, comme contraire aux lois de l'Église : « *Ecclesia abhorret a sanguine.* »

Cette interdiction ayant été strictement observée, et l'usage s'étant peu à peu introduit parmi les hommes de l'art qui se livraient aux études médicales, d'abandonner à des agents subalternes l'exécution matérielle de tous actes opératoires ou même simplement manuels, la profession distincte du *chirurgien*, entièrement ignorée des anciens, fut organisée et reconnue.

Les premiers chirurgiens étaient entièrement subordonnés aux

[1] Genes. XXV. 25. — XXXV. 16, 17, 19. — XXXVIII. 27, 28, 29, 30. V. pour tout ce qui concerne l'historique de l'art des accouchements, l'ouvrage de M. le docteur De Meyer, intitulé : *Recherches historiques sur la pratique de l'art des accouchements à Bruges, depuis le XIVe siècle jusqu'à nos jours.* Bruges, 1813.

ordres des médecins : c'étaient des manœuvres, comme leur nom l'indique, leur art était purement mécanique.

La chirurgie ainsi délaissée de la science, et placée dans un état d'infériorité relative, ne tarda pas à perdre son premier éclat.

C'est ce qu'a rappelé, dans les termes suivants, M. Thouret, dans un rapport sur l'introduction de la loi médicale française du 19 ventôse an XI, présenté par lui au corps législatif, le 16 du même mois :

« Abandonnée aux laïques qui n'avaient pas de lumières, la « chirurgie dégénéra promptement ; aucune considération, aucun « lustre n'appelait sur elle les regards. Les hommes de talent, « repoussés par cet avilissement, portèrent d'un autre côté leurs « vues et leurs efforts. Une différence humiliante distinguait deux « professions qui, jusqu'alors, avaient toujours joui d'un sort égal, « et tandis que la médecine honorée s'élevait au sein de la pompe « des universités, la chirurgie, déshéritée de sa noblesse antique, « dépouillée de sa dignité primitive, marchait humblement con- « fondue avec les professions mécaniques, sous la bannière de la « communauté. »

Ce n'est que vers le XIVe siècle que l'on a constaté dans nos provinces l'existence de quelques *boutiques de médicaments :* ce commerce y était précédemment ignoré, le médecin composant et livrant lui-même tous les remèdes.

Les officines pharmaceutiques étaient cependant connues des anciens ; leur institution a été la conséquence du développement progressif de la science médicale et de l'accroissement du chiffre des populations agglomérées : lorsque les hommes de l'art, absorbés par l'étude et par les devoirs pressants de leur ministère, se virent dans l'impossibilité de pourvoir par eux-mêmes à la composition des médicaments, dont le nombre et les préparations variées s'accroissaient chaque jour, ils laissèrent, d'abord à leurs disciples, puis à leurs serviteurs, ce soin qui, bientôt, devint l'objet d'un trafic mercantile.

« Dans l'antiquité, » dit, en effet, Fourcroy en l'exposé des motifs de la loi française du 21 germinal an XI, « la préparation des

« médicaments ne fut pas séparée de la médecine : chez les premiers
« peuples civilisés, les médecins trouvaient dans les productions
« les plus communes de la nature, dans les eaux, l'air, la chaleur,
« la lumière, les aliments, dans les affections morales elles-mêmes,
« des armes pour combattre les maux qui nous affligent. Mais le
« nombre des maladies s'étant accru avec celui des hommes réunis
« dans l'enceinte étroite des cités, et comme celui des passions qui
« les ont agités, les recherches et les connaissances, étendues dans
« la même proportion, ont tellement multiplié les substances médi-
« camenteuses et surtout leur mélange et leurs diverses modifica-
« tions, que l'art de les disposer pour les maladies a dû nécessai-
« rement former une occupation et une profession particulière. »

Cette profession était peu estimée chez les anciens et au moyen-âge.

A Athènes, ceux qui faisaient métier de vendre des médicaments et, en même temps, les parfums, les drogues, les épices, étaient, pour la plupart, des étrangers ou des esclaves. Solon avait même interdit ce métier aux citoyens de Sparte.

A Rome, les *pharmacopolæ* formaient une subdivision de la classe des baigneurs.

En France, ainsi que dans nos provinces, *la pharmacie,* depuis son origine jusqu'en l'an XI, était considérée aussi comme un trafic vulgaire.

2. Après avoir ainsi indiqué l'origine des fractionnements que la pratique de la médecine a successivement éprouvés autrefois, jetons un coup d'œil sur la situation des choses dans notre pays depuis le XVIᵉ siècle, époque à laquelle les sciences médicales commen-çaient à sortir de l'engourdissement dans lequel elles étaient restées plongées jusque là, et où la surveillance de l'art de guérir commen-çait aussi à s'organiser, jusqu'à la fin du XVIIIᵉ siècle qui vit s'écrouler toutes nos vieilles institutions

Déjà dans la première moitié du XVIᵉ siècle, les placards et cou-tumes interdisaient au vulgaire de s'immiscer dans l'exercice de l'une ou l'autre des différentes branches de l'art de guérir, et en assuraient le monopole à ceux qui, par leurs études, ou leur expérience, offraient au public des garanties suffisantes de capacité.

Les docteurs ou licenciés en médecine, les chirurgiens, les apothicaires et *les sages-femmes* étaient seuls en possession du droit de pratiquer respectivement la médecine, la chirurgie, la pharmacie ou les accouchements.

De nombreux édits souverains sanctionnèrent ce privilége. Des ordonnances locales réglementèrent, d'une autre part, la pratique de chaque profession, et assurèrent, par l'institution d'un contrôle plus ou moins actif, selon les temps et les lieux, l'observation des mesures de police d'intérêt médical (¹).

De l'ensemble de ces actes d'administration générale ou communale rendus dans les **Pays-Bas** espagnols ou autrichiens et dans la principauté de Liége, pendant le cours des derniers siècles, il résulte :

1° Que nul ne pouvait y exercer l'art de guérir sans avoir obtenu l'un ou l'autre des titres médicaux précités :

2° Que ces titres n'étaient délivrés qu'à la suite d'épreuves déterminées, dans le cours desquelles les postulants étaient tenus de prouver qu'ils possédaient les connaissances et réunissaient les conditions jugées nécessaires pour pouvoir pratiquer convenablement et sans danger ;

3° Que le praticien diplômé ou autorisé devait prêter serment de se conformer aux obligations qui lui étaient imposées par les statuts de sa profession, et soumettre ses titres de capacité à qui de droit, afin de vérification et d'enregistrement ;

4° Que chaque profession était soumise à une réglementation distincte, ayant pour objet d'en définir la nature, d'en circonscrire les limites, d'en assurer l'utilité et d'en prévenir les périls ;

5° Enfin, qu'une surveillance spéciale tendait à empêcher les fraudes, les abus et les contraventions.

(¹) Nous mentionnerons dans les chapitres qui suivent les ordonnances souveraines ou locales les plus importantes des xvɪᵉ, xvɪɪᵉ et xvɪɪɪᵉ siècle, concernant l'art de guérir.

Nous examinerons successivement ces différents points dans les chapitres qui suivent, en les étayant de quelques exemples puisés dans les nombreux documents de l'époque.

CHAPITRE I.

DE L'OBLIGATION IMPOSÉE AUX DIFFÉRENTS PRATICIENS DE POSSÉDER CERTAINS TITRES DE CAPACITÉ.

3. Le plus ancien document d'administration générale qui ait fixé les conditions requises jadis dans nos provinces pour pouvoir y exercer *la médecine* est, à notre connaissance, le placard de l'empereur Charles-Quint en date du 8 octobre 1540 [1].

« Attendu, » y est-il dit, « qu'il est parvenu à notre connaissance
« que des individus des deux sexes, dont la majeure partie ne sait
« ni lire ni écrire en latin, en flamand ou en français, se permet-
« tent d'exercer la médecine dans notre ville de Bruxelles et d'y
« visiter et traiter les malades, ce qui occasionne de nombreux acci-
« dents au préjudice de la population, parce que ces prétendus
« maîtres et maîtresses sont dépourvus de toute expérience réelle,
« et ne sauraient dire de qui, ni en quels lieux ils ont acquis les
« connaissances nécessaires à la pratique de la médecine.......

« Attendu que ce qui précède est au détriment de la ville, et ne
« pourrait que s'étendre, s'il n'y était pourvu d'une manière con-
« venable : »

« Personne ne peut s'intituler médecin ou se présenter comme
« tel, si ce n'est *les docteurs ou licenciés en médecine* reçus dans une
« université approuvée, ou les personnes qui ont été examinées,
« soit par les docteurs en médecine de l'université de Louvain, soit
« par les docteurs qui demeurent et pratiquent dans la ville de
« Bruxelles, moyennant un certificat constatant leur aptitude, etc. »

[1] *Plac. de Brabant.* t. III. p. 261.

Le 4 mars 1569, le duc d'Albe, afin de prévenir les dangers auxquels l'esprit de la Réforme, qui avait fait invasion dans les universités d'Allemagne, exposait la jeunesse studieuse, défendit formellement aux étudiants en médecine et autres, la fréquentation des universités étrangères et confia exclusivement à celle de Louvain, fondée en 1426 par Jean, duc de Brabant, et à celle de Douai, érigée en 1559, le droit de délivrer les diplômes de docteur et de licencié valables dans le pays.

Cependant, l'interdiction de puiser à l'étranger les connaissances scientifiques fut levée, à la mort de Requesens, par les états généraux qui, en vertu d'une déclaration du 31 octobre 1577, rapportèrent l'édit précédent, et restituèrent à chacun la faculté de s'instruire et de prendre ses degrés de licence hors du pays.

Le 18 avril 1617, les archiducs Albert et Isabelle abrogèrent de nouveau cette faculté, en confiant à la seule université de Louvain et à celle de Douai, qui faisait encore partie, à cette époque, des possessions espagnoles, le monopole des études et des réceptions.

De nombreuses ordonnances ultérieures ont confirmé le principe qui imposait aux médecins l'obligation de posséder un diplôme académique obtenu ou approuvé dans une université nationale ; telles sont, notamment :

Celle de l'archiduchesse Isabelle du 12 septembre 1623 (¹).

Une ordonnance du conseil de Flandre en date du 18 novembre de la même année (²).

Un placard de Philippe IV du 4 avril 1628 (³), rendu « sur la « remonstrance faite au roy de la part des docteurs et professeurs « de la faculté de médecine ez-universitez de Louvain et de Douai. »

Les ordonnances du gouvernement général des Pays-Bas en date des 10 septembre 1641 et 2 avril 1642 (⁴).

(¹) *Coutumes et ordonnances du pays et comté de Namur.* Malines, 1733, p. 377.

(²) *Plac. de Flandre.* t. II, p. 770.

(³) *Plac. de Brabant.* t. III, p. 263.

(⁴) Broeckx. *Hist. du coll. medic. Antwerp.* Anvers, 1858, p. 58 et 59.

Un arrêté du conseil souverain de Brabant en date du 20 novembre 1663 [1].

Une ordonnance de Philippe IV du 10 juin 1665 [2], défendant à tous ceux qui sont gradués en médecine dans l'université de Padoue ou dans toute autre université non approuvée, d'exercer leur art à Gand ni ailleurs.

L'art. 15 des édits politiques de Namur du 6 octobre 1687 [3] interdit « sérieusement à tous charlatans, sages-femmes et autres « personnes non qualifiées, de s'entremêler de la médecine en au-« cune façon que ce soit. »

Une ordonnance de l'empereur Charles VI du 18 août 1732 [4] statue, comme les précédentes, que personne ne pourra exercer la médecine aux Pays-Bas, sans avoir été reçu docteur ou licencié à l'université de Louvain [5], et que ceux qui ont été reçus dans les universités étrangères, ne peuvent exercer leur art dans le pays qu'après avoir été examinés et reçus par la faculté de médecine de Louvain.

Des dispositions analogues résultent encore des placards ou des arrêtés d'administration générale des Pays-Bas respectivement en date des 17 janvier 1671, 15 juillet 1677, 20 avril 1680, 2 octobre et 21 novembre 1682 [6], etc.

L'ancienne législation du pays de Liége n'admettait également à la pratique de la médecine proprement dite, que les personnes diplômées « dans une université célèbre et receuë », ainsi que cela résulte du règlement du prince-évêque Joseph Clément du 31 mars

---

[1] BROECKX. *Hist. du coll. medic. Antwerp.*, p. 120.

[2] *Plac. de Flandre*, t. III, p. 1469.

[3] *Cout. et ordonn. du pays et comté de Namur*, p. 377.

[4] *Plac. de Brabant*, t. IV, p. 34.

[5] La ville de Douai ayant été cédée à la France en vertu du traité d'Aix-la-Chapelle, le 2 mai 1668, l'Université de Louvain, à dater de cette époque, fut le seul établissement national d'enseignement supérieur.

[6] BROECKX. *Hist. du coll. medic. Antwerp.*, p. 126, 145, 151, 153, 159, etc.

1699 (¹), du mandement de Georges Louis du 3 décembre 1736 (²), de celui de Jean-Théodore du 2 juin 1760 (³), etc.

Nous ne connaissons qu'une seule exception apportée au privilége dont jouissait à la fin du XVIIᵉ siècle l'université de Louvain, de délivrer, à l'exclusion des autres corps savants, les diplômes aux personnes qui se destinaient à l'exercice de la médecine, c'est celle dont fait mention M. Broeckx à la page 154 de son histoire du Collége médical d'Anvers :

« Le 21 octobre 1682, » dit-il, « Adrien Wolffs, recteur magnifique
« de l'université de Louvain, docteur et professeur primaire en méde-
« cine et doyen du strict collége médical, se rendit à Anvers pour
« confirmer au collége médical de notre ville le privilége d'examiner
« des candidats et de leur conférer le droit d'exercer la médecine à
« Anvers. Depuis ce jour, le collége médical était investi d'un pou-
« voir égal aux universités du pays, de l'Italie et des possessions
« espagnoles. »

Cependant, les ordonnances qui enjoignaient aux docteurs et licenciés de prendre leurs degrés à Louvain furent suspendues à la fin du siècle dernier, d'après la convention signée à La Haye, le 10 septembre 1790, par l'empereur Léopold, en vue de la réorganisation de l'université, dont l'enseignement exigeait des réformes.

Cette suspension, maintenue à la mort de l'empereur par son successeur François II, n'était point levée encore à l'époque de l'invasion française. Ainsi, à dater de 1790, les médecins reçus dans les universités étrangères furent admis à exercer leur art dans nos provinces sur le même pied que les docteurs et licenciés diplômés à Louvain.

4. A dater de l'institution des métiers, dont l'origine remonte au XIVᵉ et à la fin du XIIIᵉ siècle, et auxquels appartenaient *les chirurgiens,* qui, dans la plupart des localités, se trouvaient réunis aux barbiers,

(¹) *De Louvrex*, III, part. 3, ch. 46, p. 46.
(²) *Liste chronologique des éd. et ordonn. de la princip. de Liége.* Brux., 1851.
(³) *Id.*

l'exercice de la chirurgie fut interdit, par les statuts de l'époque, à ceux qui ne faisaient point partie de la corporation privilégiée.

Pour y être admis, les aspirants devaient subir certaines épreuves qui, à mesure du développement de la science, devinrent de plus en plus vigoureuses.

Vers la fin du xvii⁰ siècle, surtout dans les grandes villes, les individus qui se proposaient d'exercer la profession de chirurgien, étaient même assujettis à un examen spécial, auquel procédait une commission qui comptait parmi ses membres un ou plusieurs docteurs en médecine, et devaient avoir fait un apprentissage chez un maître en chirurgie.

Lors de l'établissement des différents colléges médicaux auxquels fut confiée la surveillance de l'art de guérir, la production d'un certificat d'examen délivré par ces colléges fut requise de tout individu qui voulait pratiquer dans leur ressort l'art chirurgical.

Citons quelques textes à l'appui de ce qui précède :

Une ordonnance du magistrat de Bruxelles en date du 12 novembre 1649, homologuée le 28 avril suivant par le conseil de Brabant (¹), confie au collége de médecine, dont elle règle l'organisation, la mission de présider aux examens des aspirants-chirurgiens, de concert avec les doyens de la corporation chirurgicale.

L'ordonnance du magistrat d'Anvers du 6 juin 1659, confirmant les statuts du collége médical de cette ville fondé en 1620, reconnaît également à ce corps savant la faculté de recevoir les chirurgiens.

L'article 19 du règlement organique du collége médical de Gand du 11 septembre 1663 dispose que « avant de pouvoir être admis « en qualité de chirurgien juré, le candidat devra être examiné sur « tous les points et opérations de la chirurgie par les médecins pen- « sionnaires, conjointement avec un médecin du collége médical et « deux chirurgiens jurés. »

Un édit du prince-évêque de Liége Maximilien-Henri du

(¹) *Plac. de Brabant*, t. III, p. 264.

11 décembre 1684 (¹), antérieur à l'érection du collége médical de cette ville fondé en 1699, enjoint à tous ceux qui aspirent à l'exercice de la phlébotomie et à l'état d'arracheur de dents, de subir l'examen, suivant les chartes de la compagnie, en présence des chirurgiens.

Un autre édit du même souverain en date du 10 mars 1687 (²), portant règlement pour les chirurgiens, barbiers et perruquiers de Liége, dispose comme suit par ses articles 17 et 18 :

Art. 17. « Et comme il se trouve parmi notre pays de Liége et
« comté de Looz, des personnes se disant chirurgiens et exerçant
« icelle art, qui n'en ont toute la capacité requise, et n'ont passé
« par aucune sorte d'examen, nous ordonnons qu'au futur personne ne se pourra plus établir, ni pratiquer cet art dans toute
« l'étendue et dépendance de notre dit pays, s'il ne montre d'avoir
« servi un ou plusieurs maîtres l'espace de six ans comme dessus,
« et si, outre ce, il n'est examiné par les docteurs et chirurgiens de
« notre cité de Liége. »

Art. 18. « Voire que ceux qui sont présentement établis parmi
« notre dit pays, aïant femme et enfans, pourront continuer
« l'exercice de leur art comme ils sont en usage de le faire, bien
« entendu que s'il s'en trouvait parmi eux qui manqueraient de
« capacité, auraient estropié ou laissé estropier quelque personne
« par leur faute, lesdits maîtres nous les pourront représenter en
« notre conseil, pour y être pourvu. »

Le même édit limite à 28 le nombre des chirurgiens de la cité, et dispose qu'en cas de vacance, les aspirants seront examinés en présence de six maîtres chirurgiens appartenant à la corporation, et de trois docteurs en médecine.

Cependant, l'article 16 ajoute : « Si pourtant le nombre des chi-
« rurgiens, que nous avons ordonné ne pouvoir excéder 28, venant
« à être complet, il se trouvait quelque habile homme et sçavant

(¹) *Liste chron. des éd. et ordonn. de la princ. de Liége.*
(²) *De Louvrex,* III, p. 57

« dans la chirurgie, qui se présentât pour la pratiquer, et voulût
« s'établir dans notre cité de Liége, faubourgs et banlieue, en ce
« cas, le pouvoir sera réservé à nous (le prince) et à notre conseil
« privé, d'admettre sommairement par une grâce particulière et
« pour l'utilité de nos sujets, telle personne, après qu'il aura subi
« l'examen de gens capables que nous dénommerons à cet effet. »

Les édits politiques de Namur du 6 octobre 1687 rappellent, par
leur article 13, que ceux qui se présentent afin d'être admis à exercer
l'art de la chirurgie, seront examinés devant le magistrat ou deux
échevins à ce dénommés, par deux maîtres chirurgiens et les médecins délégués.

L'article 14 ajoute : « Nul opérateur étranger ni charlatant ne
« pourra entreprendre aucune opération, sans avoir fait constater
« de sa science et capacité par certificats pertinents, et sous la pré-
« sence d'un médecin et chirurgien, soit sermentez de cette ville
« ou autre y étant deuëment admis. »

Le mandement du prince-évêque de Liége Joseph-Clément en
date du 31 mai 1699 (¹), instituant le collége médical, lui confie le
soin de recevoir à l'avenir, après examen, « tous ceux qui se pré-
« senteront pour être mis et aggregez au catalogue des chirur-
« giens », confirme les dispositions antérieures qui limitaient à 28
le nombre de ceux qui pouvaient exercer dans la cité, mais autorise,
cependant, les chirurgiens étrangers à se rendre auprès des malades,
sur leur demande, à charge de ne point prendre domicile dans la
ville, ses faubourgs ou la banlieue.

Parmi les principaux documents d'administration générale du
XVIIIᵉ siècle relatifs au même objet, nous indiquerons les suivants :

Un arrêt du Parlement de Tournai du 15 février 1709 (²) déclare
« qu'un aspirant de la chirurgie, admis et approuvé par le premier

(¹) *De Louvrex*, III, p. 46.
(²) *Liste chron. des éd. et ordonn. des Pays-Bas Autrichiens.*

« chirurgien du Roi, ne peut exercer ni tenir boutique ouverte à
« Tournai, sans chef-d'œuvre et maîtrise ».

Une ordonnance du conseil de Brabant du 6 mai 1720 (¹) dispose
que personne ne pourra exercer la chirurgie au plat-pays, en Brabant, à moins d'avoir passé un examen par-devant les jurés du
métier des chirurgiens de l'une des trois chefs-villes de la province.

Un décret de Charles VI du 27 juillet 1724 (²) défend d'exercer
la chirurgie dans le vieux-bourg de Gand et dans les métiers d'As-
senede et de Bouchoute, sans avoir passé un examen devant le collége de médecine de Gand.

Un mandement de l'évêque de Liége Georges-Louis, en date du
3 décembre 1736 (³) ordonne à ceux qui exercent ou voudraient
exercer la profession de chirurgien dans le pays de Liége et comté
de Looz, de constater le fait d'avoir travaillé sous maître et subi un
examen.

Une ordonnance du conseil de Hainaut du 15 mai 1737 (⁴) porte
que ceux qui voudront exercer la chirurgie, devront subir préalablement un examen devant une commission.

Une autre ordonnance du conseil de Brabant, portant la date du
13 juillet 1745 (⁵), défend à toute personne d'exercer la chirurgie au
plat-pays sans avoir subi un examen devant les jurés du corps des
chirurgiens, conformément au prescrit de l'ordonnance déjà citée
du 6 mai 1720.

Un mandement du prince-évêque de Liége Jean-Théodore, en
date du 2 juin 1760 (⁶), défend itérativement d'exercer la chirurgie
sans y être autorisé ou admis par le collége de médecine.

Un édit du prince-évêque François-Charles, rendu pour la même

(¹) *Plac. de Brabant,* t. VII, p. 83.
(²) *Plac. de Flandre,* t. IV, p. 38.
(³) *Liste chron. des éd. et ordonn. de la princ. de Liége.*
(⁴) *Id., des Pays-Bas Autrichiens.*
(⁵) *Plac. de Brabant,* t. IX, p. 362.
(⁶) *Liste chron. des éd. et ordonn. de la princ. de Liége.*

principauté le 3 juin 1773 (¹), révoque tous octrois accordés à des étrangers non dûment admis au collége des médecins de la cité de Liége pour l'exercice de la chirurgie, etc., etc.

5. Les *apothicaires*, de même que les chirurgiens, appartenaient aux corps des métiers, dans lesquels ils n'étaient admis que moyennant examen et chef-d'œuvre.

Le placard déjà cité de l'empereur Charles-Quint en date du 8 octobre 1540 (²), rendu applicable à tous les Pays-Bas, a, de plus, interdit l'exercice de la profession de pharmacien aux personnes qui n'avaient pas préalablement étudié dans une officine renommée.

La lacune que présentait cette ordonnance, en omettant d'indiquer le nombre d'années de stage jugé nécessaire, fut comblée par des arrêtés locaux.

Ainsi, un règlement du magistrat de Bruges de l'an 1582 (³) statue qu'à l'avenir, nul ne pourra tenir officine ou boutique d'apothicaire, sans avoir préalablement étudié l'art de la pharmacie pendant trois années, donné des preuves théoriques et pratiques de ses connaissances et de son aptitude devant le doyen, et prêté serment à la corporation des épiciers-droguistes, dont les apothicaires de Bruges faisaient partie.

L'obligation imposée aux pharmaciens de subir un examen préalable, était donc antérieure à l'institution des colléges médicaux; elle se trouve inscrite dans beaucoup d'ordonnances locales.

L'article 9 des édits politiques de Namur déjà cités, de l'an 1687, dispose, notamment, que « nul apothicaire ne sera admis à tenir « boutique en cette ville, ne soit qu'au préalable il ait été examiné « et trouvé capable par les maîtres à ce commis, et obtenu bon « témoignage. »

A dater de leur fondation, les colléges médicaux furent chargés de la réception des pharmaciens, comme ils l'étaient de celle des chirurgiens et des sages-femmes.

(¹) *Liste chron. des éd. et ordonn. de la princ. de Liége.*
(²) V. ci-dessus n° 3.
(³) DE MEYER. *Origine des apothicaires de Bruges.* Bruges, 1842, p. 52.

Ainsi, l'article 18 du règlement pour le collége de Gand du 11 septembre 1663 dispose que ceux qui se présenteront pour être admis comme apothicaires, passeront examen devant le médecin pensionnaire de la ville et le collége, comme aussi devant deux apothicaires que celui-ci sera chargé de nommer.

Le règlement municipal du 6 juin 1659, portant érection du *collegium medicum* d'Anvers, prescrit également le mode d'après lequel ce collége devait procéder aux examens des apothicaires.

Un règlement ultérieur de la même ville, du 10 juin 1661 ([1]), ajoute que deux anciens de la corporation des pharmaciens seront délégués pour assister, avec les deux médecins désignés par le collége médical, à l'examen des aspirants.

Des prescriptions plus ou moins analogues résultent des ordonnances du magistrat d'Anvers des 21 février 1671, 25 février 1745, 7 mars 1786 ([2]), etc.

Le règlement du collége de médecine de Liége du 31 mars 1699 décide encore que « personne ne se présumera désormais de dresser « boutique d'apothicaire », sans avoir été examiné et avoir fait chef-d'œuvre en présence des personnes composant le collége.

Ce point a été ultérieurement confirmé par un mandement du prince-évêque Georges-Louis du 3 décembre 1786, déjà cité, ordonnant « à tous ceux qui exercent ou voudraient exercer la « pharmacie dans le pays de Liége et comté de Looz, de constater « le fait d'avoir travaillé sous maître et subi un examen. »

La même observation s'applique à un autre mandement du prince-évêque Jean-Théodore en date du 2 juin 1760, défendant itérativement d'exercer la pharmacie aux lieux indiqués, sans y être autorisé par le collége des médecins.

Des dispositions semblables étaient inscrites dans les règlements des colléges médicaux de Bruxelles, de Bruges, etc.

De tout temps les apothicaires ont été admis à se faire aider dans

([1]) BROECKX. *Hist. du coll. medic. Antwerp*, p. 108.
([2]) *Id.*, p. 142, 202, 286, etc.

— 17 —

l'exercice de leur art par des valets ou garçons de boutique. Ces individus, pas plus que les apprentis des chirurgiens et les aides des sages-femmes, n'étaient tenus, en général, de subir un examen préalable ; ils agissaient sous la responsabilité du maître, et étaient soumis à sa surveillance, comme à celle du collége médical et du magistrat.

Cependant, en quelques lieux, et dans des cas spéciaux, ils devaient subir un interrogatoire devant l'autorité.

Ainsi, l'article 26 de l'ordonnance du magistrat de Gand de l'année 1664, relative à l'exercice des différentes professions médicales, autorise la veuve d'un apothicaire à maintenir l'officine du défunt ouverte pendant un certain temps, à charge de la faire desservir par un aide-pharmacien, qui devait réunir certaines conditions déterminées, et être examiné par le collége pour due constatation de ses capacités.

Le règlement organique du collége médical de Liége de l'an 1699 dispose même que les garçons des veuves subiront une épreuve semblable à celle qui est exigée des apothicaires.

Des prescriptions analogues existaient à Anvers, à Bruges, etc.

6. Déjà vers la fin du XVe siècle, et probablement au delà, les *sages-femmes*, qui avaient le monopole des accouchements, étaient tenues de fournir certaines preuves de connaissances spéciales avant de pouvoir exercer leur profession.

« En 1485, » dit M. De Meyer [1], « le magistrat de Bruges fit ap-
« peler les trois sages-femmes, et leur ordonna d'interroger une
« femme qui voulait obtenir l'autorisation de pratiquer l'art des
« accouchements. Cet examen, qui se faisait en présence de deux
« échevins et du greffier, avait pour but de s'assurer de l'aptitude
« de la postulante. »

Une ordonnance du magistrat de la même ville en date du 5 décembre 1554 [2] porte ce qui suit : « Dorénavant, il ne sera

[1] *Recherches historiques sur la pratique de l'art des accouchements.* Bruges, 1843, p. 8 et suiv.
[2] *Id.*, p. 15 et suiv.

« permis à aucune femme de prendre le titre, ou de se donner le
« nom, ou d'exposer une enseigne de sage-femme assermentée, à
« moins qu'elle n'ait été examinée par des médecins instruits et
« admise par le magistrat de la ville, et à moins qu'elle n'ait prêté
« le serment d'usage. »

L'article 1er d'une autre ordonnance du même magistrat, en date
du 5 février 1697, porte également que « aucune femme, n'importe
« de quelle condition, ne pourra dorénavant se mêler du métier de
« sage-femme, à moins qu'elle n'ait été préalablement examinée en
« présence de deux échevins et des pensionnaires du collége, par
« les deux médecins et les deux chirurgiens communaux, admise
« spécialement par le collége des bourgmestre et échevins, et appelée
« à faire le serment voulu. »

Les articles 16 et 18 des édits politiques de Namur du 6 octobre
1687 disposent aussi qu'il est interdit à toutes personnes non qualifiées ou régulièrement admises, de s'ingérer dans l'exercice de l'art
des accouchements, et que l'on ne pourra exercer en qualité de
sage-femme qu'après y avoir été admis par le magistrat, ensuite
d'un examen à subir devant deux médecins pour ce délégués.

Les colléges médicaux, une fois organisés, furent investis du
droit de recevoir et d'examiner les sages-femmes de leur ressort.

« Il est défendu, » dit l'article 26 des statuts du collége médical
de Gand de l'an 1663, « aux personnes du sexe féminin de se pré-
« senter en qualité de sage-femme dans cette ville ou sa juridiction,
« avant d'avoir exhibé un certificat de bonne conduite à délivrer
« par le juré ; après, elle devra subir l'examen devant les médecins
« pensionnaires et le collége médical. »

D'après le règlement du collége des médecins de Liége du 31 mars
1669, « les sages-femmes ne pourront exercer aucune fonction sans
« avoir été examinées par le collége ou ses députés, et à l'interven-
« tion de deux anciennes sages-femmes. »

Des dispositions de même nature existaient dans les statuts des
colléges médicaux de Bruxelles et d'Anvers.

A Bruges aussi, lors de la création du *corpus medicum*, fondé en 1760 par l'impératrice Marie-Thérèse, les attributions de la commission d'examen des sages-femmes furent dévolues à ce corps. Toutefois, le magistrat conservait le privilége d'accorder ou de refuser le droit d'exercice à celles qui avaient été jugées suffisamment instruites par le collége de médecine.

Les sages-femmes étrangères ne pouvaient venir s'établir à Bruges sans s'être soumises à un nouvel examen d'après les formes prescrites, et avoir reçu l'autorisation des échevins, de pratiquer leur art dans la juridiction de la commune (¹).

CHAPITRE II.

DES CONDITIONS DE CAPACITÉ REQUISES POUR LA DÉLIVRANCE DES TITRES MÉDICAUX.

7. Pour pouvoir être reçu *licencié en médecine* à l'université de Louvain, il fallait, avant le règne de Marie-Thérèse, y avoir fait trois années d'études.

Ce délai, porté à quatre années par une ordonnance de l'impératrice en date du 17 février 1743 (²), fut, par un règlement ultérieur du 13 février 1755 (³), réduit de nouveau à 36 mois ; une dispense d'un quart de ce temps était même accordée aux meilleurs élèves.

Le titre de *docteur*, qui n'était guère sollicité que par ceux qui étaient professeurs ou aspiraient à le devenir, ne pouvait être obtenu que par les licenciés qui avaient fait preuve de connaissances suffisantes, appuyées de la défense d'une thèse scientifique.

Les grades en médecine étaient au nombre de trois : celui de *bachelier*, qui ne s'acquérait qu'après une année et demie d'études

---

(¹) DE MEYER. *Recherches hist. sur la prat. de l'art des accouch.*, p. 42. L'auteur cite à ce propos plusieurs documents de l'année 1742.

(²) *Plac. de Brabant*, t. VIII, p. 47.

(³) *Id.* t. VIII, p. 43.

et un examen passé devant le collége, celui de *licencié* et celui de *docteur*.

Le licencié en médecine qui voulait être reçu docteur, était interrogé sur toutes les matières qui avaient fait l'objet de ses études ; il devait, pendant deux heures au moins, et durant trois jours consécutifs, se défendre contre les objections de la faculté, sur des sujets proposés par elle quelques jours auparavant.

Nous croyons superflu d'entrer dans de plus amples renseignements sur les anciennes réceptions des docteurs et licenciés en médecine de Louvain, ce sujet ayant été suffisamment traité dans les ouvrages spéciaux sur la matière.

8. On sait que pour pouvoir autrefois exercer la chirurgie dans notre pays, il fallait faire partie des corporations qui avaient le monopole de cette profession.

Les garanties requises pour y être reçu variaient suivant les localités.

M. l'avocat Pycke, dans un remarquable mémoire, publié en 1827 par l'Académie royale des sciences et belles-lettres de Bruxelles (¹), indique quels étaient, en général, le mode et les conditions d'admission aux corps des métiers établis dans nos provinces.

Il suit des statuts de ces corporations que, pour en devenir membre, il fallait, avant tout, être *sui juris*, c'est-à-dire majeur et capable de s'obliger ; dans quelques villes, il fallait même être bourgeois de la cité.

Tout aspirant à la maîtrise devait faire son stage comme apprenti ou compagnon chez un maître du métier.

Dans quelques chartes il était stipulé que, pour être reçu dans la corporation, l'aspirant devait préalablement justifier qu'il avait satisfait son maître et achevé son ouvrage, mais, en général, nul ne pouvait acquérir la maîtrise sans avoir fait preuve de capacité en exécutant, en présence des doyens et jurés, un travail de sa pro-

---

(¹) Mémoires couronnés en 1826 et 1827 par ladite Académie. Bruxelles, 1827.

fession nommé *chef-d'œuvre*. La forme et la qualité du chef-d'œuvre étaient, tantôt réglées par les statuts, tantôt laissées à la discrétion des officiers du corps.

Dans certaines villes, les fils des maîtres étaient dispensés des épreuves ordinaires ou, tout au moins, ne devaient point subir un apprentissage aussi long que celui qui était imposé aux autres aspirants.

La plupart de ces principes s'appliquaient à la réception des chirurgiens-barbiers et à celle des apothicaires dans les Pays-Bas.

La législation du pays de Liége était à peu près la même ; on pourra s'en convaincre en parcourant le règlement du prince-évêque, Maximilien-Henri, en date du 10 mars 1687, relatif à la confrérie de SS. Côme et Damien, concernant les chirurgiens, barbiers et perruquiers (¹).

Lorsque les colléges médicaux furent organisés, ce fut devant ces commissions scientifiques, comme nous l'avons dit déjà, que les chirurgiens du ressort subirent l'examen à la suite duquel un certificat de capacité leur était délivré.

Les formes de ces examens, ainsi que les matières dont la connaissance était exigée des récipiendaires, variaient suivant les statuts différents des colléges.

D'après le règlement du corps des médecins de Liége, en date du 31 mars 1669, les candidats, pour être reçus, devaient avoir travaillé au moins pendant 5 ans auprès d'un ou de plusieurs bons maîtres. Les examens qu'ils avaient à subir étaient au nombre de trois : le premier portait sur l'anatomie, le second sur les tumeurs, le troisième sur les plaies, fractures et luxations, etc.

L'ordonnance du magistrat de Gand du 11 septembre 1663, déjà citée, dispose simplement que l'examen portera sur tous les points et opérations de la chirurgie, etc., etc.

9. Antérieurement à la fondation des anciens colléges médicaux, les *apothicaires*, pour être autorisés à exercer leur profession,

---

(¹) *De Louvrex*, III, part. 3, ch. 46, p. 46 à 63.

devaient, comme les chirurgiens, avoir été reçus à la maîtrise dans les corporations, après examen et chef-d'œuvre.

Nous avons déjà cité le placard du 8 octobre 1540, exigeant que tout pharmacien, avant de pouvoir pratiquer, fournisse la preuve d'avoir fait un stage dans une officine renommée, et nous avons ajouté que la durée de ce stage a été réglée par des ordonnances locales, notamment par celle de Bruges de l'an 1582, qui la fixe à trois années.

Cette même ordonnance ajoute que les examens auront lieu du 1er mai au 1er octobre, afin que l'on puisse exhiber au candidat les herbes et fleurs qui devaient faire le sujet de son examen (¹).

M. De Meyer, dans la brochure où nous avons puisé ces renseignements, ajoute que « la corporation procédait avec beaucoup « d'ordre et une grande sévérité dans la réception des élèves. « En 1683, elle rejeta un candidat qui avait manqué les trois préparations qu'on lui avait données à faire pour son chef-d'œuvre. »

Lorsque les colléges médicaux furent établis, le soin d'examiner les aspirants à la profession d'apothicaire et de les recevoir, fut confié à ces corps savants.

Les articles 17 et 18 du règlement pour le collége de médecine de la ville de Gand, relatifs à la réception des pharmaciens, portent ce qui suit :

Art. 17. « Ceux qui se présenteront pour être admis comme « apothicaires doivent être versés dans la langue latine, afin qu'ils « puissent comprendre les compositions ainsi que les statuts inscrits « dans le livre intitulé : *Antidotarium Gandavense* et autres auteurs « qui traitent de la composition des médicaments, comme aussi « pour comprendre les recettes ou formules des médecins. »

Art. 18. « Après avoir satisfait aux clauses de l'article précédent, « ils sont tenus d'exhiber les certificats convenables attestant qu'ils « ont demeuré pendant cinq années consécutives chez un maître « apothicaire de la ville de Gand, et puis, qu'ils ont été domiciliés

---

(¹) DE MEYER. *Orig. des apoth. de Bruges.* Bruges, 1842, p. 52.

« pendant deux années en cette ville ou dans une autre, et qu'ils se
« sont dûment et diligemment appliqués et exercés dans la science
« pharmaceutique : alors ils seront admis à l'examen.... ils sont
« tenus de préparer trois ou quatre préparations pharmaceutiques
« de l'*Antidotarium Gandavense* déjà prérappelé, lesquelles leur
« seront proposées par les examinateurs. »

Un règlement de la même ville, rendu l'année suivante, ajoute
que « le requesrant désirant passer maître en pharmacie sera sévè-
« rement examiné concernant la science, le choix, la différence et
« la préparation des *simplicia*, aussi sur les formules et recettes des
« médecins. »

Selon une ordonnance municipale d'Anvers du 10 juin 1664 (¹),
le stage officinal des aspirants au titre de pharmacien devait être de
quatre années. Ce délai fut plus tard prorogé d'une année, ainsi
qu'il résulte d'une ordonnance du 7 mars 1786, qui dispose que les
examens pharmaceutiques seront à la fois théoriques et pratiques (²).

D'après le règlement du collége de médecine de Liége du
31 mars 1699, le candidat devait « être examiné en latin, tant dans
« la composition des médicaments que dans la connaissance des
« simples qui se trouveront dans le dispensaire ; en cas il soit jugé
« capable, et ait fait paraître par bonnes et fidèles attestations,
« d'avoir travaillé pour le moins cinq ans auprès d'un ou de plu-
« sieurs bons maîtres, sera obligé de faire chef-d'œuvre en présence
« des personnes composantes le collége, etc., etc. (³).

10. Quant aux conditions de capacités requises des personnes
qui aspiraient à être reçues en qualité de sage-femmes, nous nous
référons aux détails déjà donnés ci-dessus sur ce point (⁴) et à ceux
mentionnés au n° suivant.

(¹) BROECKX. *Hist. du coll. med. Antwerp*, p. 108.
(²) *Id.*, p. 286.
(³) *De Louvrex*, III, part. 3, ch. 46, p. 46.
(⁴) V. ci-dessus n° 5.

CHAPITRE III.

DU SERMENT ET DE L'ENREGISTREMENT DES TITRES.

11. A dater du xviie siècle, les docteurs et licenciés en médecine, dans les Pays-Bas et le pays de Liége, avant d'être admis à la pratique, furent tenus de prêter, soit entre les mains du magistrat ou de ses délégués, soit devant le collége médical, le *serment* de se conformer scrupuleusement, dans l'exercice de leur profession, aux ordonnances présentes où à venir sur la matière, ainsi que d'agir en toute circonstance avec droiture et conscience.

C'est ce qui résulte, par exemple, de l'article 19 du règlement rendu par le prince-évêque de Liége le 31 mars 1699 ; cet article est ainsi conçu :

« Les médecins nouveaux venus, à leur admission et inscription,
« préteront serment au collége, d'observer ponctuellement les pré-
« sentes ordonnances et règlements, et n'ordonner aux infirmes que
« les médicaments bons et salutaires, nullement des vénéneux et
« autres capables de procurer des avortements ni des rares et chers
« sans nécessité, et de déclarer au collége s'ils découvraient une
« pratique mauvaise contre le prémis. »

L'article suivant impose aussi cette obligation aux médecins déjà établis à Liége ou dans la banlieue.

La même règle était admise à Gand, selon l'article 2 de l'ordonnance du 11 septembre 1663, à Anvers, d'après celle du 7 mars 1786, etc.

L'article 1er de la susdite ordonnance des magistrats de Gand ajoute que « quiconque, étant promu au grade de docteur ou de
« licencié en médecine, ne sera admis à l'exercice de la pratique
« médicale, qu'à la condition qu'il promettra d'observer la doctrine
« d'Hippocrate ou de Galien. »

Les chirurgiens et les apothicaires ne pouvaient être reçus au

sein des corporations, lorsqu'ils avaient accompli les autres formalités requises, qu'après avoir prêté, entre les mains du doyen, le
serment de se conformer religieusement aux statuts de la compagnie.

M. De Meyer, dans son ouvrage sur l'*Origine des apothicaires de
Bruges* (¹), donne la formule du serment imposé au commencement
du xiv⁰ siècle aux apothicaires qui désiraient être admis dans la corporation des épiciers-droguistes.

Les nombreuses ordonnances de police qui, depuis le commencement du xvii⁰ jusqu'à la fin du xviii⁰ siècle, ont réglé l'exercice de la
chirurgie et de la pharmacie, exigent de tout chirurgien comme de
tout apothicaire qui voulait être reçu à la pratique, entre autres
conditions, celle de prêter, devant le collége médical ou devant un
agent de l'autorité, le serment de se conformer aux statuts de sa
profession.

Nous indiquerons quelques exemples :

Edits de Namur du 6 octobre 1687, ch. XVII. *Art.* 7. « Les
« apothicaires seront mis à serment de fidèlement préparer toutes
« leurs compositions, n'y mettant ou donnant aucun *quid pro quo*,
« ni rien en dehors de l'ordonnance, avertance ou aveu desdits
« médecins, etc. »

Art. 11. « Afin que tout ce qui dit est puisse être mieux observé,
« les dits apothicaires et chirurgiens seront mis à serment par
« commis députez, présents les dits médecins. »

Ordonnance de Gand du 11 *septembre* 1663, *Art.* 18. « Les
« apothicaires, après avoir été reconnus et jugés capables, prête
« ront entre les mains du magistrat, le serment par lequel ils s'en
« gagent à observer scrupuleusement les présents statuts. »

Art. 19. « Le chirurgien, après avoir été admis, sera présenté au
« magistrat, entre les mains duquel il s'engagera à remplir de
« bonne foi et en toute sincérité, les devoirs de sa profession. »

Règlement du prince-évêque de Liége du 31 *mars* 1699 :
Art. 2 *des instructions pour les apothicaires.* « Après qu'il aura

(¹) Bruges, 1842, p. 33.

« fait les devoirs nécessaires pour l'admission, en cas il soit trouvé
« capable, l'apothicaire fera serment d'observer ponctuellement les
« présentes ordonnances ou règlements, d'exécuter fidèlement les
« ordonnances des médecins, sans changer, ajouter ni diminuer,
« à moins que ce ne soit du consent de celuy qui les aura
« ordonné, etc. »

Art. 3. « Tous apothicaires présentement établis préteront le
« même serment entre les mains du président et du collège, aussitôt
« que le dispensaire sera achevé. »

Art. 4. « Les garçons des veuves préteront le même serment que
« ceux qui se présenteront pour être reçus maîtres. »

Art. 4 *des instructions pour les chirurgiens.* « Les chirurgiens,
« à leur admission, feront serment d'observer ponctuellement les
« présentes ordonnances et règlements, etc. »

A aucune époque, depuis que l'art des accouchements a été soumis
à la surveillance de l'autorité publique, les sages-femmes n'ont été
autorisées à exercer leur profession, sans avoir juré de remplir fidèlement leurs devoirs.

M. De Meyer, dans ses *Recherches historiques sur la pratique de l'art
des accouchements à Bruges* (¹), rappelle qu'un arrêté du conseil
communal, publié au son de la cloche le 13 octobre 1509, imposait
à toute sage-femme l'obligation d'être munie d'une autorisation
légale et d'avoir prêté serment.

Le même auteur reproduit le texte original de ce serment, d'après
les ordonnances du 5 décembre 1551 et du 5 février 1697. La formule annexée à ce dernier document commence par ces mots :
« Je jure que je serai une honnête sage-femme, obéissante et fidèle
« aux magistrats de cette ville, que je maintiendrai les ordonnances
« et les statuts émanés des hommes de la loi, etc. »

L'ancien serment des sages-femmes de Bruxelles est mentionné
dans les placards de Brabant (²), à la suite du placard précité de

(¹) Bruges, 1843, p. 44 et suiv.
(²) Tome III, p. 261.

Charles-Quint du 8 octobre 1540. Il est ainsi formulé : « Je jure
« que je remplirai fidèlement et convenablement l'office de sage-
« femme, que je serai toujours prête à assister, à ce titre, toute
« femme qui réclamera mes services, que je ne refuserai ceux-ci à
« personne, et que je demeurerai auprès des femmes en couches
« aussi longtemps que ma présence leur sera nécessaire ».

Parmi les ordonnances plus récentes qui renferment des prescriptions analogues, nous citerons l'article 16, ch. XVII des édits
politiques de Namur du 6 octobre 1687, l'article 26 de l'ordonnance
de Gand du 11 septembre 1663, etc., etc.

12. L'obligation imposée à tout individu muni d'un titre de capacité en matière médicale, de soumettre ce titre, avant d'en faire
usage, à la *vérification* des agents chargés de la surveillance de police,
est fort ancienne : elle remonte, en Belgique, au xvie siècle et
peut-être au-delà.

Les textes suivants sont relatifs à cet objet :

Édits politiques de Namur du 6 octobre 1687, ch. XVII, art. 2.
« Les docteurs ou licenciés en médecine seront obligez, de huit
« jours au plus tard après qu'ils auront pris résidence en cette
« ville et banlieue, se trouver en la chambre eschevinalle, mon-
« trer et délivrer leurs patentes pour y être enregistrées par le gref-
« fier, et, en cas de suffisant apaisement, y être reçus à l'exercice
« dudit art ».

Règlement du collège de médecine de Liége du 31 mars 1699.
Art. 17. « Le collége médical examinera, pour l'avenir, les lettres
« de promotion des médecins ; après quoi, le lieu et la date de leurs
« lettres, celle de leur présentation et admission seront enregistrées,
« si elles sont d'une université célèbre et reçue, où ils auront
« étudié. »

Art. 20. « Tous les médecins, dans notre ville et banlieue, qui
« professent présentement, de même que tous les apothicaires et
« chirurgiens, devront pareillement être enregistrez au bout d'un
« mois ».

Les instructions pour les apothicaires et les chirurgiens du pays de Liége, annexées au même règlement, disposent que leurs apprentis doivent être également inscrits, etc., etc.

Les différentes ordonnances municipales qui, dans nos grandes villes, ont réglé les attributions des anciens colléges médicaux, contiennent des dispositions analogues à celles qui précèdent ; telles sont, par exemple, l'ordonnance du magistrat de Bruxelles du 12 novembre 1641, celle de Gand du 11 septembre 1663, celle d'Anvers du 7 mars 1786, de Bruges du 18 août 1760. etc., etc.

« Déjà en 1663, » dit M. De Meyer dans ses *Recherches historiques*, etc., « l'autorité communale avait chargé le célèbre Thomas « Montanus, médecin pensionnaire de cette ville, de faire compa- « raître devant lui toutes les sages-femmes établies à Bruges, pour « vérifier leurs titres et fournir au collége une liste de toutes celles « auxquelles il reconnaissait le droit d'exercer leur art ».

CHAPITRE IV.

DES DIFFÉRENTES PROFESSIONS MÉDICALES.

13. *Les docteurs et licenciés en médecine* munis d'un diplôme académique étaient, avant la révolution française, les seuls véritables dépositaires de la science médicale. Ils exerçaient la *médecine dogmatique* telle que nous l'avons définie plus haut, visitaient les malades, constataient la nature et la gravité de leur situation, appréciaien et prescrivaient tous moyens curatifs sans distinction, dirigeaient et surveillaient les opérations chirurgicales. s'assuraient de la bonne préparation des médicaments fournis par l'apothicaire, etc.

Mais il leur était interdit de poser aucun acte manuel du ressort de la chirurgie ; cette prohibition date, comme nous l'avons vu. du XIIe siècle.

Différentes ordonnances du XVIIe siècle défendent aussi aux médecins de préparer les médicaments, d'en délivrer à leurs malades, en un mot, de s'immiscer dans l'exercice de la pharmacie.

Selon quelques-uns (¹), le règlement du collége médical de Bruxelles, publié le 13 avril 1650, a, pour la première fois, attribué aux apothicaires, à l'exclusion des docteurs, le monopole de la composition et du débit des remèdes.

Selon d'autres, au contraire, ce monopole remonte au xiv° siècle et au delà :

« Depuis plusieurs siècles, » dit M. De le Bidard (²), « l'art de gué-
« rir a été l'objet d'une surveillance toute spéciale qui s'est attachée
« à en bien séparer toutes les branches et à en proscrire le cumul. »

« Les ordonnances de l'empereur Frédéric II en 1238, » ajoute le même auteur (³), « défendaient aux médecins de tenir officine,
« de vendre des remèdes et de contracter des engagements avec les
« pharmaciens : ce fut la véritable origine de la séparation des trois
« branches de l'art de guérir dans les différents pays.

« Anciennement dans la Flandre, » dit d'une autre part M. De Meyer (⁴), « les médecins ne pouvaient pas plus fournir les médi-
« caments aux malades, que les pharmaciens ne pouvaient traiter
« des maladies ; le droit de chacun était respecté et reposait sur les
« principes du droit coutumier ».

A l'appui de cette assertion, l'auteur cite une résolution du magistrat de Bruges en date du 9 août 1603, ordonnant expressément au médecin et au chirurgien de cesser de préparer des drogues ou des onguents et de se mêler, en quoi que ce fût, des attributions de l'apothicaire, et leur enjoignant d'envoyer à celui-ci les prescriptions qu'ils feraient, le tout, « d'après l'ancien usage (*op den ouden voet*). »

(¹) *Gazette médicale belge*, n°ˢ des 21 avril et 12 mai 1844.

(²) *Des améliorations que réclame la législation pharmaceutique belge*. Liége, 1844, p. 10.

(³) *Lettre à MM. les membres du cercle médico-chimique et pharmaceutique de Liége*. Liége 1844, p. 23 et 24.

(⁴) *Note concernant les réglements sur l'art de guérir au* xviiᵉ *siècle*. Bruges, 1844, p. 5 et 6.

« Ce qui prouve à l'évidence, » fait observer M. De Meyer, « que
« le droit était acquis anciennement aux apothicaires, de fournir
« exclusivement des médicaments. »

Quoi qu'il en soit de cette controverse, il est certain qu'à dater
de la dernière moitié du XVIIe siècle, au moins dans la plus grande
partie du pays, les docteurs et licenciés ne pouvaient pas plus se
livrer aux manipulations pharmaceutiques, qu'aux opérations chirurgicales et obstétricales : l'exercice de la médecine dogmatique seule
leur était attribué et permis.

14. La profession des *chirurgiens* n'était point, comme celle des
médecins, une profession libérale. Ces praticiens, on le sait, appartenaient aux métiers : ils étaient, dans différentes localités, réunis
aux barbiers, et formaient avec eux une corporation ayant, comme
les communautés de cette époque, ses statuts ou sa keure, son local
et jouissance de certains privilèges.

On lira avec intérêt les curieuses dispositions des anciens règlements concernant le corps des barbiers et des chirurgiens.

Ainsi à Liége, d'après un mandement du prince-évêque Maximilien-Henri du 10 mars 1687 (*), la corporation des barbiers et perruquiers était composée de 140 personnes, et les 28 premières
places appartenaient aux chirurgiens, lesquels, quoique formant
entre eux une agglomération distincte, étaient aussi réputés barbiers. Avant l'enregistrement de leur maîtrise, les membres de la
corporation, placée sous l'invocation de SS. Côme et Damien,
devaient déclarer : « s'ils entendaient faire le poile et la perucque,
« ou s'ils ne voulaient que raser ».

Les chirurgiens, barbiers et perruquiers avaient le droit, à l'exclusion de tous autres, « de se mêler de marchandise de cheveux.
« — Nulle personne se mêlant de faire perucques et ornements
« pareils, ne pouvait y employer cheveux colorés, ni des cheveux
« réputés de nulle valeur par un connaisseur, à peine de confisca-
« tion de leur besogne ».

(*) *De Louvrex,* t. III, part. III, ch. XLVI.

« Les particuliers de ladite compagnie faisant profession de raser
« ou faire perucques, ne pouvaient tenir plus de deux maîtres
« valets, etc., etc. »

Déjà en 1284, on trouve à Bruges une mention de la corporation
des barbiers-chirurgiens de cette ville (¹).

Ces praticiens, en tant qu'hommes de l'art, avaient pour mission
réelle d'exécuter, en se conformant aux ordres des médecins, les
opérations qui exigeaient l'emploi de la main ou de certains instruments.

Ils ne pouvaient exercer la médecine, dont le monopole appartenait aux docteurs et licenciés, et, par conséquent, se constituer
juges de l'opportunité et du mode d'exécution d'un acte même chirurgical, prescrire des remèdes externes, etc., etc., car ces faits
rentraient à cette époque, comme nous l'avons vu plus haut, dans
les attributions exclusives du médecin.

Cependant, l'usage qui s'était peu à peu introduit de laisser à la
sagesse du chirurgien l'appréciation des moyens à mettre en œuvre
pour guérir les maux extérieurs légers dont la cure ne présentait ni
importance ni danger, fut consacré par quelques dispositions réglementaires datant de la fin du xviie siècle.

Les chirurgiens n'étaient, d'ailleurs, pas plus que les docteurs et
licenciés en médecine, autorisés à se livrer à des manipulations
pharmaceutiques ni à débiter des remèdes quelconques, même à
leurs malades.

Nous avons dit plus haut que cette défense paraît remonter en
Flandre à une époque très-reculée, puisqu'une résolution du magistrat de Bruges de l'an 1603 dispose que, *conformément à l'ancien
usage*, le chirurgien ne peut préparer ni vendre des médicaments.

Il est toutefois probable que la prohibition dont il s'agit, s'appliquait seulement aux remèdes composés et non aux drogues ou
remèdes simples, car un règlement du collége communal de Bruges,
publié le 19 février 1762, renouvelant le droit que les maîtres chi-

(¹) De Meyer. *Orig. des apoth. de Bruges*, p. 12.

rurgiens avaient « de temps immémorial » en Flandre (¹) de vendre et de livrer à leurs malades, ainsi qu'au public, les *simplicia* et les *chemicalia,* dispose que « à l'avenir, nulle personne (pas plus les « chirurgiens que d'autres nommés droguistes), ne pourra débiter « aucun remède simple ou chimique, *si ce n'est,* chaque espèce ou « chaque sorte à part, et sans pouvoir, de quelque manière que ce « soit, les mêler ou en faire une préparation quelconque ».

Quoique les chirurgiens fussent admis, par la nature même de leurs fonctions, à prêter aux femmes en couches les secours manuels nécessaires à leur délivrance, ce n'est guère qu'à partir de la fin du xviiᵉ siècle que l'usage ancien de confier aux seules sages-femmes la pratique des accouchements naturels, a commencé à se modifier.

M. De Meyer nous apprend, dans les termes suivants, les motifs probables de ce fait (²) : « Pendant tout le moyen âge, des femmes « seules, qui, par suite de leur instruction et de leur sagesse, furent « nommées sages-femmes, avaient le privilége de secourir les « femmes en couches. Cette coutume se maintint en France jusqu'à « l'époque de Louis XIV. Mᵐᵉ de la Vallière étant grosse des œuvres « du roi, et se méfiant de la discrétion des femmes, obtint de son « auguste amant la permission d'être accouchée par un chirurgien. « Les praticiens étaient, à la vérité, consultés dans tous les cas où « l'accouchement se compliquait de circonstances graves, mais le « fait que nous venons de citer est peut-être le premier exemple « qu'offre l'histoire, de l'admission des hommes auprès des femmes « en couches dans les cas ordinaires. Cet exemple trouva des imi- « tateurs ; toutes les dames de distinction se firent accoucher par « des hommes et cet usage fut bientôt généralement répandu ».

15. La profession des *apothicaires,* dans les siècles antérieurs au nôtre, n'avait rien de réellement scientifique.

(¹) *De la vente des médicaments en Belgique.* Rapport fait à l'Académie Royale de médecine par sa Commission de législation médicale. Bruxelles, 1846, p. 3.

(²) *Rech. hist. sur la prat. de l'art des accouch. à Bruges,* p. 8.

Ces praticiens étaient généralement réunis, parmi les corporations, aux droguistes, épiciers et confiseurs.

La ville de Bruges, d'après ce que nous rapporte M. De Meyer [1], était autrefois divisée en dix sections. Le chef de la première, en sa qualité de doyen, avait sous ses ordres, entr'autres corporations, celles des quatre corps de métiers de marchands, savoir : les *épiciers*, les merciers, les marchands de drap et ceux de toilerie.

Les épiciers avaient sous leur dépendance : les *apothicaires*, les confiseurs, les marchands de fruits secs, ceux de coton filé, les fabricants de chandelle, de cire et ceux de pain d'épice.

La corporation et la halle des épiciers-droguistes de Bruges existaient déjà au commencement du xiv⁰ siècle.

A Anvers, les apothicaires appartenaient à la corporation des merciers, etc.

Les apothicaires ont eu de tout temps pour mission exclusive de préparer et de débiter les substances médicamenteuses, sans pouvoir s'immiscer d'aucune manière dans l'exercice des autres professions médicales et, par conséquent, apprécier jusqu'à quel point les remèdes de leur officine peuvent être utiles ou non, eu égard à la nature et au degré des différentes maladies.

16. La profession de *sage-femme* a toujours été limitée à la pratique des accouchements naturels. Les matrones qui l'exerçaient ne pouvaient, ni traiter les maladies des femmes enceintes, ni conseiller ou donner des remèdes, ni même effectuer une opération obstétricale quelconque ; en cas de difficulté, elles étaient tenues d'appeler un docteur à leur aide [2].

[1] *Orig. des apoth. de Bruges,* p. 6.
[2] V. l'ouvrage précité de M. De Meyer, *sur la prat. de l'art des accouchements à Bruges, depuis le xiv⁰ siècle jusqu'à nos jours.* V. encore ci-après nᵒ 20.

CHAPITRE V.

DE LA RÉGLEMENTATION DES PROFESSIONS MÉDICALES.

A défaut de pouvoir donner un aperçu chronologique des dispositions qui, dans le cours des trois derniers siècles, ont déterminé, à différentes époques, dans les diverses localités des Pays-Bas et de la principauté de Liége, le mode d'exercice des professions médicales, travail que le cadre de notre ouvrage ne comporte pas, nous puiserons ça et là, dans les documents du temps, quelques extraits qui feront au moins connaître à un point de vue d'ensemble, quelles étaient les obligations réglementaires imposées, dans l'ancienne Belgique, aux personnes qui pratiquaient l'art de guérir en qualité de médecins, de chirurgiens, d'apothicaires ou de sages-femmes.

Les contradictions que présentent entre eux quelques uns des textes qui suivent, sont la conséquence nécessaire du rapprochement que nous établissons entre des ordonnances qui remontent à des époques différentes, et qui s'appliquent à des localités distinctes.

A. *Des médecins.*

17. § 1. *a.* Nul médecin ne peut exercer la chirurgie manuelle (¹).

b. Il est sérieusement interdit aux médecins de pratiquer la phlébotomie et, en général, de faire de la chirurgie, à moins que l'absence ou l'incapacité du chirurgien ne leur en impose l'obligation dans l'intérêt des malades (²).

c. Les médecins ne peuvent assister aux pansements ou consulter à ce sujet avec d'autres que des chirurgiens (³).

(¹) Ordonn. du prince évêque de Liége du 31 mars 1669, art. 2 pour les médecins. — V. encore les nombreux placards, édits, règlements, etc., cités ci-dessus n° 3.

(²) Ordonn. de la ville de Gand du 11 sept. 1663, art. 6.

(³) Ordonn. de Liége du 15 févr. 1700, art. 1 pour les médecins.

d. Appelés pour quelque tumeur ou autre accident dépendant de la chirurgie, ils sont obligés, après deux ou trois visites, d'avertir le malade que le cas n'est pas de leur compétence, mais de celle des chirurgiens [1].

e. Les médecins peuvent traiter les maladies vénériennes simultanément avec les chirurgiens, mais, s'il arrivait au malade quelque accident exigeant une opération manuelle, ils devraient avertir celui-ci que le cas est du ressort de la chirurgie [2].

§ 2. *a.* Il est interdit aux médecins d'exercer la pharmacie [3].

b. Aucun médecin ne vendra ou ne fera vendre par d'autres, soit à des malades, soit à des personnes saines, quelque médicament que ce soit [4].

c. Il est défendu à tout médecin de préparer des médicaments, de se munir de remèdes qui n'auraient pas été préparés par des apothicaires ou des droguistes, et de les vendre, soit à des malades, soit même à des personnes en bonne santé [5].

d. Il est permis aux médecins de donner certains spécifiques destinés à la guérison de quelques maladies particulières seulement, de manière à ne point fournir sujet de plainte aux apothicaires, en les privant du débit de leurs remèdes [6].

e. A cet effet, lesdits médecins déclareront les maladies particulières et essentielles pour la guérison desquelles ils auraient quelque remède spécifique, et ne pourront en administrer d'autres aux malades [7].

[1] Ordonn. de Liége du 27 mai 1700, art. 1 pour les chirurgiens.

[2] *Id.,* art. 3 pour les chir.

[3] Ordonn. des magistrats d'Anvers du 7 mars 1786. Ch. III. — Ordonn. de Liége du 31 mars 1669, art. 2 pour les méd. — Ordonn. de Bruges des 9 août 1603 et 18 nov. 1683. — V. encore les documents cités ci-dessus, n° 3.

[4] Ordonn. de Charles II du 18 nov. 1683. — Règl. de Bruxelles des 12 nov. 1649, art. 35, et 13 avril 1660.

[5] Ordonn. de Gand du 11 sept. 1663, art 5.

[6] Ordonn. de Liége du 15 févr. 1700, art. 1 pour les méd.

[7] Ordonn. de Liége du 9 déc. 1700.

§ 3. *a*. Les médecins, avant d'être admis à la pratique médicale, promettront d'observer la doctrine d'Hippocrate ou de Galien (¹).

b. Ils doivent prendre à cœur la vie et la santé de leurs malades (²).

c. Il est sévèrement ordonné aux médecins de veiller avec soin sur leurs malades, sans distinction entre les riches et les pauvres, et de les visiter, selon l'exigence du cas, tant de nuit que de jour (³).

d. Les médecins ne peuvent, à moins de circonstances de force majeure, se refuser d'assister aux consultations auxquelles ils sont mandés dans l'intérêt d'un malade (4).

e. Ils n'ordonneront aux malades que des médicaments bons et salutaires, et doivent se garder d'en administrer qui puissent être nuisibles ou produire des avortements (⁵).

f. Ils se conformeront, dans la rédaction de leurs ordonnances, au dispensaire approuvé (⁶).

§ 4. *a*. Il est interdit aux médecins d'ordonner sans nécessité à leurs malades des remèdes d'un prix élevé, qui occasionneraient pour eux des dépenses trop considérables, au profit des apothicaires (⁷).

b. Ils ne peuvent employer dans leurs prescriptions des termes ou signes secrets, dans le but de favoriser un apothicaire au préjudice des autres (⁸).

c. Il est défendu aux médecins de faire préparer leur ordonnances

---

(¹) Ordonn. de Gand du 11 sept. 1663, art. 1.

(²) *Id.*, art. 2.

(³) Edits polit. de Namur du 6 oct. 1687, ch. XVII, art. 3.

(4) *Id.*, art. 4 et 5.

(⁵) Ordonn. de Liége du 31 mars 1669, art 19. — Ordonn. de Gand du 11 sept. 1663, art. 2.

(⁶) Mand. du prince-évêque de Liége du 19 avril 1741.

(⁷) Ordonn. de Gand du 11 sept. 1663, art. 2. — Ordonn. de Liége du 31 mars 1699, art. 19.

(⁸) Ordonn. de Liége du 31 mars 1699, art. 3 pour les méd.

ou les médicaments qu'ils prescrivent, chez un autre apothicaire que celui dont le malade a fait choix , ainsi que d'en recommander ou préconiser un différent, sous quelque prétexte que ce soit (¹).

d. Les médecins doivent se conformer à la taxe approuvée, en ce qui concerne la vente des remèdes spécifiques qu'ils pourraient débiter à leurs malades (²).

B. *Des chirurgiens.*

18. § 1. *a*. Les chirurgiens ne peuvent exercer la médecine (³).

b. Il leur est interdit de prendre le titre de licencié ou docteur en médecine, par écrit, désignation ou autrement, et de se faire attribuer ce titre par leurs gens, leurs amis ou tous autres (⁴).

c. Ils peuvent, concurremment avec les médecins, traiter les maladies vénériennes dans toute leur étendue (⁵).

d. Le chirurgien, appelé près d'un malade pour un cas du ressort de la médecine, doit en avertir celui-ci après deux ou trois visites (⁶).

§ 2. *a*. Il est défendu aux chirurgiens d'exercer la pharmacie (⁷).

b. Ils ne peuvent préparer et livrer des drogues ou des onguents, et se mêler, en quoi que ce soit, des attributions de l'apothicaire ; ils enverront à celui-ci toutes leurs prescriptions (⁸).

c. Au XVIIIᵉ siècle à Bruges, les chirurgiens pouvaient débiter des

---

(¹) Ordonn. de Gand du 11 sept. 1663, art. 3.

(²) Mand. du prince-évêque de Liége du 19 avril 1741.

(³) Ordonn. de Liége du 31 mars 1699, art. 2 pour les chir. — Ordonn. de Gand du 11 sept. 1663, art. 23. — V. encore les documents cités ci-dessus, nᵒ 4.

(⁴) Ordonn. de Gand du 11 sept. 1663, art. 9.

(⁵) Ordonn. de Liége du 15 févr. 1700, art. 1 pour les chir., et du 27 mai 1700, art. 3 pour les chir.

(⁶) Ordonn. de Liége du 27 mai 1700, art. 1 pour les chir.

(⁷) Ordonn. de Liége du 31 mai 1699, art. 2 pour les chir. — V. aussi les documents cités ci-dessus, nᵒ 4.

(⁸) Ordonn. de Bruges du 9 août 1603.

remèdes simples ou chimiques, mais non des remèdes composés ou préparations quelconques (¹).

d. Les chirurgiens ne peuvent donner ou vendre, sans ordonnance du médecin, des remèdes purgatifs, ni même les médicaments stibiés ou mercuriaux destinés à la guérison des maladies vénériennes (²).

§ 3. *a*. Les chirurgiens ne feront pas d'opérations importantes et dangereuses, telles que le trépan, l'amputation, l'incision intercostale, sans l'avis ou l'intervention d'un médecin (³).

b. Ils ne peuvent faire de saignée aux femmes enceintes ou autres, ni aux filles, du pied, sans avis ou prescription de médecin, à moins de circonstances urgentes (⁴).

c. Il leur est interdit d'exécuter d'autres ordonnances que celles des médecins dûment autorisés (⁵).

d. Les chirurgiens ne peuvent prescrire même les médicaments stibiés ou mercuriaux destinés à la guérison des maladies vénériennes (⁶).

e. Les chirurgiens spécialement examinés et autorisés à cet effet peuvent, à l'exclusion des autres, prescrire les remèdes internes convenables dans la cure des maux externes, et du ressort de la chirurgie (⁷).

§ 4. Il est loisible aux chirurgiens de se faire aider, dans l'exercice de leur profession, par des apprentis dûment autorisés (⁸).

(¹) Ordonn. de Bruges du 19 févr. 1762.

(²) Ordonn. de Gand du 11 sept. 1663, art. 12 et 23.

(³) Ordonn. de Liége des 31 mars 1669, art. 2 pour les chir., et 27 mai 1700, art. 2 pour les chir.

(⁴) Ed. polit. de Namur du 6 octobre 1687, ch. XVII, art. 10. — Ordonn. de Liége des 31 mars 1669, art. 3 pour les chir., et 15 février 1700, art. 4 et 5 pour les chir.

(⁵) Ordonn. de Liége du 15 fév. 1700, art. 6 pour les chir.

(⁶) Ordonn. de Gand du 11 sept. 1663, art. 23.

(⁷) Ordonn. de Liége des 15 févr. 1700, art. 2 pour les chir., et 27 mai 1700, art. 4 pour les chir.

(⁸) Ordonn. de Liége du 31 mars 1699, art. 5.

C. *Des apothicaires.*

19. § 1. *a.* Il est expressément défendu aux apothicaires d'exercer la médecine ou la chirurgie, de quelque manière que ce soit (¹).

b. Il est interdit aux apothicaires, sous prétexte du titre de docteur ou licencié en médecine, de visiter des malades, de leur donner des vomitifs ou purgatifs et de pratiquer la saignée (²).

c. Il est interdit aux pharmaciens de se donner ou de se faire attribuer, de quelque manière que ce soit, le titre de licencié ou docteur en médecine (³).

d. Les apothicaires ne peuvent se livrer à l'appréciation de l'état des malades par l'inspection des urines (⁴).

§ 2. *a.* Tous les médicaments que les pharmaciens tiennent dans leur officine, doivent être de bonne qualité ; ils ne peuvent être corrompus, avariés, desséchés, surannés, falsifiés, inefficaces ou mal préparés (⁵).

b. Aucun apothicaire ne composera les remèdes dangereux dits theriac, mithridate, etc., sans que les ingrédients ou simples qui entrent dans leur composition, aient été préalablement examinés et trouvés en bon état (⁶).

(¹) Ed. de Namur du 6 octobre 1687, ch. XVII, art. 10. — Règl. de Liége des 31 mars 1699, art. 8 pour les apoth., et 27 mai 1700, art. 1 pour les mêmes.

(²) Ordonn. de Gand du 11 sept. 1663, art. 13.

(³) *Id.*, art. 9.

(⁴) *Id.*, art. 8.

(⁵) Plac. de Charles-Quint du 8 octobre 1540. — Ordonn. de Bruxelles du 12 nov. 1644. — Ed. de Namur du 6 oct. 1687, ch. XVII, art. 6. — Ordonn. de Gand du 11 sept. 1663, art. 10, et de l'année 1664, art. 32. — Ordonn. de Liége du 31 mars 1699, art. 24, et art. 6 des instr. pour les apoth. — Ordonn. d'Anvers des 6 juin 1659, art. 3, 6 mars 1684, 23 fév. 1745, 7 mars 1786, etc. — Règl. de Bruges du 6 mars 1497.

(⁶) Plac. du 8 octobre 1540. — Ordonn. de Liége du 31 mai 1699, art. 12 pour les apoth. — Ed. de Namur du 6 octobre 1687, ch. XVII, art. 7.

c. Les pharmaciens sont tenus de faire eux-mêmes tous les médicaments composés (¹).

d. Ils doivent veiller à ce qu'aucune erreur ne se glisse dans la préparation de leurs médicaments (²).

e. Tous les remèdes composés tenus par les apothicaires dans leurs officines, seront préparés d'une façon identique (³).

f. Les apothicaires sont tenus de se conformer, en ce qui concerne la composition des médicaments, aux indications du dispensaire approuvé (⁴).

g. Ils auront toujours dans leur officine, prêts à être mis en usage, les médicaments les plus nécessaires, dont la liste a dû leur être communiquée (⁵).

h. Ils sont tenus d'avoir dans leur officine un exemplaire de la pharmacopée d'après laquelle les médicaments doivent être préparés (⁶).

i. Les poids et les mesures dont se servent les pharmaciens doivent être identiques (⁷).

j. Il est interdit aux pharmaciens de vendre des remèdes composés en d'autres lieux que leurs officines (⁸).

§ 3. *a.* Les apothicaires ne peuvent délivrer de remèdes que sur une ordonnance des médecins (⁹).

b. Aucun pharmacien ne distribuera des médicaments purgatifs

(¹) Plac. du 8 octobre 1540. — Ordonn. d'Anvers du 7 mars 1786, ch. III.

(²) Ed. de Namur du 6 octobre 1687, ch. XVII, art. 7.

(³) Ordonn. d'Anvers du 6 juin 1659, art. 4. — Plac. du 8 octobre 1540.

(⁴) Ordonn. de Gand du 11 sept. 1663, art. 11. — Mand. de Liége du 19 avril 1744, et Ordonn. du 31 mars 1699, art. 25. — Ordonn. d'Anvers du 6 juin 1659. — Ed. de Namur du 6 oct. 1687, ch. XVII, art. 7.

(⁵) Ordonn. d'Anvers du 6 mars 1684. — Ed. de Namur du 6 oct. 1687, ch. XVII, art. 8.

(⁶) Plac. du 8 oct. 1540.—V. aussi BROECKX. *Coll. méd. Antwerp.* p. 217.

(⁷) Plac. du 8 oct. 1540.

(⁸) Ordonn. de Gand du 11 sept. 1663, art. 11.

(⁹) Plac. du 8 oct. 1540. — Mand. de Liége du 17 avril 1744.

violents, des vomitifs, histériques, narcotiques, antimoniels, mercuriels ou autres dangereux, sans une ordonnance de médecin (¹).

c. Les pharmaciens ne feront entrer dans la composition de leurs remèdes aucun poison animal, végétal ou minéral, à moins d'une prescription de médecin (²).

d. Il leur est défendu de délivrer de l'arsenic à des jeunes gens ou à des domestiques, et, en général, à d'autres qu'à des chefs de famille, lesquels sont tenus de déclarer par écrit à quel usage ce poison est destiné (³).

§ 4. *a.* Les apothicaires exécuteront fidèlement les ordonnances des médecins, sans y rien changer, ajouter ou retrancher, à moins du consentement de ceux-ci (⁴).

b. Si une ordonnance est défectueuse ou obscure, le pharmacien doit se rendre chez le médecin, afin d'obtenir les explications nécessaires (⁵).

c. Si le pharmacien qui ne comprend pas une ordonnance, ne sait rencontrer le médecin qui l'a formulée, il peut recourir aux lumières d'un autre, et, en cas d'impossibilité, modifier l'ordonnance selon sa conscience et ses capacités (⁶).

d. Les pharmaciens sont tenus de conserver les ordonnances des médecins (⁷).

§ 5. *a.* Il est interdit aux apothicaires de recommander ou pré-

---

(¹) Ordonn. de Bruxelles du 12 nov. 1641.—Ordonn. de Liége du 31 mars 1699, art. 7 pour les apoth. — Ordonn. de Gand du 11 sept. 1663, art. 12. — Ed. de Namur du 6 oct. 1687, ch. XVII, art. 10.

(²) Plac. du 8 octobre 1540.

(³) Ordonn. de Bruges de l'année 1585, citée par M. DE MEYER à la page 55 de son ouvrage sur l'*orig. des apoth. de Bruges.*

(⁴) Ordonn. de Liége du 31 mars 1699, art. 2 pour les apoth. — Ordonn. de Gand du 11 sept. 1663, art. 12.— Ed. de Namur du 6 oct. 1687, ch. XVII, art. 7.

(⁵) Ordonn. de Gand du 11 sept. 1663, art. 12.

(⁶) Ordonn. de Liége du 15 févr. 1700, art. 2 pour les apoth.

(⁷) Ordonn. de Liége des 31 mars 1699, art. 2 pour les apoth., et 15 févr. 1700, art. 1 pour les apoth.

coniser auprès des malades aucun autre médecin que celui qui leur convient, ou qui est habitué à leur donner ses soins (¹).

b. Les pharmaciens doivent se conformer, pour la fixation du prix des médicaments, à la taxe approuvée (²).

c. Ils sont tenus de spécifier en détail dans leurs notes ou leurs comptes, les médicaments qu'ils ont débités, d'y indiquer le poids, la mesure, la quantité et le nombre des ingrédients employés, et d'exhiber les ordonnances des médecins, afin que l'on puisse s'assurer qu'ils se sont conformés, dans la fixation du prix de vente, à la taxe légale des médicaments (³).

§ 6. *a.* Les apothicaires ne peuvent faire vendre ou préparer leurs médicaments, surtout ceux qui présentent quelque danger pour la santé, par leurs femmes, filles, servantes ou toute autre personne ignorante (⁴).

b. Ils sont admis, toutefois, à se faire aider pour la vente ou la préparation des médicaments, par des apprentis dûment autorisés à cet effet (⁵).

c. Les maîtres sont responsables des fautes de leurs valets (⁶).

d. Les apprentis-apothicaires ne peuvent composer les médicaments d'une grande importance, tels que theriac, mithridate, etc. (⁷).

(¹) Ordonn. de Gand du 11 sept. 1663, art. 3.

(²) Ordonn. de Bruxelles du 12 nov. 1641. — Ordonn. de Liége du 31 mars 1699, art. 26. — Mand. de Liége du 17 avril 1744. — Ordonn. de Gand de l'année 1664, art. 33. — Ordonn. d'Anvers du 3 déc. 1749. — Ordonn. de Bruges du 9 août 1663 et de l'année 1697, citées par M. DE MEYER dans ses ouvrages précités.

(²) Ordonn. de Gand de l'année 1664, art. 33.

(⁴) Ordonn. de Liége du 31 mars 1699, art. 9 pour les apoth. — Ordonn. de Gand du 11 sept. 1663, art. 15. — Ordonn. de Bruges déjà citée de l'année 1585.

(⁵) Ordonn. de Gand du 11 sept. 1663, art. 15. — Ordonn. de Liége du 31 mars 1699, art. 11 pour les apoth. — Ordonn. de Bruges déjà citée de l'année 1632.

(⁷) Règl. de Liége du 31 mars 1699, art. 11 pour les apoth.

() Ordonn. de Gand du 11 sept. 1663, art. 15.

e. Il y a cependant exception, pour ceux desdits apprentis qui réunissent certaines conditions déterminées d'expérience et d'aptitude ([1]).

f. La veuve d'un pharmacien peut continuer le commerce de son mari, à condition de faire desservir l'officine par un apprenti dûment examiné et reçu à cet effet ([2]).

g. Les garçons des veuves sont tenus aux mêmes obligations que les pharmaciens ([3]).

D. Des sages-femmes.

20. *a*. Les sages-femmes ne peuvent refuser leurs secours aux femmes en couches, lorsqu'il est requis ([4]).

b. Elles feront, auprès des femmes pauvres, comme auprès des riches, tous leurs efforts pour conserver la vie de la mère et de l'enfant ([5]).

c. L'exercice de la profession de sage-femme ne consiste qu'à aider les femmes en couches dans leurs souffrances, et à veiller à ce que l'enfant ne succombe pas ([6]).

d. Elles ne peuvent traiter les maladies des femmes en couches ou autres ([7]).

e. Elles ne conseilleront, prescriront, donneront ou vendront aucun médicament purgatif, abortif, aucune potion, poudre ou tout autre remède de quelque nature que ce soit, sans l'ordonnance ou l'avis d'un docteur en médecine ([8]).

([1]) Ordonn. de Gand du 11 sept. 1663, art. 15.

([2]) Ordonn. d'Anvers du 7 mars 1786, art. 32. — Ordonn. de Liége du 31 mars 1699, art. 4 pour les apoth. — Ordonn. de Gand de l'année 1664, art. 25 à 29. — Ordonn. de Bruges déjà citée de l'année 1707.

([3]) Ordonn. de Liége du 31 mars 1699, art. 4 pour les apoth.

([4]) Ordonn. de Bruges du 5 févr. 1697. — V. encore ci-dessus n° 11.

([5]) Ordonn. de Bruges du 5 déc. 1551.

([6]) Ordonn. de Bruges du 5 févr. 1697, art. 2.

([7]) Ordonn. de Liége du 31 mars 1699, art. 2 pour les sages-femmes. — Ordonn. de Bruges du 5 févr. 1697.

([8]) *Id.*, et Ordonn. de Bruges du 5 déc. 1551.

f. Elles ne peuvent accélérer l'accouchement en faisant des manœuvres sur la mère ou sur l'enfant ([1]).

g. En cas d'accident ou de difficulté apparente, elles sont obligées d'appeler un médecin ou d'autres sages-femmes, sans rien tenter témérairement de leur propre chef ([2]).

h. La sage-femme, ainsi appelée par une autre dans un cas grave, ne peut refuser de lui prêter son secours ([3]).

i. Les sages-femmes, avec l'avis du docteur, doivent appeler l'aide d'un chirurgien expérimenté, quand le danger devient si grand qu'une opération ou manœuvre est nécessaire pour sauver la mère et l'enfant ou, au moins, l'un d'entre eux ([4]).

j. La sage-femme est tenue, le cas échéant, d'extraire par pièces et morceaux l'enfant mort, du sein de sa mère, et, si la mère est morte, d'extraire l'enfant par la section césarienne. Si la sage-femme ne voulait pas faire ces opérations, elle devrait les faire faire par une autre, en ayant soin, cependant, de s'assurer, avant d'opérer, que la mère ou l'enfant n'existent plus ([5]).

k. Les sages-femmes doivent demeurer auprès des femmes en couches qui les ont appelées, tant que leur présence peut être utile, et ne les abandonner sous aucun prétexte ([6]).

l. Les sages-femmes peuvent se faire aider dans l'exercice de leur profession, par des aides expérimentées ([7]).

[1] Ordonn. de Bruges du 5 déc. 1551.

[2] Ed. de Namur du 6 oct. 1687, ch. XVII. art. 16. — Ordonn. de Bruges des 5 déc. 1551 et 5 févr. 1697, art. 2 et 5.

[3] *Id.*

[4] Ordonn. de Bruges du 5 févr. 1697, art. 3.

[5] Ordonn. de Bruges du 5 déc. 1551.

[6] *Id.*, et du 5 févr. 1697, art. 8. — V. encore ci-dessus n° 11.

[7] Ordonn. de Bruges du 5 déc. 1551.

CHAPITRE VI.

DE LA SURVEILLANCE MÉDICALE.

21. Avant l'érection des différents Colléges médicaux qui furent institués au XVIIe et au XVIIIe siècle dans les grandes villes du pays, la police médicale ressortissait aux agents ordinaires de l'administration publique, qui avaient, entre autres attributions, le soin de rechercher et de poursuivre les contraventions aux lois et règlements sur la pratique de l'art de guérir.

Cependant, comme la constatation de certaines infractions en cette matière, exige des connaissances scientifiques que les gens de l'art possèdent seuls, l'autorité avait parfois recours, pour faciliter sa tâche, aux lumières d'hommes spéciaux.

Cette observation s'applique particulièrement à la visite des officines.

M. De Meyer (¹) nous enseigne qu'en 1497, c'est-à-dire, à l'époque où parut le premier règlement concernant les apothicaires de Bruges, l'autorité communale, voulant prévenir les fraudes que les apothicaires ou autres pourraient commettre, tant dans la préparation que dans le débit des médicaments, fit publier au son de la cloche qu'il était ordonné au doyen et au serment de la corporation des épiciers, dont les apothicaires faisaient partie, d'inspecter très-scrupuleusement les pharmacies et, au besoin, d'appliquer la pénalité d'après les circonstances, sans aucune dissimulation, les seuls cas qui étaient du ressort du prince ou de la commune, exceptés.

« Depuis l'époque de la publication de cette ordonnance, » dit l'auteur, « il ne se passa pas d'année que le doyen et le serment de « la corporation des épiciers n'eussent des abus à signaler, voire « même des peines plus ou moins sévères à infliger. Il arriva sou-

______

(¹) *Orig. des apoth. de Bruges,* p. 49.

« vent que des substances falsifiées et de mauvaise qualité furent
« saisies, brûlées publiquement, et que les contrevenants furent
« mis à une forte amende. En 1549, la corporation s'empara chez
« un apothicaire d'une grande quantité de racines d'hermodactes,
« qu'elle prétendit être de mauvaise qualité. Le délinquant en appela
« devant l'autorité communale, mais celle-ci le condamna et
« approuva la saisie faite par la corporation. »

Le corps des épiciers avait donc alors à Bruges la police des
officines, pouvait ordonner la saisie et la destruction des remèdes
qui n'avaient pas les qualités requises, citer le contrevenant et le
condamner même à une amende, sauf recours au magistrat.

Le placard de l'empereur Charles-Quint du 8 octobre 1540
dispose, sur le même point, que deux ou trois médecins pratiquant
dans la ville et spécialement délégués à cette fin, visiteront ensemble, trois fois par an, de quatre en quatre mois, moyennant une
juste indemnité à payer par les intéressés, toutes les pharmacies de
la ville, accompagnés d'un ou de deux apothicaires qui jureront de
faire cette visite avec fidélité et impartialité ; que, si les visiteurs
trouvent, dans les officines, des matières simples ou composées qui
ne seraient pas bonnes et pures, qui seraient altérées ou falsifiées,
l'apothicaire devrait immédiatement les jeter dans la rue en présence
des inspecteurs susdits ; enfin, que tout pharmacien devra se
soumettre à ces visites, lorsqu'il en sera requis, sous peine de cor-
rection arbitraire fixée par les magistrats de la ville, etc.

Aux termes de l'art. 6 des édits politiques de Namur du 6 octobre 1687 : « Les boutiques des apothicaires seront visitées deux
« fois chaque année par le médecin pensionnaire, qui en devra faire
« rapport au magistrat, à peine de privation de sa pension pour
« cette fois ; ou, par d'autres médecins admis et sermentez de la
« ville, à députer par le magistrat s'il le trouve convenir, afin
« qu'iceux apothicaires ne retiennent en leur boutique aucunes
« vieilles drogues, et que ne les puissent distribuer de non vailla-
« bles médicaments, au grand préjudice de la santé des malades et
« de l'honneur des médecins. »

22. Le Collége médical d'Anvers fut fondé en 1620, celui de Bruxelles en 1650, celui de Gand en 1663, celui de Liége en 1669, celui de Bruges en 1760.

Ces colléges, qui étaient de véritables corporations savantes, et dont les statuts devaient être approuvés, aux Pays-Bas Autrichiens par le magistrat communal, dans la principauté de Liége par le prince-évêque, exerçaient une surveillance permanente sur tout ce qui concernait l'art de guérir ; quelques-uns d'entre eux jouissaient même d'une autorité disciplinaire et judiciaire, comme on le verra ci-après (¹).

Avant d'énumérer les attributions des Colléges médicaux, nous indiquerons sommairement leur organisation, qui différait d'une province à l'autre, et qui subit, du reste, des modifications successives, au fur et à mesure que la nécessité s'en faisait sentir.

A Anvers, d'après les règlements primitifs, la direction du Collége appartenait à sept médecins élus directement par leurs collègues et présidés par un écoutète ou un bourgmestre délégué par le magistrat. Ce n'est que plus tard que les chirurgiens et les pharmaciens furent admis à faire partie de cette assemblée, et qu'ils obtinrent même l'autorisation d'ériger des colléges spéciaux, institutions que les circonstances politiques empêchèrent de fonctionner.

A Bruxelles, le Collége se composait de six médecins assermentés présidés par un échevin délégué par le magistrat ; ce dernier pourvoyait à la première nomination des membres. Chaque année, le collége se renouvelait par moitié ; les membres nouveaux étaient désignés par le magistrat sur une liste double de présentation dressée à la suite d'une élection, à laquelle pouvaient prendre part les médecins inscrits à la ville, convoqués à cet effet en assemblée générale ; les membres sortants n'étaient rééligibles qu'après l'expiration d'une année. Les doyens de la corporation des chirurgiens, et ceux des membres de la corporation des apothicaires qui étaient

(¹) V. ci-après nᵒˢ 24 et 26.

chargés des réceptions de leurs collègues, pouvaient assister chaque mois, mais avec voix consultative seulement, aux délibérations du collége.

A Gand, le Collége médical comptait huit membres, savoir : quatre médecins, deux chirurgiens et deux pharmaciens ; il était présidé, comme celui de Bruxelles, par un échevin délégué. Les premières nominations furent également attribuées au magistrat ; par la suite, le collége se renouvela annuellement : deux médecins, un chirurgien et un pharmacien cessaient alors leurs fonctions, et étaient remplacés par autant de praticiens de chaque profession, désignés par le magistrat sur une liste double formée par le collége lui-même, au scrutin secret.

Le Collége de Bruges était formé de six membres dont deux médecins, deux chirurgiens, deux apothicaires, et présidé par un échevin, comme le précédent.

A Liége, le Collége se composait, de même qu'à Gand, de quatre médecins, deux chirurgiens et deux apothicaires, sous la présidence d'un savant ou habile séculier nommé par l'évêque : le médecin attaché au service du prince avait, en outre, le droit d'assister toujours aux assemblées, et jouissait, à cet égard, des mêmes prérogatives que les autres membres. Les premières nominations furent réservées au prince-évêque ; chaque année, les deux chirurgiens, les deux apothicaires, ainsi que deux des médecins composant le collége, cessaient leurs fonctions, et étaient remplacés par d'autres, exerçant respectivement la même branche médicale. Les dix plus anciens praticiens du pays de Liége, dans chacune des trois professions, prenaient seuls part, à tour de rôle et par rang d'ancienneté, à la composition du collége médical.

Les règlements d'ordre intérieur de ces différents colléges différaient sans doute, mais présentaient cependant entre eux une certaine analogie.

Nous nous bornerons à mentionner, comme exemple, les dispositions principales que renfermaient, à cet égard, les statuts du Collége de Liége.

Nous avons dit que cette assemblée se composait de huit membres, dont quatre médecins, deux chirurgiens et deux apothicaires, et qu'elle était présidée par un délégué du prince-évêque. Le plus ancien des assesseurs ou consulteurs, dans l'ordre des réceptions, avait le titre de préfet du collége.

A leur entrée en fonctions, les membres prêtaient serment, entre les mains du président, d'observer les statuts de l'ordre, ainsi que les règlements faits ou à faire, et de soutenir l'honneur et l'avantage de la profession en toutes circonstances, selon leur conscience.

Le président et les consulteurs pouvaient choisir un greffier et un varlet, qui prêtaient aussi serment de s'acquitter fidèlement des devoirs de leur charge.

Le collége devait s'assembler tous les quinze jours une fois, au lieu indiqué par son président : celui-ci, en cas d'urgence, pouvait même convoquer des assemblées extraordinaires.

Les séances du collége étaient toujours obligatoires pour ses membres.

Tout autre praticien du ressort devait, à peine d'amende, s'il en était requis, comparaître devant le Collége, pour lui donner les renseignements ou éclaircissements qui lui étaient demandés.

Les décisions étaient prises à la pluralité des voix ; celle du président était décisive, etc.

23. L'action des Colléges médicaux n'était pas exclusivement restreinte dans les limites de la ville où ils étaient établis.

M. Pasquier, membre de l'Académie de Belgique, dans une petite brochure publiée à Liége en 1846, s'est attaché à prouver l'exactitude de ce fait (¹).

Il a cité, à ce propos, différents exemples puisés dans les anciennes ordonnances, notamment :

1° Une ordonnance des magistrats de Bruxelles du 13 avril 1630, confirmée le 28 du même mois par le conseil souverain du Brabant, textuellement applicable aux praticiens de la ville *et de son ressort.*

______

(¹) Lettre à MM. les rédacteurs de la *Gazette médicale Belge,* etc.

« L'histoire enseigne, » dit l'auteur, « que les médecins du collége
« ont eu, en la ville de Bruxelles *et en son district*, une juridiction
« sur tout ce qui concerne le fait de la médecine, de la chirurgie et
« de la pharmacie ([1]). »

Or, le district de Bruxelles comprenait : Bruxelles, Vilvorde, la
seigneurie de Malines, Nivelles, Genappe, Jodoigne, Wavre, Gembloux, Hannut, le marquisat de Trazignies, le comté de Tilly, ainsi
que les baronnies de Rèves et de Sombreffe ([2]).

2° Une ordonnance des magistrats d'Anvers du 6 juin 1660,
relative au collége médical de cette ville, qui s'applique à la fois à la
ville *et à son domaine*.

Or, le quartier d'Anvers, dans lequel était compris le marquisat,
renfermait : le pays de Ryen qui comptait 15 villages, celui de
Hoogstraeten, qui en comptait 19 ; de Hérenthals, 17 ; de Turnhout, 16 ; de Arckel, 15 ; de Santhoven, 22, et celui de Gheel, qui
en comptait 14 ([3]).

3° L'ordonnance du magistrat de Gand du 11 septembre 1663,
qui parle également de la ville *et de son domaine*.

Or, le comté de Flandre possédait 30 villes principales, un grand
nombre de petites villes ou gros bourgs et 1,154 villages.

4° Le règlement du collége de médecine de Liége du 24 mars
1669, qui étend les attributions de cette assemblée à la cité,
faubourgs et banlieue, ainsi qu'aux *villes et villages du pays de Liége
et comté de Looz*.

Or, les villes principales de ce ressort étaient : Liége, Tongres,
Hasselt, Huy, Maeseyck, Verviers, Dinant, Saint-Trond, Bouillon,
Visé, Ciney, Thuin, Stavelot, Fumay, Looz, etc. ([4]).

On voit donc, même en admettant que le *domaine* des villes dont
il s'agit, n'eût point toute l'étendue que lui attribue l'auteur, que,

([1]) *Histoire des avocats et des médecins, attaqués par les héraults
d'armes*. Verbale du 30 mars.
([2]) *Jusseret*, p. 30.
([3]) *Id*.
([4]) *Id*.

tout au moins, les Colléges médicaux n'exerçaient pas seulement leur juridiction dans la ville où ils résidaient, mais encore dans un certain rayon comprenant d'autres communes.

24. Les attributions de ces colléges, sans préjudice au pouvoir judiciaire reconnu à certains d'entre eux (¹), peuvent être rangées en quatre catégories distinctes :

A. Ils procédaient aux examens des chirurgiens, des apothicaires et des sages-femmes.

B. Ils enregistraient les titres de tous praticiens, sans distinction, qui voulaient exercer dans leur ressort une des branches de l'art de guérir, ainsi que les noms de leurs élèves ou apprentis.

C. Ils surveillaient la pratique des professions médicales, tant au point de vue de la dignité de l'art qu'à celui de l'humanité, s'attachaient à prévenir autant que possible les abus, ou en provoquaient la répression.

D. Ils venaient en aide à l'administration, dans la détermination et l'application des mesures ayant pour objet d'empêcher l'invasion des maladies épidémiques et contagieuses ou d'en atténuer les effets, concurremment avec les médecins jurés (*gezworen stads-doctoren*) ; ces derniers devaient constamment se tenir à la disposition du magistrat, en qualité de médecins-légistes ; en cas d'épidémie, ils se rendaient sur les lieux éprouvés par le fléau, suivaient sa marche, et indiquaient les moyens préventifs ou curatifs destinés à y remédier.

Cette dernière attribution est plutôt du domaine de l'hygiène que de la police médicale proprement dite, envisagée au point de vue de l'exercice des professions ; nous n'avons donc point à nous en préoccuper dans le cours du présent travail.

Quant aux deux premières, nous en avons déjà parlé plus haut (²).

Nous nous bornerons donc à examiner ici en quoi consistait le

(¹) V. ci-après. n° 26.
(²) V. ci-dessus, n°ˢ 8 à 12.

droit de surveillance que pouvaient exercer les Colléges, sur la pratique des diverses professions médicales.

Aux termes des articles 10 et 11 des statuts du Collége de Bruxelles, toutes les questions, difficultés et différends qui pouvaient s'élever à cause, ou à l'occasion des ordonnances sur l'art de guérir, devaient être portées devant le collége de médecine ; il en était de même, de toutes discussions relatives aux honoraires des médecins ou des chirurgiens, ou au payement des médicaments délivrés par les apothicaires.

L'article 4 des statuts de Gand dispose également, et d'une manière plus générale encore, que le Collége médical connaîtra de toutes les affaires concernant l'exécution des règlements faits ou à faire, ainsi que de toutes les autres questions qui regardent l'art de guérir.

Des dispositions plus ou moins semblables sont insérées dans les statuts des Colléges de Bruges et d'Anvers.

« Les attributions du Collége médical d'Anvers, » dit M. Broeckx (¹), « étaient très-étendues ; elles embrassaient tout ce pouvait être utile « et profitable à l'art de guérir et à la répression des abus ; il visi- « tait les officines des pharmaciens, etc. ; il avait, en outre, des « attributions judiciaires, et formait, en quelque sorte, un conseil « de discipline. »

« L'ordonnance du 6 juin 1659, » ajoute le même auteur (²), « servit de base au code médical de la cité d'Anvers. Aussi les mé- « decins en provoquèrent l'application dans toutes les circon- « stances, autant dans l'intérêt de la dignité de l'art, que dans celui « de l'humanité. »

Voici les articles principaux du règlement du Collége des méde- cins de Liége, sur le même objet :

Art. 3. « Tout ce qui se présentera à régler, en fait de la méde- « cine, pharmacie ou chirurgie, pour l'utilité et la conservation de

(¹) *Hist. du coll. med. Antwerp*, p. 94.
(²) *Id*, p. 101.

« nos sujets ou pour exterminer les abus, s'agitera par devant le
« collége ».

Art. 5. « Les assesseurs ou consulteurs feront, à leur entrée,
« serment d'observer tout ce qui est ou sera par Nous (le prince)
« réglé, en fait de l'établissement du collége et des choses par Nous
« à prescrire, comme aussi de soutenir l'honneur et l'avantage de
« la profession d'une pure et véritable médecine, en tous les cas
« qui se présenteront ».

Art. 13. « Le collége entendra les plaintes et les difficultés qui
« surviendront entre les médecins, apothicaires et chirurgiens, au
« sujet de ce qui regarde le présent règlement, comme aussi à
« l'égard des autres choses dépendantes de la profession et pra-
« tique de la médecine, pharmacie et chirurgie. »

Les Colléges médicaux avaient donc, comme on le voit, un pouvoir de surveillance médicale à peu près absolu, non-seulement au
point de vue administratif, mais encore au point de vue scientifique
et disciplinaire.

De l'ensemble des règlements sur la matière, il résulte que
chaque Collége exerçait, à ces différents points de vue, les attributions qui suivent :

1° Il recherchait et dénonçait les individus qui s'immisçaient dans
la pratique médicale sans y être légalement autorisés ;

2° Il veillait à ce que les personnes qualifiées exerçassent leur art
d'une manière conforme aux lois et règlements, et déléguait certains
de ses membres pour procéder à la visite périodique des pharmacies
ou dépôts de médicaments ;

3° Il fixait la taxe des remèdes à fournir par les pharmaciens (¹),

---

(¹) V. en ce qui concerne les anciennes taxes de médicaments, les différentes Ordonn. rendues par le magistrat d'Anvers en 1661, 1747, 1749, etc.,
citées par M. Broeckx dans son *Hist. du coll. med. Antwerp*, p. 106, 144,
208 et suiv. ; l'Ordonn. du magistrat de Bruges du 22 avril 1697, citée par
M. De Meyer à la p. 61 de son ouvrage sur l'*Orig. des apoth. de cette ville ;*
les art. 26 et 27 du règl. organ. du collége médical de Liége, en date du

et réglait les difficultés qui pouvaient s'élever entre les praticiens et les malades, sur le montant des honoraires ;

. 4° Il terminait les différends entre confrères, et s'attachait à faire respecter la dignité de la corporation ;

5° Il veillait enfin à ce que les hommes de l'art se conformassent, dans la pratique, aux véritables lois de la science.

25. La visite des officines pharmaceutiques par les délégués des colléges médicaux, était un des actes de surveillance les plus importants.

Quelques citations feront connaître comment il était procédé à cet égard :

Ordonnance de la ville de Gand du 11 septembre 1663. Art. 10 : « Le médecin député à cet effet par le collége médical, les méde-« cins pensionnaires, les chirurgiens-jurés, ainsi que deux phar-« maciens, feront deux fois par an la visite des officines, des « drogues, des médicaments simples et composés, déposés dans les-« dites officines ; s'ils découvrent des médicaments desséchés , « surannés ou dont la composition soit mauvaise, ils sont obligés « de les faire enlever immédiatement et de les rejeter » .

Ordonnance de Gand de 1664. Art. 31 : « Au moment même où « l'on fera la visite et l'inspection des officines de pharmacie, les « apothicaires déclareront, sous la foi du serment, qu'ils ne se servent « jamais d'autres drogues que de celles qu'ils présenteront aux délé-« gués du collége, et qu'ils n'en ont caché aucune par fraude ; cette « visite pourra être faite aussi souvent que le collége de médecine « jugera qu'il convient » .

Art. 32. « Si, chez les apothicaires ou droguistes, on trouve des « drogues, épiceries ou autres médicaments, mauvais, inefficaces « ou falsifiés , en vertu de l'art. 10 de la précédente ordonnance « de 1663, ils seront confisqués et enlevés ; mais, de plus, ceux « qui sont en possession desdites drogues ou d'autres substances « nuisibles, seront punis d'amende, etc. »

31 mars 1669 ; l'Ordonn. du prince-évêque de Liége du 17 avril 1741 ; l'article 33 d'une Ordonn. du magistrat de Gand, déjà citée, de l'an 1664. etc.

Règlement de Liége du 31 mars 1669. Art. 24 : « Le collége dépu-
« tera chaque année deux médecins et deux apothicaires, pour aller
« visiter les drogues composées et simples, syrops, extraits, eaux,
« poudres, et tout ce qui regarde la pharmacie ; et tous apothicaires
« devront souffrir cette inspection et visitation, faire et accomplir
« ce qui sera ordonné, à peine d'être suspensez de l'exercice de
« leur boutique ; et s'il y avait quelques drogues, de quelle espèce
« elles puissent être, qui fussent trouvées par les médecins et apo-
« thicaires n'avoir pas les qualitez requises, ils pourront, sans
« aucune formalité, faire apporter telles drogues, pour être, le plus
« sommairement qu'il se pourra, examinées par le collége, susappelé
« celui à qui elles appartiendront, pour être entendu dans ses
« défenses ; et, en cas que le collége soit de même avis que les
« médecins et apothicaires députez, touchant la mauvaise qualité de
« ces drogues, elles seront portées par le varlet du collége au siége
« des échevins de notre souveraine justice, pour demander l'ensei-
« gnement de les faire jetter sur la ruë, lequel leur sera accordé,
« parmi la déclaration qui devra là même être produite, que le col-
« lége aura faite à ce sujet. Après quoy, elles seront sans aucune
« formalité jettées sur la ruë, et les maîtres de ces drogues, ou
« celuy ou ceux à qui elles appartiendront ne pourra, pour ce sujet,
« prendre recours quelconque contre le collége, ni contre aucun
« particulier d'iceluy, à peine de.. etc. »

Aux termes de l'article 3 des dispositions spéciales pour les apothicaires, approuvées par ordonnance du prince-évêque de Liége
en date du 15 février 1700, « dans les difficultés qui surviendraient
« au collége, au regard de la pharmacie, le président dénommera
« deux autres apothicaires, pour donner leur sentiment avec les
« consulteurs du collége ».

Le règlement du 27 mai 1700 ajoute que ces deux apothicaires
« ne devront être, en aucune manière, suspects aux accusés ».

L'article 2 de ce même règlement, relatif à la profession pharmaceutique, dispose, par interprétation de l'article 24 précité de l'ordonnance de 1699, en ce qui concerne l'enlèvement des drogues

trouvées défectueuses, que, « si les apothicaires consentent à ce
« qu'elles soient immédiatement jetées, elles ne seront point por-
« tées au collége, et l'intéressé ne sera sujet à aucune amende. »

A Anvers, d'après l'ordonnance du 7 mars 1786, toutes les officines devaient être visitées une fois l'an, et le président du collége
médical était passible d'une amende de 100 florins, pour chacune
de celles qu'il négligeait d'examiner.

Dans la même ville, une autre ordonnance du magistrat en date
du 10 juin 1661, avait délégué deux des anciens de la corporation
des pharmaciens pour faire, avec les membres du collége, la visite
des officines (¹) : à cette époque, en effet, le collége se composait
exclusivement de médecins.

En vertu d'un règlement du 17 juillet 1742, le collége médical
d'Anvers fut autorisé à faire en tous temps l'inspection des officines (²).

Un règlement ultérieur du 25 février 1745 décide que les méde-
cins-visiteurs ne pourront désapprouver les médicaments, que dans
le cas où ils les auraient trouvés sophistiqués, et qu'ils ne donneront
connaissance du fait qu'au magistrat, afin de ne pas nuire à l'apothicaire (³).

26. Ainsi que nous l'avons dit plus haut, certains Colléges médicaux exerçaient, non-seulement une action disciplinaire sur les praticiens de leur ressort, mais même une autorité judiciaire, en ce sens
qu'ils pouvaient prononcer des pénalités pour contraventions aux lois
et règlements sur la police de l'art de guérir, et que leurs sentences
étaient obligatoires, sauf recours au magistrat ou au juge, selon les cas.

« C'est devant le Collége, » dit M. Steur (⁴), « qu'étaient portées
« toutes les contestations relatives à l'exercice de la médecine, de la

(¹) BROECKX. *Hist. du coll. med. Antwerp.*, p. 107.

(²) *Id.*, p. 197.

(³) *Id.*, p. 204.

(⁴) *Mémoire sur l'administration générale des Pays-Bas Autrichiens,*
p. 450, publié par l'Acad. roy. des sciences et belles-lettres, t. VI. Bruxelles, 1827.

« chirurgie et des accouchements ; mais cette autorité judiciaire ne
« prononçait qu'en première instance ; l'appel de ses jugements
« était porté devant le juge ordinaire du lieu. »

Aux termes de l'article 12 des statuts du Collége de Bruxelles :
« les jugements du collége médical sont exécutoires, avec assistance
« de la police, en cas de besoin. Néanmoins, les condamnés pour-
« ront en appeler devant les magistrats, endéans les 24 heures. »

Les articles 10 et 11 des statuts de Gand portent également, que
les jugements du collége seront exécutoires à la diligence de l'officier de police, et qu'on pourra appeler de ses décisions devant le
tribunal civil, endéans les 15 jours.

Le collége d'Anvers avait aussi des attributions judiciaires (¹).

Cependant, il n'en était pas ainsi partout : la disposition finale du
règlement de Liége du 24 mars 1669, est conçue comme suit :
« Nous entendons, toutefois, que le collége ne pourra exercer aucune
« juridiction civile ou criminelle, et que toutes ses assemblées ou
« ordonnances ne pourront tendre à autre chose, qu'à faire exécuter
« ce qui leur est permis par le présent règlement, et à veiller et
« faire en sorte qu'il soit exactement observé dans tous ses points ;
« et que tous les suspens, tant déterminés qu'arbitraires, devront
« être décrétés par le juge ordinaire, d'autorité duquel tous contra-
« venteurs devront être ainsi condamnés aux amendes tant déter-
« minées qu'arbitraires, ce, sans préjudice aux amendes et autres
« dispositions à l'amiable, ainsi pour les remèdes que les apothi-
« caires consentent à voir jeter, etc. »

L'article 13 du même règlement indique les formalités à suivre, au
cas où les contrevenants refuseraient d'acquitter volontairement les
amendes prononcées par le collége médical, par application des lois
et statuts ; ainsi : « Lorsqu'une personne des trois professions mé-
« dicales aura contrevenu au règlement, si elle ne veut pas payer
« amiablement l'amende qu'elle aura encourue, elle sera dénoncée
« à notre grand maïeur qui sera obligé, parmi qu'on lui fournisse

____

(¹) V. Broeckx. *Hist. du coll. med. Antw.*, p. 94.

« des preuves suffisantes, de s'acquitter incessamment, sans part,
« faveur ni dissimulation, du devoir de sa charge, en agissant par
« devant le juge ordinaire pour la faire châtier conformément à son
« refus, demeurant toutes exceptions sauves à telles personnes
« accusées. »

Quoiqu'en général la dénonciation des délits en matière médicale appartînt, au pays de Liége, à l'initiative du Collége, les agents chargés de l'exercice de la police judiciaire pouvaient aussi, au moins à l'époque où le collége médical fut institué, rechercher et poursuivre directement les délinquants ; c'est ce qui résulte de la disposition suivante, inscrite au § final de l'article 13 précité du règlement de 1669 : « Il sera pourtant aussi dans le pouvoir de nostre dit « grand maïeur, d'agir contre les contraventeurs dont les excès « seront venus à sa connaissance par autre voye que celle de la « dénonciation lui faite de la part du collége. »

Toutefois, cette prescription fut rapportée par une ordonnance ultérieure du 27 mai 1700, dont l'article 2 dispose de la manière suivante : « Son Altesse consent que ce qui est dit à l'article 13, sur « la fin : *il sera pourtant,* etc., soit censé comme non inséré audit « règlement, voire que le collége ne manquera pas de dénoncer au « grand maïeur les contraventions au présent règlement qui sont « venues à sa connaissance, à peine d'être responsable envers lui « pour l'amende ».

TITRE II.

LÉGISLATION FRANÇAISE.

CHAPITRE PRÉLIMINAIRE.

EXPOSÉ GÉNÉRAL.

27. Le 9 vendémiaire an IV, un décret de la Convention nationale publié le 12 du même mois, incorpora les Pays-Bas Autrichiens et le pays de Liége à la France.

Un arrêté des représentants du peuple, en date du 19 brumaire suivant rendit applicable à nos provinces l'article 7 du décret du 2-17 mars 1791, ainsi conçu :

« Il est libre à toute personne de faire tel négoce ou d'exercer
« telle profession, art ou métier qu'elle trouvera bon, mais elle sera
« tenue de se pourvoir auparavant d'une patente, d'en acquitter le
« prix, et de se conformer aux règlements de police qui sont ou
« pourront être faits. »

La proclamation de ce principe de liberté qui, aux yeux du plus grand nombre, parut avoir pour conséquence la suppression de toutes les garanties préalables que l'on exigeait autrefois de ceux qui voulaient exercer l'art de guérir, c'est-à-dire, la reconnaissance de la faculté absolue laissée au premier venu d'exercer cet art sans autre titre qu'une patente, fut le signal d'une véritable anarchie dans l'exercice des professions médicales, dont la surveillance était, d'ailleurs, à peu près abandonnée, tant à cause des événements politiques qui bouleversèrent toute notre organisation sociale, que par suite de la suppression des anciens Colléges médieaux autrefois chargés de la police de l'art de guérir, et qui avaient été dissous avec les corporations et associations savantes, par les lois républicaines.

M. Broeckx, dans son *Histoire du collegium medicum Antwerpiense* [1], signale, dans les termes suivants, l'effroyable désordre de cette époque : « la liberté de toutes les professions étant proclamée dans « notre pays, » dit-il, « l'exercice de la médecine tomba dans « l'anarchie la plus complète ; les guerres continuelles de la répu- « blique ayant fait affluer à Anvers un grand nombre d'hommes et « de malades, encombrèrent les hôpitaux et les prisons, et donnè- « rent lieu à l'explosion des épidémies les plus meurtrières. Joignez « à toutes ces causes, que les médecins qui accompagnaient les « Français étaient, pour la plupart, des ignorants sans titre, et cau- « sèrent une mortalité si effrayante, que la municipalité fut obligée « d'avoir recours aux lumières de nos médecins nationaux et de « reconnaître, pour ainsi dire forcément, pendant quelques années, « l'existence du *collegium medicum*. »

28. A peine le décret du 2-17 mars 1791 eût-il paru en France, que des accidents de toute nature, dus surtout à l'imprudence des individus qui, sans aucune connaissance de l'art pharmaceutique, composaient et débitaient toute espèce de remèdes, furent signalés à l'attention des autorités administratives.

Le comité de salubrité de l'assemblée nationale, reconnaissant tous les dangers de cette situation, en fit l'objet d'un rapport ainsi conçu [2] :

« Par une fausse interprétation de l'article 2 du décret du 2 mars « dernier sur les patentes, des gens sans connaissances comme « sans autorisation quelconque, s'immiscent dans l'exercice de la « pharmacie, préparent et vendent impunément toutes sortes de « drogues et de médicaments, tant simples que composés. »

[1] Anvers, 1858, p. 322.
[2] V. *Pandectes pharmaceutiques*, par Laugier et Duruy. Paris, 1837, p. 130.

« Cet abus, pernicieux sous tous les rapports, mérite votre atten-
« tion et votre vigilance. Le mal est pressant ; les malheurs qui en
« résultent sont très-multipliés : votre comité ne saurait vous
« exprimer combien il est instant de le réprimer. Il reçoit journel-
« lement des lettres de différents départements, qui lui annoncent
« de nouveaux malheurs occasionnés par impéritie ou par toute
« autre cause qu'on ne peut que soupçonner. »

« C'est par ces motifs que votre comité vous dénonce aujourd'hui
« ce désordre, qui peut devenir de plus en plus alarmant, etc. »

L'Assemblée nationale, entrant pleinement dans les vues de son
comité de salubrité, et considérant, en effet, comme un abus, l'exercice de l'art de guérir par des individus qui n'auraient point été
préalablement diplômés ou examinés conformément aux règlements
de police antérieurs à la loi du 2 mars 1791, rendit, le 14 avril
de cette année, le décret suivant qui fut sanctionné par le Roi trois
jours après :

« Les lois, statuts et règlements existants au 2 mars dernier,
« relatifs à l'exercice et à l'enseignement de la pharmacie, pour la
« préparation, vente et distribution de drogues et médicaments,
« continueront d'être exécutés suivant leur forme et teneur, sous
« les peines portées par lesdites lois et règlements, jusqu'à ce
« que, sur le rapport qui en sera fait, il soit statué définitivement
« à cet égard. »

« En conséquence, il ne pourra être délivré de patentes pour la
« préparation, vente et distribution des drogues et médicaments,
« dans l'étendue du royaume, qu'à ceux qui sont ou pourront être
« reçus pour l'exercice de la pharmacie, suivant les statuts et
« règlements concernant cette profession. »

29. La loi du 2 mars 1791, ainsi interprétée, n'avait donc pas
eu pour but de mettre la pratique médicale dans le domaine public.
Ceux qui voulaient s'y livrer devaient être munis, comme autrefois,
d'un titre légal de capacité délivré par un corps compétent.

Mais les lois révolutionnaires ayant supprimé, sans pourvoir à
leur remplacement, d'une part l'université de Louvain qui délivrait

les diplômes de docteur et de licencié en médecine, d'une autre part les Colléges médicaux qui recevaient les chirurgiens, les pharmaciens et les sages-femmes, il était devenu impossible aux personnes qui se destinaient à la carrière médicale, d'obtenir dans le pays une autorisation régulière.

Plusieurs préfets, plusieurs administrations communales, frappés de cet inconvénient, instituèrent, sans droit, il est vrai, mais dans un intérêt de justice et de sécurité aisé à justifier, certaines commissions, certains jurys auxquels ils attribuèrent le droit de recevoir, non-seulement les pharmaciens, les chirurgiens, les sages-femmes, mais même les médecins.

C'est ainsi qu'à Bruxelles, par exemple, en vertu d'un arrêté municipal du 16 floréal an VII, ces différents praticiens pouvaient être reçus par la Commission de sûreté et de santé établie dans la localité.

C'est ainsi qu'un arrêté de l'administration municipale du canton de Louvain, en date du 23 ventôse an IV, portant règlement sur l'exercice de la pharmacie, a institué un jury pour l'examen des aspirants au titre de pharmacien, et attribué à l'autorité locale le droit de les autoriser, etc., etc.

Ces arrêtés étaient illégaux sans doute, et plusieurs d'entre eux furent cassés par le gouvernement (¹), mais il n'en est pas moins vrai que les municipalités dont ils émanaient, reconnurent, pendant un certain temps, aux personnes reçues en conformité de leurs dispositions, les mêmes droits qu'aux praticiens munis d'un titre valable octroyé par les universités ou les colléges médicaux supprimés.

Il peut être intéressant, au point de vue historique, de jeter un coup d'œil sur les documents de cette époque, qui sont, en général, peu connus.

Nous en passerons rapidement quelques-uns en revue :

Une ordonnance de l'administration municipale de la commune et du canton de Bruxelles, en date du 21 prairial an VII, était ainsi conçue :

____

(¹) V. ci-après, n° 34, *in fine*.

« L'administration municipale, etc.,

« Vu la demande lui faite par la Commission de sûreté et santé,
« de faire imprimer et afficher aux endroits ordinaires d'affiction,
« le mode des examens des citoyens qui se destinent à l'exercice de
« l'une des trois branches de l'art de guérir, afin que ceux qui
« seront tenus à se soumettre aux examens, puissent en connaître
« préalablement les dispositions.

« Vu également l'article 6 de l'arrêté de cette administration en
« date du 24 ventôse dernier, qui porte que tout médecin, chirur-
« gien ou pharmacien établi en cette commune depuis l'établisse-
« ment du régime constitutionnel, est tenu de se présenter à la
« Commission de sûreté et santé, et de lui exhiber les titres en
« vertu desquels il exerce sa profession. »

« Considérant que, jusqu'ici, aucun médecin, chirurgien ou
« pharmacien ne s'est conformé au dispositif sus-énoncé, et qu'il
« est instant que les mesures prescrites par l'arrêté ci-dessus soient
« exécutées.

« Ouï le rapport de son bureau de l'instruction publique, et le
« commissaire du Directoire exécutif entendu,

« Arrête :

Art. 1. « Le mode d'examen des candidats qui se destinent à
« l'exercice de l'une des trois branches de l'art de guérir, sera
« imprimé et affiché en nombre suffisant d'exemplaires, pour que
« ceux à qui la chose compète, n'en puissent prétexter cause
« d'ignorance.

Art. 2. « Les médecins, chirurgiens et pharmaciens de cette
« commune seront convoqués, à la diligence de la Commission de
« sûreté et santé, à l'effet de lui conster des titres en vertu desquels
« ils exercent leurs professions respectives.

« Le présent arrêté sera imprimé en tête du règlement adopté
« par la commission de santé et sûreté, et sanctionné par cette
« administration. »

Le règlement auquel il est fait allusion dans l'ordonnance précitée, et qui détermine le mode d'examen des récipiendaires, porte

la date du 16 floréal an VII. Il est divisé en deux parties : la première ayant pour objet les dispositions communes à tous, la seconde indiquant les matières sur lesquelles doivent être interrogés les candidats, selon la nature de la profession qu'ils se proposent d'exercer.

Voici les articles généraux les plus importants de ce document :

Art. 1. « Tout citoyen qui voudra se livrer dans cette commune
« à l'exercice de la médecine, de la chirurgie ou de la pharmacie,
« doit, conformément à l'arrêté de l'administration municipale en
« date du 24 ventôse présente année, se soumettre à un examen
« devant la Commission de sûreté et santé, et s'y faire inscrire, à
« cet effet, pour la partie dont il désirera faire profession, dix jours
« avant l'époque à laquelle il voudra être examiné »

Art. 2. « Lors de l'inscription, le candidat exhibera les certifi-
« cats requis de sa moralité. La commission, après en avoir pris
« inspection, fixera au candidat jour et heure pour son examen.

Art. 13. « Il sera délivré au candidat admis un extrait du registre
« de la commission, qui lui tiendra lieu de certificat qu'il a satisfait
« dans son examen. »

Art. 14. « Le candidat admis, après s'être présenté à l'admi-
« nistration municipale et s'être muni d'une patente, recevra de la
« commission un diplôme pour l'exercice de la partie pour laquelle
« il se sera fait examiner. »

Art. 15. « Ceux qui auront été admis devant une université de
« France ou de la ci-devant Belgique, ou bien devant une école de
« la république depuis la suppression des universités, ne pourront
« se livrer à l'exercice de leur profession, qu'après que la commis-
« sion se sera assurée de la légalité et de l'authenticité des titres en
« vertu desquels ils s'y croiront autorisés. »

D'après la seconde partie du règlement, l'examen pour l'exercice de la médecine ou de la chirurgie, devait se faire en trois séances successives :

Dans la première, le candidat était interrogé sur l'anatomie, la physiologie et la pathologie ;

Dans la seconde, sur la thérapeutique, la matière médicale, la chimie et la pharmacie;

Dans la troisième séance, celui qui se destinait à la médecine devait se charger du traitement de deux malades dans un des hospices de Bruxelles et faire l'historique de la maladie; celui qui se destinait à la chirurgie devait exécuter trois opérations et en appliquer les appareils.

Le candidat qui voulait joindre à l'exercice de la médecine ou de la chirurgie celui des accouchements, était soumis à un quatrième examen relatif à la théorie et à la pratique de cet art; la partie opératoire consistait en manœuvres sur le fantôme.

Quant aux sages-femmes, elles avaient à subir un examen particulier uniquement relatif à la pratique des accouchements.

Les candidats pour la pharmacie étaient soumis à quatre examens différents :

Le premier avait pour objet la théorie et la pratique de la pharmacie et de la chimie appliquée à l'art pharmaceutique.

Dans le second, le récipiendaire devait déterminer un certain nombre de substances simples et composées natives qui lui étaient présentées, et qui formaient l'ensemble de la matière pharmaceutique; il devait répondre, en outre, aux questions qui lui étaient faites sur leur connaissance, leur récolte, leur conservation et leur sophistication.

Dans le troisième examen, le candidat devait nommer les diverses plantes indigènes des environs de Bruxelles, ainsi que les plantes exotiques usuelles qui étaient mises sous ses yeux, et ajouter au nom vulgaire la synonymie la plus usitée.

Pour le quatrième examen, on exigeait de l'élève qu'il exécutât quatre préparations, dont deux proprement chimiques et deux pharmaceutiques, et qu'il répondît, en outre, aux questions qui lui étaient posées sur la théorie de ces préparations.

L'article final du règlement ajoutait que : « A l'époque de l'an x « de la République, il sera exigé, pour être admis à exercer la « pharmacie, que celui qui se présente à l'examen ait acquis des

« connaissances méthodiques dans son art, qu'il ait appris l'histoire
« naturelle des trois règnes, d'après les méthodes généralement
« adoptées de Linné, de Fabricius, de Cuvier, de Werner, etc.,
« qu'il se soit approprié les principes et le langage de la chimie mo-
« derne, en un mot, qu'il possède la véritable science de sa partie. »

Nous avons cité plus haut certain arrêté de la municipalité de Louvain, en date du 23 ventôse an IV, réglant tout ce qui concernait les réceptions des pharmaciens du canton, ainsi que le mode d'après lequel ils étaient admis à exercer leur profession.

Cet arrêté réglementaire, dont nous mentionnerons les dispositions essentielles, était précédé du préambule suivant, qui constate une fois de plus les désordres qui existaient à cette époque dans la pratique des professions médicales, ainsi que la nécessité d'y pourvoir par des mesures énergiques :

« L'administration municipale du canton de Louvain, ayant reçu
« plusieurs plaintes sur les abus qui s'étaient glissés parmi quelques
« pharmaciens de cette commune,

« Considérant que ces abus provenaient, en partie, de la stupi-
« dité et de l'ignorance des candidats, en partie, de la trop grande
« indulgence des examinateurs, en partie, de la cupidité sordide de
« quelques pharmaciens, et enfin, surtout, d'un défaut de surveil-
« lance des autorités constituées, sur cette partie si intéressante de
« l'art de guérir.

« Considérant que la santé et la vie de ses administrés continue-
« ront d'être journalièrement exposées et compromises, aussi long-
« temps que la municipalité par elle-même n'exercera pas la
« surveillance la plus active sur ceux qui pratiquent cet art impor-
« tant et dangereux, etc. »

Par les deux premiers articles de son règlement, la municipalité s'est attachée à établir la légalité de celui-ci.

Ces articles sont ainsi conçus :

Art. 1er. « La pharmacie étant un art, la Loi ne met aucune limi-
« tation à son exercice (art. 355 de la Const.). En conséquence,
« personne n'est exclu du droit d'exercer la pharmacie. »

Art. 2. « La Loi surveille particulièrement les professions qui
« intéressent la sûreté et la santé des citoyens (art. 356 de la Con-
« stitution). Les autorités constituées sont donc obligées de s'assurer
« des mœurs et de la capacité requise dans ceux qui veulent exercer
« l'art dangereux de la pharmacie. »

L'article suivant exige que les candidats, préalablement à toute
épreuve, produisent un témoignage de probité signé par le bureau
de police de leur domicile.

Les articles 4 à 22 ont pour objet le mode des examens à subir
devant cinq examinateurs désignés par la municipalité, savoir :
le professeur de chimie, deux médecins et deux pharmaciens.

Les examens étaient théoriques et pratiques.

Dans l'examen théorique, l'élève devait prouver qu'il savait lire
couramment, comprendre les recettes abréviées des médecins, et
qu'il possédait suffisamment les langues française et latine, pour saisir
le véritable sens des auteurs. Il était interrogé ensuite sur la partie
pharmaceutique proprement dite, la chimie théorique dans ses rapports avec la pharmacie, la théorie de la botanique, les herbes et
plantes médicinales usuelles, les drogues simples, les principaux
produits chimiques en usage dans la pharmacie, enfin sur les
sophistications de toute espèce.

L'examen pratique, qui avait lieu au laboratoire, comprenait la
partie pharmaceutique proprement dite et la partie chimique expérimentale ; la désignation des opérations à exécuter par le récipiendaire était laissée à la sagesse des examinateurs.

L'article 23 de l'ordonnance dispose que : « Il ne sera dorénavant
« permis à personne d'exercer l'art de la pharmacie, ni de vendre
« des médicaments, sans être admis pharmacien par arrêté de la
« municipalité. »

Art. 24. « Il n'est permis qu'aux seuls pharmaciens de débiter
« ou délivrer leurs médicaments : cette défense est spécialement
« applicable à toute personne du sexe. »

Art. 25. « Il sera, toutefois, permis d'exercer la pharmacie et
« de vendre des drogues et médicaments par un maître garçon

« admis pharmacien par les examinateurs et par la municipa-
« lité. »

Art. 26. « Les veuves et les héritiers des pharmaciens seront
« tenus de fermer leur boutique immédiatement après le décès du
« pharmacien, à moins qu'ils ne soient pourvus d'un maître garçon,
« conformément à l'article précédent. »

La dernière partie du règlement de Louvain est relative à la pratique pharmaceutique :

Tout pharmacien est tenu d'avoir, dans sa boutique, chacune des
drogues et chacun des médicaments compris dans un catalogue
approuvé, et annexé audit règlement ; la pharmacie de *Triller* est
provisoirement adoptée comme base des médicaments mentionnés
dans ce catalogue.

Les poisons doivent être soigneusement gardés sous clef par les
pharmaciens, qui ne les délivreront qu'à des personnes connues, et
sous leur responsabilité ; qui inscriront sur un registre la date de la
vente, le nom de la personne à laquelle le poison a été livré, ainsi
que la quantité et la destination de celui-ci ; enfin, qui feront signer
sur le registre, la personne qui a reçu cette substance.

Deux fois par an, un membre de la municipalité, accompagné
d'un médecin et d'un pharmacien ou du professeur de chimie, devait faire la visite des officines.

Des pénalités sévères étaient comminées contre le pharmacien
qui aurait en sa possession des drogues falsifiées ou de mauvaise
qualité, qui aurait substitué un médicament à un autre, ou commis
des fraudes dans le poids.

Ceux qui n'avaient pas, lors de la visite, les drogues et médicaments repris au catalogue précité, étaient obligés de fermer leur
boutique pendant la durée de six décades.

Un article particulier invite les médecins à exprimer soigneusement sur leurs recettes, d'après quel auteur les médecines devront
être préparées, au cas où la préparation ne serait point conforme
aux indications du codex approuvé, etc., etc.

30. Dès le commencement de l'année 1794 , l'assemblée nationale de France avait pris la résolution de remanier toute l'ancienne législation concernant l'art de guérir.

C'est ce qui résulte d'une circulaire de son comité de salubrité, en date du 16 janvier de ladite année, adressée aux directoires des 84 départements (¹).

Voici un extrait de ce document :

« Le comité de l'assemblée nationale, désirant parvenir à la con-
« naissance exacte de l'état actuel de l'art de guérir dans toute la
« France, et s'instruire de tous les abus qui existent dans son exer-
« cice, pour y substituer le plus d'avantages qu'il sera possible,
« s'adresse avec confiance aux administrations de chaque dépar-
« tement.

« Aucune d'elles n'ignore, sans doute, de quelle importance il
« est pour l'humanité entière, de régénérer toutes les branches d'un
« art si bienfaisant entre les mains d'hommes instruits, si meurtrier
« entre les mains de ceux que la cupidité seule en rend les mi-
« nistres.

« Le comité connaît une grande partie des maux que l'ignorance
« et le charlatanisme ont si souvent accumulés; mais, parmi ces
« maux, il en est qui dépendent particulièrement des localités, et
« le comité a besoin que ceux-là surtout lui soient spécialement in-
« diqués par les directoires de département. »

Il résulte de l'exposé des motifs du décret déjà cité du 14 avril 1791, que le comité s'occupait sérieusement de son œuvre à cette époque; en voici un fragment :

« Votre comité travaille sans cesse à remplir la tâche honorable
« et laborieuse qu'il s'est imposée. Bientôt il vous rendra compte
« du plan de ses opérations, qui embrasse également les qualités
« nécessaires pour exercer la médecine ou la chirurgie, et tout ce
« qui concerne la police de cet art précieux, etc. »

Ce n'est, toutefois, que dans le cours de l'an XI, que parurent les nouvelles lois organiques annoncées.

(¹) *Pand. pharm.* de Laugier et Duruy, p. 126.

31. L'anarchie qui régnait dans la pratique des professions médicales depuis les premières années de la République, était loin d'avoir cessé à l'époque où ces lois furent publiées.

On en jugera par les extraits de la discussion législative qui a précédé l'adoption de la loi du 19 ventôse an XI :

« Après une horrible anarchie, » dit M. Thouret (¹), « pendant le « long silence des lois, le désordre a gagné de toutes parts et s'est « établi dans le domaine de l'art de guérir. Des hordes d'empiri-« ques assiégent les places dans les cités, se répandent dans les « bourgs, dans les campagnes et portent partout la désolation et « l'effroi. Vous ferez cesser cette calamité publique, vous mettrez « un terme au brigandage qui règne ; à sa place, vous établirez la « puissance de cet art qui, soit par son ancienneté, soit par l'im-« portance et la dignité de son objet, soit par son utilité, ne le cède « à aucun autre, etc. »

« Le bel art de la chirurgie, » ajoutait M. Carret du Rhône (²), « est exercé par des milliers d'hommes qui n'en possèdent pas les « premiers éléments. Aussi, les villes et les campagnes nous offrent-« elles partout une foule de malheureux horriblement mutilés. « L'oubli des lois a produit des effets encore plus funestes dans la « pratique de la médecine. Cette science, qui est presque toute en-« tière du domaine de la pensée, qui se dérobe, pour ainsi dire, à « l'œil et au toucher et semble marcher quelquefois au milieu des « conjectures, exige, par conséquent, un jugement sain et les étu-« des les plus profondes. Or, la plupart de ceux qui l'exercent, sans « autre titre qu'une patente, ne connaissent ni les symptômes, ni « la nature des maladies ; ils emploient des remèdes souvent plus « dangereux que le mal même, accréditant des pratiques absurdes, « et répandent impunément le deuil dans les familles. »

L'exposé des motifs de la loi de ventôse révèle les mêmes désordres ; on y lit, notamment, ce qui suit :

(¹) Rapport fait au nom de la section de l'intérieur, sur le projet de loi relatif à l'exercice de la médecine. Séance du 16 ventôse an XI.

(²) Discours sur le même projet de loi. Séance du 17 ventôse an XI.

« Depuis le décret du 18 août 1792 qui a supprimé les universités,
« les facultés et les corporations savantes, il n'y a plus de récep-
« tions régulières de médecins ni de chirurgiens. L'anarchie la
« plus complète a pris la place de l'ancienne organisation. Ceux qui
« ont appris leur art, se trouvent confondus avec ceux qui n'en ont
« pas la moindre notion : presque partout on accorde des patentes
« également aux uns et aux autres. La vie des citoyens est entre
« les mains d'hommes avides autant qu'ignorants, l'empyrisme le
« plus dangereux, le charlatanisme le plus éhonté abusent parfois
« de la crédulité et de la bonne foi. Aucune preuve de savoir et
« d'habileté n'est exigée ; ceux qui étudient depuis sept ans et
« demie dans les trois écoles de médecine instituées par la loi du
« 14 frimaire an III, peuvent à peine faire constater les connais-
« sances qu'ils ont acquises, et se distinguer des prétendus guéris-
« seurs qu'on voit de toutes parts. Les campagnes et les villes sont
« également infectées de charlatans, qui distribuent les poisons et
« la mort avec une audace que les anciennes lois ne peuvent plus
« réprimer. Les pratiques les plus meurtrières ont pris la place des
« principes de l'art des accouchements. Des rebouteurs et des mèges
« impudents abusent du titre d'officier de santé pour couvrir leur
« ignorance et leur avidité. Jamais la foule des remèdes secrets,
« toujours si dangereux, n'a été aussi nombreuse que depuis l'épo-
« que de la suppression des facultés de médecine.

« Le mal est si grave et si multiplié, que beaucoup de préfets ont
« cherché les moyens d'y remédier, en instituant des espèces de
« jurys chargés d'examiner les hommes qui veulent exercer l'art
« de guérir dans leurs départements. Mais cette institution dépar-
« tementale, outre qu'elle a le grave inconvénient d'admettre une
« diversité fâcheuse de mesures administratives, ouvre la porte à
« de nouveaux abus, nés de la facilité trop grande ou de trop peu
« de sévérité des examens, et quelquefois d'une source encore plus
« impure. Le Ministre de l'intérieur s'est vu forcé de casser des
« arrêtés de plusieurs préfets relatifs à ces espèces de réceptions,
« souvent aussi abusives qu'elles sont irrégulières. Il est donc

« pressant, pour détruire tous ces maux à la fois, d'organiser un
« mode uniforme et régulier d'examen et de réception pour ceux
« qui se destinent à soigner des malades. »

32. L'ordre se rétablit enfin, lors de la publication des lois de
l'an XI qui ont réglé, dans leur ensemble, tout ce qui concerne la
matière qui nous occupe.

Celle du 19 ventôse de cette année, complétée par un arrêté
d'administration publique du 20 prairial suivant, a pour objet trois
points distincts, savoir :

1° L'enseignement médical.

2° Les examens et réceptions des personnes qui se destinent à
exercer l'art de guérir en qualité de docteurs en médecine ou en
chirurgie, d'officiers de santé ou de sages-femmes.

3° La police médicale proprement dite.

A dater de cette loi, la fréquentation des cours des écoles de
médecine fut rendue obligatoire pour ceux qui aspiraient au titre
de docteur, et des leçons spéciales d'accouchement théorique et pratique furent instituées pour l'instruction des sages-femmes.

Quelques explications rétrospectives feront comprendre la portée
de ces innovations :

On sait que, antérieurement à l'annexion des provinces belgiques
à la France, l'enseignement médical, pour les docteurs et licenciés,
se donnait exclusivement à l'université de Louvain, laquelle était
considérée comme un établissement gouvernemental jouissant de
quelques priviléges et franchises.

Le 3 septembre 1791, l'assemblée constituante rendit un décret
ainsi conçu :

« Il sera créé et organisé une instruction publique, commune à
« tous les citoyens, gratuite à l'égard des parties d'enseignement
« indispensables pour tous les hommes, et dont les établissements
« seront distribués graduellement, dans un rapport combiné avec
« les besoins du royaume. »

La loi du 3 brumaire an IV (25 octobre 1795), qui organisa cette
instruction, et qui fut rendue commune aux départements par ar-

rêté du directoire exécutif en date du 7 pluviôse an V, divisa l'enseignement public en trois degrés, et créa des écoles primaires, des écoles centrales et des écoles spéciales.

Parmi ces dernières figuraient les écoles dites de médecine, dont l'organisation fut laissée à des lois particulières. Aucun établissement de ce genre ne fut érigé en Belgique.

Le 4 brumaire an VI (25 octobre 1797), l'administration centrale du département de la Dyle : « Considérant qu'il ne devait « plus y avoir dans toute l'étendue de la République qu'un seul « mode d'instruction publique, conforme aux principes républi- « cains », ordonna la suppression des cours de l'université de Louvain.

Une mesure semblable fut prise, le 18 brumaire de la même année, à l'égard des nombreux colléges annexés à l'université.

Ainsi périt cette belle institution qui, pendant plusieurs siècles, avait fait la gloire de notre pays et qui, malgré l'affaiblissement réel de l'instruction qui y était donnée dans ses derniers temps, concourait au moins encore jusqu'à certain point, à maintenir les études à un niveau convenable.

Cependant une loi du 11 floréal an X (1er mai 1802), relative à l'instruction, vint modifier sur certains points celle du 3 brumaire an IV dont il est parlé plus haut, et divisa les écoles d'enseignement en quatre catégories : les écoles primaires, les écoles secondaires, les lycées et les écoles spéciales.

Par son article 24, cette loi dispose que les écoles spéciales existantes seront maintenues, sans préjudice aux modifications que le gouvernement croirait devoir déterminer pour l'économie et le bien du service.

L'article suivant ajoute qu'il pourra être créé trois nouvelles écoles de médecine.

Celles qui existaient à cette époque étaient au nombre de trois, respectivement établies à Montpellier, à Strasbourg et à Paris. Elles avaient été instituées primitivement, en vertu d'une loi du 14 frimaire an III, sous le nom d'*écoles de santé*, et étaient destinées à former des officiers de santé pour le service de la marine et des hôpitaux militaires.

Ces écoles sont celles que la loi du 19 ventôse an XI a maintenues sous le nom d'*écoles de médecine*, en les affectant à l'instruction des personnes qui désiraient pratiquer au civil en qualité de docteurs.

Deux autres furent établies, l'une à Turin, l'autre à Mayence, en vertu de l'arrêté précité du 20 prairial an XI ; cette dernière avait dans son ressort tous les départements dont se composait la Belgique française.

L'arrêté du 20 prairial indique, en exécution d'une disposition particulière de la loi de ventôse, les conditions d'admission des étudiants aux écoles, le mode des inscriptions et les frais d'études.

Nul ne pouvait suivre les leçons, sans avoir produit un certificat de bonnes mœurs, ainsi que les attestations d'un cours complet d'études dans les lycées ; à défaut de ces attestations, les élèves étaient soumis à un examen préliminaire, dans lequel on s'assurait qu'ils possédaient les connaissances indispensables pour étudier avec fruit l'art de guérir.

La fréquentation des cours des écoles de médecine n'a point été rendue obligatoire pour les aspirants au titre d'officier de santé ; ceux-ci pouvaient puiser les éléments de leur instruction, soit dans les hôpitaux civils ou militaires, soit même chez les docteurs auxquels certains d'entre eux étaient attachés en qualité d'élèves ou assistants [*].

Cependant des cours pratiques furent organisés en leur faveur, par arrêtés préfectoraux, dans plusieurs grandes villes, notamment à Anvers, par décision du préfet du département des Deux-Nèthes en date du 12 fructidor an XII (30 août 1804), à Bruxelles, par arrêté du préfet du département de la Dyle du 15 thermidor an XIII (3 août 1805), etc.

Un décret impérial du 2 juillet 1806, confirmant ce dernier arrêté, a établi également dans les hospices des malades. de Bruxelles, de

[*] V. ci-après n° 47.

Gand et d'Amiens, des leçons pratiques de médecine, de chirurgie et de pharmacie destinées à l'instruction des officiers de santé, comme à celle des personnes qui désiraient, par des études préalables, se préparer à suivre utilement les cours plus scientifiques des écoles de médecine.

Des leçons particulières étaient données, dans ces écoles, aux femmes qui se destinaient à pratiquer les accouchements.

L'article 30 de la loi du 19 ventôse an XI dispose même que, « outre l'instruction donnée dans les écoles de médecine, il sera « établi dans l'hospice le plus fréquenté de chaque département, « un cours annuel et gratuit d'accouchement théorique et pratique, « destiné particulièrement à l'instruction des sages-femmes. »

L'utilité de ces cours a été ainsi exposée devant le corps-législatif de France par M. Jard-Panvillier :

« Quoique la nature se suffise le plus ordinairement à elle-même « dans la reproduction des êtres vivants, il est des cas assez fré- « quents où elle a besoin des secours de l'art ; mais ces secours, « loin de lui être utiles, ne peuvent que lui devenir funestes, lors- « qu'ils sont administrés par des mains inhabiles, comme cela « n'arrive que trop souvent dans les campagnes où la pratique de « l'art des accouchements est presque exclusivement livrée à des « sages-femmes sans instruction. Il y a déjà longtemps que le mal, « à cet égard, était parvenu à un tel point, qu'il avait fixé l'atten- « tion de l'ancien gouvernement, qui avait envoyé des sages- « femmes instruites dans quelques provinces pour y former des « élèves. Depuis ce temps, on a vu des chirurgiens instruits qui, de « leur propre mouvement, par zèle pour les progrès de l'art, et « pour le bien de l'humanité, ou sur l'invitation de quelques pré- « fets, ont ouvert des cours gratuits d'accouchements. Mais ces « moyens isolés et, pour ainsi dire momentanés, en éclairant quel- « ques individus, n'ont point dissipé l'ignorance presque générale « des sages-femmes dans les campagnes ; le projet de loi aura sans « doute un résultat plus avantageux, etc. »

Conformément à la prescription de l'article 30 précité de la loi de ventôse, des cours spéciaux, consacrés à l'enseignement des élèves sages-femmes, furent ouverts dans les hospices de la plupart des grandes villes du pays. On y enseignait l'obstétrique, en exposant les accidents qui peuvent précéder, accompagner ou suivre les accouchements, ainsi que les moyens d'y porter remède.

Nous verrons plus loin jusqu'à quel point les élèves sages-femmes, pour être admises à l'exercice de leur profession, étaient obligées d'avoir fréquenté les cours et leçons dont il vient d'être parlé (¹).

Nous avons dit que la loi du 19 ventôse an XI règle, en second lieu, tout ce qui concerne les examens et réceptions des différentes catégories de praticiens auxquels elle reconnaît la faculté d'être admis pour l'avenir à l'exercice de l'art de guérir, c'est-à-dire les docteurs en médecine ou en chirurgie, les officiers de santé et les sages-femmes.

Les examens et réceptions des aspirants au doctorat avaient lieu par les soins des écoles de médecine dont il est parlé plus haut.

Ceux des officiers de santé devaient se faire par des jurys départementaux, dont l'organisation est tracée par les articles 16 et 18 de la loi. Chaque jury se composait de trois membres désignés par le premier consul ; dans les départements où étaient situées les écoles de médecine, ces membres étaient choisis parmi les professeurs desdites écoles ; partout ailleurs, le jury était formé de l'un de ces professeurs et de deux docteurs domiciliés dans le département.

L'arrêté du 20 prairial an XI indique les formalités administratives à suivre pour la constitution de ces jurys, qui procédaient également à la réception des sages-femmes, quoique celles-ci fussent libres de se faire recevoir par les écoles de médecine.

La loi de ventôse, complétée par ce dernier arrêté, énumère les conditions exigées des récipiendaires pour être admissibles aux examens, ainsi que les matières dont la connaissance était requise pour l'obtention des différents titres médicaux dont il vient d'être

______

(¹) V. ci-après n° 48.

parlé, et prévoit tout ce qui a pour objet le mode des examens, leurs époques, leur durée, ainsi que la forme des diplômes.

Cette même loi règle, en dernier lieu, la police médicale, au point de vue de la pratique des professions dont elle se préoccupe : à cet égard, elle interdit l'exercice de la médecine, de la chirurgie et des accouchements, aux personnes qui n'y seraient pas régulièrement admises ; elle indique les titres en vertu desquels il est permis de pratiquer l'art de guérir, et détermine les droits et les obligations inhérents à leur usage ; elle organise dans de certaines limites une surveillance médicale, et réprime, enfin, par des mesures pénales, les infractions aux principes qu'elle établit (¹).

33. La loi du 21 germinal an XI et l'arrêté d'exécution du 25 thermidor suivant, relatifs l'un et l'autre à la pharmacie, ont couronné l'œuvre inaugurée par la loi de ventôse. Ces deux lois forment, dans leur ensemble, le code médical français tel qu'il est demeuré en vigueur dans notre pays jusqu'à l'époque de l'introduction des lois hollandaises (²).

La loi de germinal règle à la fois :

1° L'enseignement pharmaceutique ;

2° Les examens et réceptions des personnes qui se proposent d'exercer en qualité de pharmaciens ou d'herboristes ;

3° La police de la pharmacie.

Elle dispose, en premier lieu, qu'il sera établi à Paris, à Montpellier et à Strasbourg, ainsi que dans les villes où seront placées les trois autres écoles de médecine, une école de pharmacie chargée d'examiner et de recevoir les élèves qui se destineront à la pratique de l'art pharmaceutique, d'enseigner les principes et la théorie de cet art, d'en surveiller l'exercice, d'en dénoncer les abus aux autorités et d'en étendre les progrès.

(¹) V. ci-après ch. I à VI.

(²) L'article 6 d'une ancienne déclaration du roi de France, sur la police de la pharmacie, en date du 25 avril 1777, est cependant restée en vigueur postérieurement à la loi de germinal. V. ci-après nᵒˢ 43 et 66.

L'exposé des motifs de la loi nouvelle fait ressortir, dans les termes suivants, l'utilité de cette institution :

« La pharmacie était autrefois soumise en France à une foule de
« modes variés suivant les différentes provinces, soit pour la récep-
« tion de ceux qui voulaient l'exercer, soit pour la surveillance de
« la préparation et de la vente des drogues simples et composées.
« Des abus sans nombre existaient dans cette partie qui intéresse
« la vie des hommes. On colportait impunément dans les villes, on
« vendait dans toutes les places, et surtout dans les foires, des
« préparations mal faites ou sophistiquées qui ajoutaient encore aux
« ravages produits par l'impéritie des guérisseurs. Dans les grandes
« villes seulement, les pharmaciens, établis après un apprentissage
« assez long et des épreuves assez rigoureuses pour assurer leur
« capacité, préparaient des médicaments qui méritaient la con-
« fiance des médecins et des malades. Paris seul se distinguait par
« l'établissement d'un collége de pharmacie, où l'enseignement des
« sciences qui éclairaient la pratique de cet art était fait avec soin ;
« aucun autre établissement public analogue n'existait en France.

« La création de six écoles de médecine a fourni au gouverne-
« ment l'idée d'établir, à côté de chacune d'elles, une école de
« pharmacie, et d'instituer ainsi, entre les deux genres d'enseigne-
« ment, une analogie qu'appelaient la nature et le but de ces
« écoles, etc. »

La fréquentation des leçons données dans les écoles nouvelles n'était pas obligatoire pour les aspirants au titre de pharmacien. Certaines faveurs étaient toutefois accordées à ceux qui en avaient suivi les cours sans interruption pendant un temps déterminé (¹).

Plusieurs cours pratiques de pharmacie ont été aussi ouverts en Belgique : tel est celui de l'hôpital civil de Bruges, institué par décret du 6 janvier 1807 ; ceux des hospices de Gand et de Bruxelles, fondés par décret du 2 juillet 1806 et réglés par un arrêté du 20 septembre 1808, etc.

(¹) V. ci-après n° 49.

La loi de germinal se borne à mentionner les matières d'enseignement les plus importantes qui devront être professées dans les
écoles de pharmacie et dispose, pour le surplus, par son article 4,
que des règlements d'administration publique pourvoiront à l'organisation des écoles, à leur administration et à l'enseignement qui y
sera donné.

Ces différents objets ont été réglés, en effet, par l'arrêté du
25 thermidor an XI.

Ainsi qu'il est dit plus haut, la loi du 21 germinal a investi les
écoles de pharmacie du droit de procéder aux examens et aux réceptions des élèves qui se destinaient à la pratique de l'art pharmaceutique.

L'article 12 dispose, à cet égard, que, « aux examinateurs désignés
« par le gouvernement pour les examens dans les écoles de phar-
« macie, il sera adjoint chaque année deux docteurs en médecine
« ou en chirurgie, professeurs des écoles de médecine ; le choix en
« sera fait par les professeurs de ces écoles. »

Cependant les écoles de pharmacie n'avaient point le monopole
des réceptions en cette matière ; les candidats pouvaient, à leur gré,
subir les examens requis devant les jurys spéciaux institués par la
loi de ventôse pour l'admission des officiers de santé.

C'est ce qui résulte de l'article 11 de la loi du 21 germinal.

L'article 13 de cette loi apporte, toutefois, certains changements
à l'organisation des jurys dont il s'agit, au cas où ils sont appelés à
juger des aspirants au titre de pharmacien.

Voici le texte de ce dernier article :

« Pour la réception des pharmaciens par les jurys de médecine,
« il sera adjoint à ces jurys, par le préfet de chaque département,
« quatre pharmaciens légalement reçus, qui seront nommés pour
« cinq ans, et qui pourront être continués. A la troisième formation
« des jurys, les pharmaciens qui en feront partie ne pourront être
« pris que parmi ceux qui auront été reçus dans l'une des six écoles
« de pharmacie créées par la présente loi. »

L'article suivant ajoute que « les jurys pour la réception des

« pharmaciens ne seront point formés dans les villes où fonctionne-
« ront les six écoles de médecine et les six écoles de pharmacie. »

L'article 37 de la loi dispose que les herboristes seront également examinés et reçus, soit par les écoles de pharmacie, soit par les jurys médicaux composés comme il est dit ci-dessus.

Toutefois, l'art. 43 de l'arrêté du 25 thermidor décide que, dans les écoles, l'examen des herboristes sera fait uniquement par le directeur, le professeur de botanique et l'un des professeurs de médecine ; l'article 44 ajoute que, dans les jurys, ce même examen sera fait par l'un des docteurs en médecine ou en chirurgie, et deux des pharmaciens adjoints au jury.

La loi et l'arrêté de l'an XI déterminent, enfin, les conditions que devaient réunir les récipiendaires pour être admis aux examens, les matières diverses sur lesquelles ils étaient interrogés, les formalités à suivre dans le cours desdits examens, enfin le mode des réceptions et la formule des diplômes.

Comme nous l'avons exposé plus haut, la loi du 21 germinal et l'arrêté de thermidor ont encore pour objet de régler la police de la pharmacie.

A ce point de vue, ils interdisent au vulgaire la pratique de cette branche de l'art de guérir, énumèrent les titres qui donnent seuls droit à son exercice, indiquent dans quelles limites ceux qui possèdent l'un ou l'autre de ces titres peuvent respectivement se livrer aux actes qui ressortissent à la science pharmaceutique, prohibent certains actes d'une manière absolue et subordonnent l'accomplissement de certains autres à des conditions déterminées, imposent, d'une autre part, aux praticiens, différentes obligations justifiées par leur utilité, assurent l'exercice d'une surveillance de police active et répriment enfin les délits et les contraventions.

34. Les lois de ventôse et de germinal an XI sont restées en vigueur chez nous pendant toute la période française.

Quelques légères modifications ont, toutefois, été apportées à certaines de leurs dispositions. Nous allons les mentionner :

L'article 36 de la loi de germinal, par son § 1, prohibe le débit ou la distribution des drogues et médicaments dans les lieux publics tels que places, foires et marchés, ainsi que les annonces de remèdes secrets, et ajoute, par son § 2, que « les individus qui se rendront « coupables de ce délit, seront poursuivis par mesure de police « correctionnelle, et punis conformément à l'art. 83 du code des « délits et des peines. »

La rédaction de ce dernier § était évidemment vicieuse, car l'article 83 auquel il se réfère, ne concerne que la dénonciation officielle des délits, et ne renferme aucune disposition pénale.

Une loi du 29 pluviôse an XIII (18 février 1805) a réparé cette erreur, en comminant des peines déterminées pour les infractions à l'article 36 précité de la loi de germinal (¹).

35. Des doutes s'étant élevés sur le point de savoir si la prohibition d'annoncer en vente des remèdes secrets, prononcée par le même article 36, s'appliquait aux remèdes dont la composition était tenue secrète par leurs inventeurs, mais dont la distribution avait été légalement autorisée sous le régime des lois antérieures, et, d'une autre part, si le gouvernement pouvait encore permettre le débit des remèdes secrets dont il aurait fait constater l'efficacité, un décret impérial du 25 prairial an XIII (14 juin 1805) a résolu ces deux questions de la manière suivante :

Art. 1. « La défense d'annoncer et de vendre des remèdes secrets, « portée par l'article 36 de la loi du 21 germinal an XI, ne con- « cerne pas les préparations et remèdes qui, avant la publication « de ladite loi, avaient été approuvés, et dont la distribution avait « été permise dans les formes alors usitées ; elle ne concerne pas « non plus les préparations et remèdes qui, d'après l'avis des écoles « ou sociétés de médecine, ou de médecins commis à cet effet de- « puis ladite loi, ont été ou seront approuvés, et dont la distribution « a été ou sera permise par le gouvernement, quoique leur compo- « sition ne soit pas divulguée. »

Art. 2. « Les auteurs et propriétaires de ces remèdes peuvent les « vendre par eux-mêmes. »

(¹) V. ci-après n° 66.

Art. 3. « Ils peuvent aussi les faire vendre et distribuer par un
« ou plusieurs préposés, dans les lieux où ils jugeront convenable
« d'en établir, à charge de les faire agréer, à Paris par le préfet
« de police, et dans les autres villes par le préfet, le sous-préfet,
« ou, à défaut, par le maire, lesquels pourront, en cas d'abus,
« retirer leur agrément. »

Cependant, le gouvernement, reconnaissant bientôt les dangers
d'une semblable tolérance, chercha à y porter remède sans compromettre les intérêts des particuliers en possession du droit de
vendre un remède secret, et sans priver l'humanité des découvertes
utiles qui pourraient être faites par la suite.

Tel est le but complexe du décret impérial en date du 18 août 1810,
d'où il résulte :

1° Que les permissions de vendre et de débiter des remèdes dont
les inventeurs ou propriétaires avaient seuls la recette, ont été an-
nulées, à charge par le gouvernement d'indemniser les intéressés, si
le mérite desdits remèdes était attesté par une commission spéciale
chargée de leur examen.

2° Qu'aucune permission semblable ne serait plus accordée à
l'avenir, mais que les inventeurs de remèdes secrets pourraient toujours en communiquer la recette au gouvernement, qui procéderait
à son acquisition si l'utilité en était reconnue par la commission
précitée, et qui, dans ce dernier cas, devrait sans délai la livrer à
la publicité.

D'après le décret de 1810, les propriétaires de remèdes secrets qui
avaient été autrefois autorisés à les vendre, devaient en soumettre
la recette au gouvernement avant le 1er janvier 1811, pour être re-
cevables à réclamer une indemnité ; ce délai a toutefois été prorogé,
par un décret du 26 décembre 1810, jusqu'au 1er avril suivant.

36. Le 10 mai 1806, intervint une loi qui ordonna l'institution
d'une université impériale exclusivement chargée de l'instruction
publique.

Cet établissement scientifique fut organisé par décret du 17
mars 1808.

L'université impériale devait se composer d'autant d'académies qu'il y avait de cours d'appel.

Les écoles appartenant aux académies se divisaient en six classes, dont la première comprenait les facultés pour les sciences approfondies et la collation des grades.

Il y avait dans l'université cinq ordres de facultés, savoir : la théologie, le droit, *la médecine*, les sciences mathématiques et physiques, et les lettres.

L'article 12 du décret dispose que les cinq écoles de médecine existantes formeront cinq facultés du même nom, appartenant aux académies dans lesquelles elles sont placées, et qu'elles conserveront l'organisation déterminée par la loi du 19 ventôse an XI.

Ainsi, le décret organique de 1808 a laissé subsister la législation antérieure relative aux écoles de médecine, lesquelles prirent seulement, pour l'avenir, le nom de facultés.

La Belgique possédait à cette époque deux cours d'appel.

Celle de Liége, d'une part, dont le ressort s'étendait aux départements de Sambre-et-Meuse, de l'Ourthe, de la Meuse inférieure et de la Roër. L'académie qui y fut momentanément établie ne tarda pas à être supprimée.

La seconde cour d'appel du pays avait son siége à Bruxelles ; son ressort s'étendait aux départements de la Dyle, de l'Escaut, de Jemmappes, de la Lys et des Deux-Nèthes. Il y fut établi une académie, mais point de faculté de médecine.

Nos compatriotes se virent donc obligés, comme précédemment, pour obtenir le diplôme de docteur, de se rendre en France, dans une des facultés de l'université impériale.

Le décret du 17 mars 1808 n'a point touché à l'organisation des écoles de pharmacie, lesquelles, sans être converties en facultés académiques, ont toutefois continué à fonctionner auprès des facultés de médecine, comme elles fonctionnaient précédemment auprès des écoles auxquelles elles avaient été annexées par la loi du 21 germinal an XI.

37. Il résulte de l'ensemble de la législation concernant l'exercice de l'art de guérir, pendant la période française :

1° Que personne ne pouvait pratiquer cet art, dans l'une ou l'autre de ses différentes branches, sans posséder certains titres de capacité déterminés.

2° Que ces titres étaient délivrés moyennant les conditions que la loi indique, par des autorités déléguées à cette fin.

3° Que les possesseurs de ces titres étaient tenus, préalablement à l'accomplissement de tout acte professionnel, de se pourvoir d'une patente et d'en acquitter le prix, de soumettre leurs diplômes ou autorisations à une vérification administrative, et que certains d'entre eux devaient, en outre, prêter serment d'exercer leur art avec probité et fidélité.

4° Qu'à chaque titre médical étaient attachés des droits distincts.

5° Que des mesures de police réglaient le mode d'usage de ces différents titres, dans l'intérêt public.

6° Que des mesures particulières de surveillance tendaient à prévenir les abus et les contraventions.

Enfin 7° que des pénalités plus ou moins rigoureuses réprimaient toute infraction aux mesures législatives ou réglementaires introduites dans le but d'assurer le maintien de l'ordre dans la matière qui nous occupe.

Les chapitres qui suivent indiquent, dans un ordre successif, les dispositions qui règlent ces différents points, et en font ressortir la portée.

CHAPITRE I.

DE L'OBLIGATION IMPOSÉE AUX DIFFÉRENTS PRATICIENS DE POSSÉDER CERTAINS TITRES DE CAPACITÉ.

38. L'article 35 de la loi du 19 ventôse an XI défend formellement à toute personne dépourvue de diplôme, de certificat ou de lettre de réception, d'exercer la médecine, la chirurgie ou l'art des accouchements.

Les seuls individus auxquels cette loi reconnaît le droit de pratiquer la science médicale, sont :

1° Ceux qui ont régulièrement obtenu l'un ou l'autre des diplômes nouveaux qu'elle introduit ;

2° Ceux qui ont reçu du gouvernement une autorisation conforme à celle que prévoit l'article 4 de ladite loi ;

3° Ceux qui possèdent un diplôme ou une autorisation légale délivrée antérieurement à la loi de ventôse ;

4° Ceux qui se trouvent dans certaines positions particulières dont nous parlerons ci-après, et qui sont appelés à profiter, à ce titre, de la faveur exceptionnelle inscrite à l'article 23 de la loi.

39. Les diplômes nouveaux introduits par la loi de ventôse sont ceux de *docteur en médecine*, de *docteur en chirurgie*, d'*officier de santé* et de *sage-femme*.

Aux termes de l'article 1er : « Nul ne peut embrasser la profes« sion de médecin, de chirurgien ou d'officier de santé, sans être « examiné et reçu comme il sera prescrit par la présente loi. »

L'article 2 ajoute que tous ceux qui obtiendront le droit d'exercer l'art de guérir, porteront le titre de docteur en médecine ou en chirurgie lorsqu'ils auront été examinés et reçus dans une école de médecine, et celui d'officier de santé quand ils l'auront été par les jurys particuliers qu'instituent les articles suivants.

L'article 32, d'une autre part, exige que toute femme qui voudra pratiquer l'art des accouchements subisse un examen, et l'article 36, § 4, interdit à toute femme non diplômée l'exercice de cette branche médicale.

40. Le gouvernement a été autorisé à délivrer, dans certains cas, des permissions qui équivalaient à un diplôme légal. Ces cas sont prévus par l'article 4 de la loi, qui est ainsi conçu :

« Le gouvernement pourra, s'il le juge convenable, accorder à « un médecin ou à un chirurgien étranger et gradué dans les uni-

« versités étrangères. le droit d'exercer la médecine ou la chirurgie
« sur le territoire de la République. »

C'est, comme on le voit, une simple faculté qui a été accordée
au gouvernement. et encore a-t-elle été restreinte dans des limites
assez étroites , puisqu'il n'en pouvait être fait usage qu'à l'égard de
ceux qui étaient à la fois étrangers de naissance et gradués en qualité
de médecins ou de chirurgiens dans une université étrangère.

Le passage suivant d'un rapport de M. Fourcroy, auteur de l'exposé des motifs de la loi du 19 ventôse an XI. prouve bien que les
indigènes diplômés hors du pays, ne jouissaient pas du privilége
dont il s'agit, et fait connaître. en même temps. le but réel de l'article 4 précité :

« Cette faculté, dont il n'y a aucune raison de redouter l'abus,
« peut avoir quelques avantages. On sent que si des hommes comme
« Bœrhaave ou Van Swieten , illustrés dans le monde entier.
« venaient s'établir en France, il serait aussi ridicule que superflu
« d'exiger d'eux des examens qu'ils auraient le droit de faire subir
« aux autres... Mais on a demandé. à cette occasion. si des fran-
« çais, reçus dans les universités étrangères, pourraient pratiquer
« à leur retour en France? Qu'il suffise. pour répondre à cette
« question, de demander si des docteurs de Paris ou de Montpellier
« ont le droit d'exercer à Vienne ou à Gœttingue, etc. »

41. La loi de l'an XI, tout en statuant qu'il ne sera décerné. à
l'avenir, d'autres diplômes conférant le droit d'exercer la médecine.
la chirurgie ou l'art des accouchements, que ceux mentionnés plus
haut , a toutefois maintenu et confirmé aux praticiens régulièrement reçus sous l'empire des lois antérieures. la faculté d'exercer
l'art de guérir conformément à leur titre.

C'est ce qui résulte de l'article 3. § 1, qui est ainsi conçu : « Les
« docteurs en médecine et les chirurgiens reçus par les anciennes
« facultés de médecine, les colléges de chirurgie et les communautés
« de chirurgiens, continueront d'avoir le droit d'exercer l'art de
« guérir comme par le passé. »

« Il en sera de même pour ceux qui exerçaient dans les départe-

« ments réunis, en vertu de titres pris dans les universités étran-
« gères et reconnus légaux dans les pays qui forment actuellement
« ces départements. »

Quoique la loi de ventôse n'en fasse point mention, il est hors de
doute que le principe d'équité inscrit dans cet article, a dû recevoir
son application vis-à-vis des sages-femmes.

On voit, d'après les termes précis de l'article 3 précité, que les
seuls titres anciens reconnus valables, sont ceux qui ont été décernés
conformément aux lois établies, et qu'il n'est attribué aucun droit
aux personnes qui, à défaut de toute autorité chargée, pendant la
période révolutionnaire, de recevoir les médecins, chirurgiens ou
sages-femmes, s'étaient établies sans diplôme ou moyennant un
diplôme délivré par l'un ou l'autre de ces jurys ou de ces commissions de santé dont nous avons parlé plus haut (¹), lesquels n'étaient,
en réalité, investis d'aucun pouvoir, et n'avaient été institués par
les préfets ou les municipalités, que pour prévenir momentanément
les abus auxquels donnait lieu l'absence de tout jury légal d'admission.

42. Cependant le législateur, inspiré par un sentiment de justice,
a cru devoir tenir compte à ceux qui avaient terminé ou même
sérieusement commencé leurs études médicales ou chirurgicales
sans avoir pu se faire recevoir, à cause de la suppression des universités, colléges et communautés, du préjudice qu'ils auraient
éprouvé, si aucune exception n'avait été apportée, en leur faveur,
à la rigueur des principes.

Nous verrons dans un autre chapitre que les individus auxquels
nous faisons allusion, ont été dispensés d'une partie des études et
des épreuves préalables exigées de ceux qui voulaient se faire recevoir docteurs ou officiers de santé (²).

Quelques-uns d'entre eux ont même été admis, sans examen, à
exercer l'art de guérir à titre d'*officiers de santé*, tolérance excep-

(¹) V. ci-dessus nᵒˢ 29 et 31.
(²) V. ci-après nᵒˢ 45 et 47.

tionnelle que justifiait la nécessité bien constatée à cette époque, de multiplier autant que possible le nombre de praticiens.

Ainsi, l'article 23, § 1, de la loi dispose que « les médecins ou chi-« rurgiens établis depuis la suppression des universités, facultés, « colléges et communautés, sans avoir pu se faire recevoir, et qui « exercent depuis trois ans, se muniront d'un certificat délivré par « le sous-préfet de leur arrondissement sur l'attestation du maire « et de deux notables des communes où ils résident, au choix du « sous-préfet. Ce certificat, qui constatera qu'ils pratiquent leur art « depuis l'époque indiquée, leur tiendra lieu de diplôme d'officier « de santé. »

Le § 2 de l'article étend la même faveur aux « médecins et chi-« rurgiens qui, ayant étudié avant la suppression des universités, « facultés et colléges de médecine et de chirurgie, n'ont pas pu subir « d'examen par l'effet de cette suppression. »

Le sens précis des deux dispositions qui précèdent a été établi de la manière suivante par M. Thouret, dans un rapport législatif dont nous avons déjà parlé :

« Un grand nombre d'élèves se trouvaient en état, et dans l'inten-« tion de se faire examiner ; plusieurs autres, ayant suivi les mêmes « écoles, et privés, par le manque d'examens ouverts, des moyens « de s'y faire recevoir, sont allés, comme les premiers, fixer leur « résidence dans toute l'étendue de la France. Une possession d'état « pendant plusieurs années, fondée sur la confiance publique, a « paru devoir être respectée. On n'aurait pu voir, dans des enquêtes « contre ces citoyens, que des mesures trop rigoureuses et injustes, « en ce qu'elles les tourmenteraient pour un défaut de formalités « qu'il n'était point en leur pouvoir de remplir. L'appel fait à tant « d'hommes paisibles pour venir se présenter à des examens, eût « porté le trouble dans un grand nombre de familles : on a pensé « que de tels intérêts devaient être ménagés, et une attestation « d'établissement formé depuis trois ans, donnée avec les précau-« tions convenables pour éviter la fraude, a paru une mesure que « la justice et le bon ordre devaient dicter. »

« Mais on n'épargnera point cette tourbe nombreuse et ignorante
« qui, dans les dernières années, depuis qu'il a été question d'orga-
« niser les réceptions, connaissant sa nullité, et redoutant l'époque
« des épreuves, s'est répandue dans les départements, etc. »

Les dispositions du § 1 de l'article 23 de la loi de ventôse ont été
également rendues applicables par le § 2 du même article, mais en
vue de considérations toutes différentes, aux médecins et chirurgiens ayant servi pendant deux ans au moins dans les armées de
terre ou de mer ; eux aussi pouvaient, moyennant l'accomplissement
des formalités indiquées, pratiquer, sans nouvel examen, en qualité
d'*officiers de santé*.

« C'est là, » dit l'exposé des motifs, « une récompense de services
« rendus à nos braves armées. »

43. La loi du 21 germinal an **XI** n'interdit pas d'une manière
explicite l'exercice de la pharmacie aux personnes non qualifiées.

C'est dans l'article 6 d'une ancienne déclaration du roi de France,
en date du 25 avril 1777, non abrogé par la loi de germinal,
ainsi que nous le démontrerons plus loin (¹), que se trouve inscrite
l'interdiction dont il s'agit. Cet article est ainsi conçu : « Défendons
« à tous épiciers et à toutes autres personnes, de fabriquer, vendre
« et débiter aucun sel, composition ou préparation entrant au corps
« humain en forme de médicament, ni de faire aucune mixtion de
« drogues simples pour administrer en forme de médecine. »

De l'ensemble des dispositions de la loi de germinal il résulte
toutefois à l'évidence que, dans l'esprit de son auteur, la pratique
de la pharmacie était exclusivement réservée aux gens de l'art.

C'est ainsi que, selon l'article 25 : « nul ne pourra obtenir de
« patente pour exercer la profession de pharmacien, ouvrir une
« officine de pharmacie, préparer, vendre ou débiter aucun médi-
« cament, » sans posséder un titre légal ; et que, aux termes de
l'article 37 : « nul ne pourra vendre à l'avenir des plantes ou des
« parties de plantes médicinales indigènes, fraîches ou sèches, ni

(¹) V. ci-après n° 66.

« exercer la profession d'herboriste » sans y être régulièrement autorisé.

L'article 36 défend même certains actes qui, quoique intéressant la santé publique, ne se rattachent qu'indirectement à la pratique pharmaceutique ; il dispose, en effet, que « tout débit au poids « médicinal, toute distribution de drogues et préparations médica- « menteuses sur des théâtres, foires ou marchés, toute annonce et « affiche imprimée qui indiquerait des remèdes secrets, sont sévè- « rement prohibés. »

Mais il importe de remarquer que le législateur français ne consi- dérait point comme étant du domaine de la pharmacie, le commerce en gros des drogues simples.

C'est ce dont on peut se convaincre par la lecture de l'article 33 de la loi du 21 germinal, lequel, en défendant aux épiciers et droguistes de vendre aucune composition ou préparation pharmaceutique, conformément à la déclaration royale précitée du 25 avril 1777, ajoute que « ils pourront continuer de faire le commerce en gros « des drogues simples, sans pouvoir, néanmoins, en débiter aucune « au poids médicinal. »

Le trafic dont il s'agit était donc libre, en ce sens que tous ceux qui désiraient s'y livrer, pouvaient le faire sans formalités préalables ; ils devaient toutefois observer, dans l'exercice de leur métier, certaines mesures de précaution prévues par la loi qui nous occupe [1], et leurs drogues étaient soumises à une inspection parti- culière [2].

Selon la jurisprudence, l'interdiction de vendre des médicaments ou des drogues au poids médicinal, prononcée par les articles 33 et 36 précités de la loi de germinal, ne suppose pas nécessairement l'em- ploi de mesures de pesage prévues par le code pharmaceutique. Par vente *au poids médicinal*, il faut entendre tout débit de substances fait en détail ou par parcelles, d'après les doses selon lesquelles ces

[1] Loi du 21 germ. an XI, art. 34 et 35.
[2] *Id.*, art. 29, 30 et 31. — V. ci-après n° 64.

substances doivent être employées (¹), que ces doses aient été ou non prescrites par des médecins, chirurgiens ou officiers de santé (²) ; ainsi l'épicier, par exemple, qui vendrait une drogue simple à l'once, contreviendrait à la loi (³).

Les seules personnes auxquelles la loi de germinal accorde ou reconnaît la faculté d'exercer l'art pharmaceutique dans des limites plus ou moins étendues, sont :

1° *Les pharmaciens* munis d'un diplôme légal antérieur ou postérieur à la publication de cette loi.

C'est ce qui résulte des articles suivants :

Art. 25. « Nul ne pourra obtenir de patente pour exercer la pro-
« fession de pharmacien,... s'il n'a été reçu suivant les formes
« voulues jusqu'à ce jour, ou s'il ne l'est dans l'une des écoles de
« pharmacie ou par l'un des jurys, suivant celles qui ont été éta-
« blies par la présente loi, et après avoir rempli toutes les formalités
« qui y sont prescrites. »

Cette disposition, qui respecte les positions régulièrement acquises, confirme, pour les réceptions à venir, le principe inscrit à l'article 20 de la loi, qui décide que « tout mode ancien de réception,
« dans des lieux et suivant des usages étrangers à ceux qui sont
« prescrits par la présente loi, est interdit, et ne donnera aucun
« droit d'exercer la pharmacie. »

Art. 26. « Tout individu qui aurait une officine de pharmacie
« actuellement ouverte, sans pouvoir faire preuve du titre légal qui
« lui en donne le droit, sera tenu de se présenter, sous trois mois à
« compter de l'établissement des écoles de pharmacie ou des jurys,
« à l'une de ces écoles ou à l'un de ces jurys, pour y subir ses
« examens et y être reçu. »

2° *Les herboristes* diplômés conformément à l'article 37 de la loi,
lequel réserve exclusivement le droit d'exercer cette profession,

---

(¹) Cass. de Fr., 16 déc. 1836.
(²) *Id.*, 26 juin 1835.
(³) *Id.*, 9 sept. 1843.

aux individus qui ont préalablement subi « dans une des écoles de
« pharmacie, ou par devant un jury de médecine, un examen
« qui prouve qu'ils connaissent exactement les plantes médici-
« nales. »

3° *Les officiers de santé* établis dans les bourgs, villages, ou communes dépourvus de pharmacies, mais à charge, ainsi que le
déclare l'article 27 de la loi, de ne point tenir officine ouverte, et
de se borner à fournir des médicaments simples ou composés aux
personnes près desquelles ils sont appelés (¹).

On doit entendre ici par officiers de santé, non seulement les
praticiens auxquels la loi du 19 ventôse a appliqué cette dénomination spéciale, mais encore les docteurs en médecine et en chirurgie (²).

Ces différentes catégories de praticiens étaient seules admises à
exercer la pharmacie, d'après les lois françaises.

Cependant, les apprentis attachés aux officines en qualité d'élèves,
quoique non diplômés, mais simplement inscrits à ce titre, pouvaient, sous la surveillance d'un pharmacien, poser certains actes
du ressort de la branche médicale qui nous occupe.

Cette tolérance, qui a existé de tout temps en France comme dans
notre pays (³), et qui est commandée, jusqu'à un certain point, par
la force des choses, a été reconnue légale par différents arrêts, qui
en fixent les limites (⁴).

L'article 8 de la loi du 21 germinal est d'ailleurs assez explicite
sur ce point, lorsqu'il dispose que « aucun élève ne pourra pré-
« tendre à se faire recevoir pharmacien, sans *avoir exercé* pendant
« huit années au moins *son art.* dans des pharmacies légalement
« établies. »

L'article 41 de l'arrêté de thermidor reproduit, d'une autre part,
une disposition ancienne également inscrite parmi nos vieilles

(¹) V. ci-après nᵒˢ 55 et 56.
(²) Code pénal, art. 160, 317 et 378.
(³) V. ci-dessus nᵒ 19, § 6.
(⁴) V. ci-après nᵒ 66.

ordonnances [1], et qui a pour objet de prévenir le préjudice qu'auraient éprouvé les veuves des pharmaciens, si, immédiatement après le décès de leurs maris, elles s'étaient trouvées dans l'obligation de cesser leur commerce.

Cet article décide que la veuve, en cas de décès du pharmacien, pourra continuer de tenir l'officine ouverte pendant un an, à charge de présenter un élève âgé de vingt-deux ans au moins, à certaine autorité scientifique déterminée [2], laquelle s'assurait de la moralité et de la capacité du sujet, et désignait un pharmacien pour diriger et surveiller toutes les opérations de l'officine.

L'année révolue, il n'était plus permis à la veuve de tenir la pharmacie ouverte.

CHAPITRE II.

DES CONDITIONS DE CAPACITÉ REQUISES POUR LA DÉLIVRANCE DES TITRES MÉDICAUX.

44. Le législateur de l'an XI a, comme il est dit au chapitre précédent, confirmé la valeur légale des diplômes régulièrement accordés sous le régime antérieur, et a même permis à certains médecins et chirurgiens non-diplômés, mais en faveur desquels il existait des présomptions suffisantes de capacité, d'exercer l'art de guérir en qualité d'officiers de santé, sans avoir à subir d'examen ni à requérir une autorisation quelconque.

Les dispositions qui consacrent les droits dont il s'agit, ont un caractère purement transitoire.

Quant aux titres médicaux qui, selon les lois de ventôse et de

[1] V. ci-dessus n° 19, § 6.
[2] Arr. du 25 thermidor an XI, art. 41.

germinal, pouvaient seuls être décernés dans l'avenir, c'étaient le diplôme de *docteur en médecine*, celui de *docteur en chirurgie*, d'*officier de santé*, de *sage-femme*, de *pharmacien*, d'*herboriste*, enfin l'autorisation d'exercer la médecine ou la chirurgie accordée par le gouvernement à certains praticiens étrangers diplômés hors du pays (¹).

Les conditions auxquelles ces différents titres pouvaient être obtenus, étaient les suivantes :

45. Pour pratiquer comme *docteur en médecine*, il fallait, sous l'empire de la loi de ventôse, avoir été examiné et reçu dans les écoles officielles de médecine (²).

L'art. 8 de cette loi décide que : « les étudiants ne pourront se « présenter aux examens des écoles, qu'après avoir suivi pendant « quatre années l'une ou l'autre d'entre elles. »

Il était, cependant, dérogé à la rigueur de ce principe, en faveur de certaines catégories de personnes qui se trouvaient dans une position spéciale digne d'être prise en considération, soit à raison de l'impossibilité dans laquelle elles s'étaient trouvées, par suite de la suppression des anciennes universités, écoles ou colléges, de terminer leurs études commencées ou de subir les examens requis, soit à raison de l'instruction pratique qu'elles avaient déjà puisée dans les institutions civiles ou militaires ou dans le service médical des armées (³).

Aux termes de l'art. 6 de la loi, les examens pour l'obtention du grade de docteur en médecine étaient au nombre de cinq, portant respectivement : le 1ᵉʳ sur l'anatomie et la physiologie ; le 2ᵉ sur la pathologie et la nosologie ; le 3ᵉ sur la matière médicale, la chimie et la pharmacie ; le 4ᵉ sur l'hygiène et la médecine légale, enfin le 5ᵉ sur la clinique interne.

(¹) V. ci-dessus nᵒˢ 39, 40 et 43.
(²) V. *Id.*, nᵒˢ 32 et 39.
(³) Loi du 19 vent. an XI, art. 10 et 11. — Arr. du 20 prair. an XI, art. 26 à 32. — V. ci-dessus nᵒ 42.

L'art. 7 ajoute qu'après les cinq examens, l'aspirant sera tenu de soutenir une thèse qu'il aura écrite en latin ou en français.

Le mode d'après lequel il devait être procédé à ces différents examens, est mentionné aux art. 7 à 12 de l'arrêté déjà cité du 20 prairial an XI.

Cependant, certains candidats étaient exceptionnellement dispensés de subir quelques-uns desdits examens, ou même n'étaient soumis qu'à l'épreuve de la thèse; les personnes auxquelles nous faisons allusion, sont celles que le législateur a également dispensées de fréquenter régulièrement les cours officiels, par les motifs indiqués ci-dessus ([1]).

46. Les récipiendaires qui désiraient obtenir le diplôme de *docteur en chirurgie,* devaient observer les mêmes conditions et subir les mêmes épreuves que ceux qui aspiraient à être reçus docteurs en médecine, moyennant cette seule différence que le 5e examen portait uniquement sur la connaissance de la médecine externe ([2]).

L'art. 10 de l'arrêté du 20 prairial énumère les matières de cet examen spécial.

Le docteur en médecine qui demandait le grade de docteur en chirurgie, ne devait passer que ce dernier examen seulement, et soutenir la thèse : c'est ce qui a été décidé le 30 juin 1809 par le Conseil de l'université de France, auquel ressortissaient les écoles de médecine, depuis la publication du décret du 17 mars 1808 ([3]).

47. L'art. 15 de la loi de ventôse est ainsi conçu : « Les jeunes « gens qui se destinent à devenir *officiers de santé,* ne seront pas « obligés d'étudier dans les écoles de médecine; ils pourront être « reçus officiers de santé après avoir été attachés pendant six « années comme élèves à des docteurs, ou après avoir suivi, pendant « cinq années consécutives, la pratique des hôpitaux civils ou mili- « taires ; une étude de trois années consécutives dans les écoles de

---

([1]) Loi du 19 vent., an XI, art. 11.—Arr. du 20 prair. an XI, art. 26 à 32. — V. ci-dessus n° 42.

([2]) Loi du 19 vent. an XI, art. 5, 6 et 7.

([3]) V. ci-dessus n° 36.

« médecine, leur tiendra lieu de la résidence de six années chez les
« docteurs ou de cinq années dans les hospices. »

Étaient même dispensées de produire la preuve d'avoir rempli ces
conditions, les personnes dont il s'agit à l'art. 21 de la loi, dont
voici le texte : « Les individus qui se sont établis depuis dix ans
« dans les villages, les bourgs, etc., pour y exercer la chirurgie,
« sans avoir pu se faire recevoir, depuis la suppression des lieute-
« nances du premier chirurgien et des communautés, pourront se
« présenter au jury du département qu'ils habitent, pour y être
« examinés et reçus officiers de santé. »

Nous avons vu dans un précédent chapitre (¹), que les droits
inhérents à la profession d'officier de santé, ont même été attribués
d'office et sans examen, par la loi du 19 ventôse an XI, à certaines
catégories de personnes réputées suffisamment instruites pour pouvoir exercer cette profession sans danger.

L'art. 17 fixe à trois le nombre des examens pour la réception
des officiers de santé : le 1ᵉʳ portait sur l'anatomie ; le 2ᵉ sur les
éléments de la médecine ; le 3ᵉ sur la chirurgie et les connaissances
les plus usuelles de la pharmacie.

Les art. 38 et 39 de l'arrêté du 20 prairial règlent l'exécution
de ce dernier article de la loi.

48. Les élèves *sages-femmes* ne devaient pas nécessairement
fréquenter les cours d'accouchements fondés dans un des hospices
de chaque département en vertu de l'art. 30 de la loi de ventôse ;
elles pouvaient suivre aussi les leçons données dans les écoles de
médecine.

Les conditions requises de ces élèves, pour être reçues aux
examens, variaient, selon qu'elles se présentaient devant les jurys
médicaux dont il est question à l'art. 16 de la loi, ou devant les
commissions qui, selon l'art. 18, siégeaient dans les écoles de
médecine (²).

(¹) **V.** ci-dessus nᵒ 42.
(²) **V.** *Id.* nᵒˢ 32 et 38.

Ainsi, aux termes de l'art. 31, pour être admises devant les jurys,
« elles devaient avoir suivi au moins deux des cours prescrits par
« l'art. 30, et vu pratiquer pendant neuf mois, ou pratiqué elles-
« mêmes les accouchements pendant six mois, dans un hospice ou
« sous la surveillance des professeurs. »

D'après l'art. 43 de l'arrêté du 20 prairial, d'une autre part :
« celles des élèves sages-femmes qui se présenteront aux écoles de
« médecine pour leur réception, devront avoir suivi au moins deux
« des cours de l'école ou de l'hospice de la maternité à Paris. »

Les matières d'examen, déterminées par l'article 32 de la loi,
sont : la théorie et la pratique des accouchements, les accidents qui
peuvent les précéder, les accompagner et les suivre, ainsi que les
moyens d'y remédier.

L'art. 42 de l'arrêté de prairial porte que « les élèves sages-
« femmes seront soumises, devant les jurys, à un examen dans
« lequel elles répondront aux questions qui leur seront faites, et
« exécuteront, sur le fantôme, les opérations les plus simples des
« accouchements; » et l'art. 43, que « celles desdites élèves qui se
« présenteront aux écoles de médecine, seront soumises à deux
« examens. »

49. Selon l'art. 16 de la loi du 21 germinal an XI et l'art. 23
de l'arrêté du 25 thermidor suivant qui en a réglé l'exécution,
tout élève qui voulait se présenter aux examens pour être reçu
pharmacien, devait produire son acte de naissance, afin de prouver
qu'il avait 25 ans accomplis, âge requis des candidats pour pouvoir
être admis à exercer la profession pharmaceutique; l'élève devait,
en outre, fournir une attestation de bonne vie et de bonnes mœurs,
signée de deux citoyens domiciliés et de deux pharmaciens légalement reçus.

Il était, enfin, tenu de prouver par certificats qu'il avait rempli
toutes les conditions d'études exigées par la loi.

L'art. 8 dispose comme suit, sur ce dernier point : « Aucun élève
« ne pourra prétendre à se faire recevoir pharmacien, sans avoir
« exercé pendant huit années, au moins, son art, dans des phar-

« macies légalement établies. Les élèves qui auront suivi pendant
« trois ans les cours donnés dans une des écoles de pharmacie, ne
« seront tenus, pour être reçus, que d'avoir résidé trois autres
« années dans ces pharmacies. »

Cependant, une modération était apportée à la sévérité de cette
disposition, en faveur des élèves qui avaient exercé pendant trois
ans au moins comme pharmaciens dans les hôpitaux militaires ou
les hospices civils [1], et des individus ayant officine ouverte à l'époque de l'introduction de la loi, sans pouvoir exhiber de diplôme
légal [2].

Les premiers pouvaient, en certains cas, faire entrer en ligne de
compte le nombre des années pendant lesquelles ils avaient déjà
pratiqué, dans celui des huit années de stage exigées par la loi.

Les seconds étaient entièrement dispensés du stage, mais à la
condition de se présenter aux examens dans un délai de trois mois
à dater de l'établissement des écoles de pharmacie ou des jurys.

L'art. 15 de la loi de germinal décide que « les examens seront
« les mêmes dans les écoles et devant les jurys. Ils seront au nombre
« de trois : deux de théorie, dont l'un sur les principes de l'art et
« l'autre sur la botanique et l'histoire naturelle des drogues sim-
« ples ; le troisième, de pratique, durera quatre jours, et consistera
« dans, au moins, neuf opérations chimiques et pharmaceutiques
« désignées par les écoles ou les jurys. L'aspirant fera lui-même les
« opérations ; il en décrira les matériaux, les procédés et les
« résultats. »

50. L'art. 37 de la loi du 21 germinal an XI est ainsi conçu :
« Nul ne pourra exercer la profession d'*herboriste*, sans avoir subi
« auparavant, dans une des écoles de pharmacie, ou par devant
« un jury de médecine, un examen qui prouve qu'il connaît exacte-
« ment les plantes médicinales. »

L'art. 43 de l'arrêté du 25 thermidor dispose également que « cet

[1] Loi du 21 germ. an XI, art. 9.
[2] *Id.*, art. 26. — V. ci-dessus n° 43.

« examen aura pour objet la connaissance des plantes médicinales,
« les précautions nécessaires pour leur dessiccation et leur conser-
« vation. »

51. On sait que, en conformité de l'art. 4 de la loi de ventôse, le
gouvernement français pouvait accorder la faculté d'exercer leur
art dans le pays, à des médecins ou chirurgiens étrangers diplômés
dans une université étrangère. Cette prérogative n'était subordonnée, dans son application, à aucune réserve déterminée : la plus
entière liberté d'appréciation était laissée au chef de l'Etat qui pouvait, dès lors, selon qu'il le jugeait convenable, soit obliger les
intéressés à subir un examen ou interrogatoire destiné à faire
constater leurs capacités réelles, soit les autoriser purement et simplement, sur le vu de leur diplôme académique.

CHAPITRE III.

DE LA PATENTE, DU SERMENT PROFESSIONNEL ET DE L'ENREGISTREMENT DES TITRES.

52. L'origine de la *patente* remonte au décret du 2-17 mars
1791 (¹).

Ce décret, en proclamant la liberté des industries et en supprimant les anciens droits d'aides, de maîtrises et de jurandes, a imposé
à tout citoyen qui voulait exercer une profession ou un métier quelconque, l'obligation de se pourvoir auparavant d'une patente et d'en
acquitter le prix selon un tarif déterminé.

Plusieurs lois françaises ont successivement réglé le même objet ;
telles sont celles des 6 fructidor an IV, 25 vendémiaire an V,
7 brumaire an VI, 1er brumaire an VII, etc.

______

(¹) V. ci-dessus n° 27.

Le but de l'impôt des patentes est de faire profiter l'État d'une part des bénéfices à réaliser par les patentés dans l'exercice de leur art ou métier.

Sous le régime français, toute personne exerçant l'art de guérir était soumise à cet impôt. Il n'y avait d'exception qu'en faveur des médecins, chirurgiens et pharmaciens qui étaient attachés aux armées, aux hôpitaux civils et militaires ou au service des pauvres, par nomination du gouvernement ou des autorités administratives.

Ces praticiens jouissaient du bénéfice de l'exemption, soit qu'ils exerçassent ou non leur art chez les particuliers ; c'est ce qui résulte d'un décret du 25 thermidor an XIII.

53. A dater de l'introduction des lois françaises, le *serment professionnel* cessa d'être exigé des personnes qui se proposaient d'exercer une profession médicale ; il fut cependant maintenu pour les pharmaciens qui, aux termes de l'art. 16 de la loi du 21 germinal an XI, devaient, en produisant leur diplôme au préfet, prêter serment « d'exercer leur art avec probité et fidélité. »

54. On a vu que, dans les Pays-Bas autrichiens et la principauté de Liége, tout praticien diplômé devait, avant de poser aucun acte professionnel, soumettre ses titres de réception à la vérification des fonctionnaires investis du droit de surveillance en matière médicale (¹).

Cette formalité, qui était également prévue par les anciennes ordonnances françaises, a été maintenue par le législateur de l'an XI.

Le décret du 2-17 mars 1791 ne l'avait point supprimée dans l'avenir, puisqu'il subordonnait formellement l'usage de la liberté des professions, à l'observation des règlements de police faits ou à faire ; or, la mesure dont il s'agit, comme celles qui ont pour objet d'astreindre les hommes de l'art à faire preuve de capacités avant d'être admis à la pratique, présente un caractère d'utilité publique

______
(¹) V. ci-dessus nᵒ 12.

évident, et rentre dans la catégorie des actes qui peuvent être ordonnés par voie de police réglementaire, comme tendant à prévenir des abus préjudiciables à la généralité (¹).

La loi du 19 ventôse an XI a réglé tout ce qui concerne l'*enregistrement des diplômes* de docteur, d'officier de santé et de sage-femme.

D'après ses art. 22 et 23, les médecins ou chirurgiens déjà reçus conformément aux lois antérieures, ou autorisés par certaines dispositions de la loi nouvelle à continuer leur profession, ont dû, dans un délai de trois mois, présenter, afin de vérification et d'enregistrement, au tribunal de l'arrondissement et au bureau de la sous-préfecture, leurs lettres de réception, de maîtrise, ou les certificats qui en tenaient lieu.

Selon l'art. 24, les docteurs ou officiers de santé reçus à l'avenir devaient remplir la même formalité, dans le délai d'un mois après la la fixation de leur domicile. Ce dernier article s'applique, dans sa généralité, aux médecins et chirurgiens étrangers munis d'une autorisation gouvernementale, dans le cas prévu par l'art. 4 de la loi de ventôse : l'art. 35 ci-après ne permet aucun doute sur ce point.

L'art. 25 oblige, d'une autre part, les commissaires du gouvernement près les tribunaux de première instance, à dresser les listes des praticiens enregistrés au greffe desdits tribunaux, et à en adresser, en fructidor de chaque année, copie au grand-juge ministre de la justice.

L'art. suivant charge également les sous-préfets d'envoyer l'extrait de l'enregistrement des titres aux préfets qui, de leur côté, forment et publient les listes des praticiens inscrits. Ces listes devaient être envoyées par les préfets au ministre de l'intérieur, dans le dernier mois de chaque année.

L'art. 34 de la loi de ventôse rend les dispositions qui précèdent applicables aux diplômes et aux listes des sages-femmes.

(¹) V. le décret du 14 avril 1791, cité ci-dessus n° 28.

Enfin, l'art. 35 défend à toute personne d'exercer la médecine, la chirurgie ou de pratiquer l'art des accouchements, sans que son nom figure sur les listes dont il vient d'être parlé.

Des dispositions analogues ont été introduites dans la loi du 21 germinal an XI à l'égard des pharmaciens et des herboristes.

L'art. 21 de cette loi dispose que : « dans un délai de trois mois, « tout pharmacien ayant officine ouverte sera tenu d'adresser copie « légalisée de son titre, à Paris, au préfet de police, et dans les « autres villes, au préfet de département. »

Art. 22. « Le titre sera également produit par les pharmaciens, « sous les délais indiqués, aux greffes des tribunaux de première « instance dans le ressort desquels se trouve placé le lieu où ces « pharmaciens sont établis. »

L'art. 25 impose la même obligation à ceux de ces praticiens qui seraient reçus par la suite.

Selon l'art. 40 de l'arrêté du 25 thermidor an XI, les pharmaciens qui voulaient former un établissement dans une ville où se trouvait une école autre que celle où ils avaient obtenu leur diplôme, étaient tenus d'en informer l'administration de ladite école, à laquelle ils devaient présenter leur acte de réception, en même temps qu'ils le produisaient aux autorités mentionnées plus haut.

L'explication de cette mesure spéciale se trouve dans l'art. 2 de la loi de germinal, qui charge les écoles de pharmacie de surveiller l'exercice de la profession et d'en dénoncer les abus (1).

L'art. 28 de la même loi dispose, au surplus, conformément à celle du 19 ventôse, que les préfets feront imprimer et afficher chaque année les listes des pharmaciens établis dans les différentes villes de leur département, et ajoute que ces listes contiendront les noms et prénoms des pharmaciens, la date de leur réception et le lieu de leur résidence.

Enfin l'art. 25, déjà cité, sanctionne les mesures qui précèdent, en statuant que nul ne pourra obtenir de patente pour exercer la

______

(1) V. ci-après nᵒˢ 63 et 64.

profession de pharmacien, ouvrir une officine, etc., s'il n'a rempli toutes les formalités légales.

Quant aux herboristes, l'art. 37 de la loi du 24 germinal an XI exige seulement que leur certificat d'examen soit enregistré à la municipalité du lieu où ils s'établissent.

CHAPITRE IV.

DES DIFFÉRENTES PROFESSIONS MÉDICALES.

53. Nous avons vu plus haut (¹) que, dans l'ancienne Belgique, au xviiᵉ et au xviiiᵉ siècles, le médecin exerçait la médecine dogmatique dans toute son étendue, sans distinction entre le traitement des maladies internes et celui des maladies extérieures. qu'il appré·ciait seul l'utilité des opérations chirurgicales, au moins de celles qui offraient une certaine importance, et que le chirurgien n'était, en quelque sorte, que son agent matériel.

Cet état de choses a été complètement changé par la loi du 19 ventôse an XI, qui a restitué à la chirurgie la position honorable dont elle jouissait antérieurement à l'époque où de vains préjugés la reléguèrent parmi les arts mécaniques, et où la pratique chirurgicale fut même interdite aux hommes de science.

« Assujétir la chirurgie à la médecine, » dit M. Thouret dans un document législatif déjà cité , « c'était vouloir comprimer le génie, « lui donner des entraves, le tenir courbé, abaissé contre sa vi- « gueur et sa toute-puissance naturelle. Une telle entreprise pouvait « être consommée, mais son succès ne pouvait être durable. Les « circonstances ayant quelquefois attaché à la chirurgie des hommes « d'un mérite supérieur qui, reconnaissant toute sa dignité, même

( ) V. ci-dessus nⁿˢ 2, 13 et 14.

« dans son état d'abaissement, se passionnaient pour elle, on avait
« vu à ces époques, rares à la vérité, le génie chirurgical prendre
« un libre essor, s'élever à toute la hauteur de la science qui voulait
« le dominer, et montrer alors combien sont faibles de vaines
« préoccupations d'intérêt, de vains préjugés, contre la nature des
« choses. Alors éclatait tout le ridicule du prétendu asservissement
« de la chirurgie à la médecine, alors paraissait dans tout son jour
« l'absurdité de ce système. »

Déjà, à dater du xvie siècle, la pratique chirurgicale qui, pendant si longtemps, avait été abandonnée aux soins de gens peu instruits, tendait, dans notre pays, à se relever de sa dégradation : les écrits de Vésale et de Dodoëns exerçaient à cet égard une heureuse influence.

Les docteurs et licenciés en médecine commençaient à se livrer à l'étude de l'anatomie.

Lors de l'institution des différents colléges médicaux chargés de la surveillance de l'art de guérir, qui comptaient dans leur sein les praticiens les plus capables, des chirurgiens furent appelés à faire partie de ces assemblées.

Peu à peu, à mesure que l'étude des sciences progressait, on reconnaissait la nécessité de rapprocher deux branches de connaissances qui ont entre elles tant d'affinité, et de les placer au même niveau.

La loi du 19 ventôse an XI, élevant la chirurgie à la hauteur de la médecine, a créé, à côté des *docteurs en médecine* reçus dans les écoles supérieures, des *docteurs en chirurgie* diplômés dans les mêmes établissements.

Il importe de bien préciser en quoi consistait la mission spéciale de ces deux catégories distinctes de praticiens :

Les anciens chirurgiens avaient seuls le droit, comme nous l'avons établi dans un précédent chapitre, à l'exclusion des docteurs et licenciés en médecine, d'effectuer les opérations qui exigeaient l'emploi de la main ou de certains instruments [1]. Cette attribution

[1] V. ci-dessus n°s 1, 2, 13, 14, 17 et 18.

a été conservée aux docteurs en chirurgie du régime français ; mais ceux-ci ont acquis, en outre, au préjudice des docteurs en médecine, la faculté de traiter les maladies externes, c'est-à-dire celles dont la guérison réclame l'application d'un acte manuel ou opératoire.

Il suit de là que les docteurs en médecine reçus en conformité de la loi de ventôse, ne pouvaient exercer que la médecine interne, et qu'il leur était interdit de poser aucun acte dogmatique ou pratique du ressort de la chirurgie, laquelle comprenait également à cette époque l'art des accouchements.

C'est ce qui résulte implicitement de l'art. 6 de la loi qui, en établissant un mode d'examen et de réception quelque peu différent pour les personnes qui aspiraient au diplôme de docteur en médecine et pour celles qui sollicitaient le diplôme de docteur en chirurgie, a voulu nécessairement créer une distinction entre les droits professionnels inhérents à chacun de ces titres distincts.

C'est, du reste, ce qu'a fait bien ressortir M. Thouret dans son rapport au corps législatif :

« Dans le cours des examens, » dit-il, « le plus grand nombre des
« épreuves seront les mêmes pour tous ceux qui s'y présenteront ;
« la dernière seule a paru devoir être différente, quoique, pour ceux
« qui ont une connaissance approfondie de la nature de l'art, de
« l'intime connexion de toutes ses parties, de leur dépendance mu-
« tuelle, cette distinction pût être regardée comme inutile ; mais on
« a considéré que, sur ce point, l'opinion n'était pas encore suffi-
« samment formée, et que l'état de choses auquel amènera sans
« doute le nouveau système médical, n'est point encore arrivé. Une
« nuance particulière entre ceux qui cultivent l'ensemble de l'art a
« donc paru au moins avantageuse. D'ailleurs, l'exercice de la mé-
« decine externe demandant, outre un grand savoir commun à tous
« ceux qui s'y dévouent, deux qualités indispensables à ceux qui
« se livreront aux opérations, savoir la fermeté de l'âme et la
« dextérité de la main, on est fondé à exiger de ces derniers une
« garantie suffisante qu'ils réunissent ces conditions. Une distinc-

« tion a donc paru utile et convenable entre le titre de docteur en
« médecine et celui de docteur en chirurgie, et ces motifs l'ont fait
« adopter. »

En résumé, les docteurs en médecine de la période française
ne pouvaient pas plus exercer, en vertu de leur diplôme, la chirurgie telle qu'elle a été comprise à cette époque, ni l'art des
accouchements qui n'avait point encore été érigé en profession distincte, que les docteurs en chirurgie ne pouvaient exercer la
médecine.

La mission des premiers consistait uniquement à guérir les maladies internes ; celle des seconds, à soigner les maux externes, à
procéder aux opérations chirurgicales et obstétricales.

Les uns comme les autres pouvaient, du reste, aux termes de
l'art. 28 de la loi du 19 ventôse an XI, « exercer leur profession dans
« toutes les communes de la République. »

L'exercice de la pharmacie fut, sous la domination française,
comme il l'était précédemment et comme il le demeura sous le
régime des législations ultérieures, entièrement distinct et séparé,
en principe, de la pratique médicale ou chirurgicale. Le titre de
médecin ou de chirurgien donnait le droit de prescrire des remèdes,
mais non celui de les préparer ou de les vendre ; le pharmacien
seul, sans préjudice à la faculté spéciale accordée à l'herboriste par
la loi du 21 germinal an XI, pouvait tenir officine ouverte, composer
et débiter les médicaments.

Cependant le législateur, prenant en considération l'insuffisance
du nombre des pharmacies dans les communes rurales, crut utile
d'accorder, moyennant certaines réserves, aux médecins et chirurgiens, le privilége exceptionnel de livrer à leurs malades, dans ces
localités, les remèdes qui pouvaient leur être nécessaires et qu'ils
n'auraient pu, la plupart du temps, se procurer dans une officine,
à raison des difficultés de distance.

Tel est le but de l'art. 27 de la loi de germinal, qui autorise les
officiers de santé à fournir des remèdes simples ou composés aux
personnes près desquelles ils sont appelés : toutefois, afin de garantir

les pharmaciens contre tout préjudice, cet article défend positivement aux officiers de santé, c'est-à-dire, comme il est dit plus haut (*), aux médecins et chirurgiens, quel que soit leur titre, de tenir une officine ouverte, restreint leur droit de livrer des médicaments à la circonscription du bourg, du village ou de la commune où ils sont établis, et le subordonne, de plus, à la condition qu'il ne se trouve pas de pharmacien dans la localité.

56. Pour obtenir un diplôme de docteur, les candidats devaient s'imposer de lourds sacrifices de temps et d'argent ; aussi, comme juste compensation de ces charges, était-il à présumer qu'une fois diplômés, ils exigeraient des malades un chiffre d'honoraires assez élevé, et se fixeraient plutôt dans les villes, où la population est agglomérée, que dans les campagnes et les petites localités, lesquelles se trouveraient ainsi privées de secours médicaux suffisants.

Afin de prévenir les inconvénients auxquels cette situation pouvait donner lieu, le législateur de ventôse a institué, à côté des docteurs en médecine et en chirurgie, une catégorie particulière de praticiens désignés sous le nom d'*officiers de santé*, terme emprunté à la législation militaire qui attribuait ce titre aux médecins et chirurgiens des armées, pour l'instruction desquels des écoles avaient été érigées en France en l'an III.

Le passage suivant de l'exposé des motifs de la loi du 19 ventôse an XI précise le but réel de l'institution dont il s'agit :

« Les soins dus aux habitants des campagnes, le traitement des
« maladies légères, celui d'une foule de maux qui, pour céder à des
« moyens simples, n'en demandent pas moins quelques lumières
« supérieures à celles du commun des hommes, exigeaient qu'on
« substituât aux chirurgiens anciennement reçus dans les commu-
« nautés, des hommes assez éclairés pour ne pas compromettre sans
« cesse la santé de leurs concitoyens. »

M. Thouret, dans un rapport déjà cité à plusieurs reprises, a exprimé la même idée en ces termes :

(*) V. ci-dessus n° 43.

« Bornés aux soins les plus ordinaires, aux procédés les plus
« simples de l'art, les officiers de santé porteront les premiers
« secours aux malades, aux blessés, traiteront les affections les
« moins graves, s'occuperont des pansements communs et journa-
« liers ; leur science principale devant consister à reconnaître les
« cas où ils ne devront pas agir, ils formeront, sans doute, une
« classe moins relevée dans la hiérarchie médicale, mais, pour être
« moins distingués, il n'en seront pas moins utiles C'est à porter
« des secours dans les campagnes, c'est à soigner le peuple indus-
« trieux et actif qu'ils seront spécialement appelés : la partie la plus
« nombreuse des familles, la classe la plus étendue de la population
« de l'État seront confiées à leurs soins ; leurs fonctions seront plus
« modestes, mais non moins importantes, et l'utilité réelle de leur
« ministère compensera, aux yeux du philosophe et de l'homme
« instruit, ce qu'il aura d'humble et d'obscur pour la multitude. »

Quoique les officiers de santé aient été surtout créés dans l'intérêt
des communes rurales, quoique la nature de leur profession ait été
plutôt considérée comme se rattachant à la chirurgie qu'à la médecine, quoiqu'il ait été déclaré dans le cours des discussions législatives que leur mission se bornerait à la guérison des maux de
peu d'importance, ces différentes réserves n'ont pas été inscrites
dans la loi qui détermine leurs attributions. Le législateur a craint,
sans doute, d'atténuer, par des dispositions trop restrictives, le
résultat humanitaire qu'il se proposait surtout d'atteindre par l'institution nouvelle : celui de répandre partout les bienfaits de l'art de
guérir, de les mettre à la portée de tous ceux qui souffrent, sans
distinction aucune, de quelque nature qu'elle puisse être.

La loi du 19 ventôse n'autorise, il est vrai, les officiers de santé,
à s'établir que dans le département où ils ont été examinés et reçus,
voulant sans doute circonscrire la clientèle de ces praticiens moins
instruits, moins capables que les docteurs, afin que ceux qui recou-
rent à leurs soins sachent à qui ils s'adressent, mais leur permet de
se fixer, à leur gré, soit dans les villes, soit dans les campagnes.

Cette même loi leur laisse la faculté d'exercer et la médecine et la chirurgie ; la seule restriction qui leur ait été imposée à cet égard, résulte de l'art. 29, qui leur défend de pratiquer les grandes opérations chirurgicales, si ce n'est sous la surveillance et l'inspection d'un docteur, et encore, cette interdiction n'est-elle applicable qu'aux lieux où un docteur se trouve établi.

« En général, » disent MM. Briand et Chaudé (¹), « on regarde « comme *grandes opérations* toutes celles qui sont d'une exécution « difficile, soit à cause de la situation profonde des organes malades, « soit à cause du grand nombre des parties essentielles sur lesquelles « il faut agir, soit à cause du danger de léser des vaisseaux ou des « nerfs importants. On considère comme telles : l'ablation d'un « membre, la résection des extrémités osseuses dans les grandes « articulations, les opérations pratiquées sur des organes qui servent « à une fonction importante : ainsi la lithotomie, la lithotritie, « l'opération du sarcocèle, celle de la hernie étranglée, l'opération « de la cataracte, l'opération césarienne, l'embryotomie, etc. (²). »

Les officiers de santé étaient donc admis à pratiquer, d'une part, la médecine interne dans toute son étendue au même titre que les docteurs en médecine, et, d'une autre part, la chirurgie ainsi que l'art obstétrical au même titre que les docteurs en chirurgie, sauf la réserve que nous venons d'indiquer.

On a vu au numéro précédent qu'aux termes de l'art. 27 de la loi du 21 germinal an XI, ceux de ces praticiens qui étaient établis dans des bourgs, villages ou communes dépourvus de pharmacie, pouvaient aussi délivrer des remèdes à leurs malades, sans avoir cependant le droit de tenir une officine ouverte.

57. La profession des *sages-femmes* a eu de tout temps pour objet unique la délivrance des femmes en couches dans les cas simples et ordinaires.

L'art. 33 de la loi du 19 ventôse an XI leur interdit d'employer des instruments dans les cas d'accouchements laborieux, sans

(¹) Ouvrage précité, p. 42.

(²) V. ORFILA, p. 52, 46, 54. — DALLOZ. *Répert. de législ.*, t. XXXI, vᵒ médecine, p. 546.

appeler, soit un docteur, soit un médecin ou un chirurgien anciennement reçu.

Elles ne pouvaient poser aucun acte quelconque du domaine de
la médecine, de la chirurgie ou de la pharmacie.

Les sages-femmes reçues dans les écoles de médecine étaient
libres, selon l'art. 43 de l'arrêté du 20 prairial an XI, de s'établir
dans tous les départements; celles qui tenaient leurs diplômes des
jurys devaient, au contraire, exercer exclusivement dans la circonscription du département où siégeait le jury d'examen qui les avait
reçues.

58. La pharmacie, depuis le xvi⁰ siècle jusqu'à l'époque de la
révolution française, avait fait de notables progrès : la préparation
des médicaments, qui n'était autrefois que le fruit de la routine,
devint peu à peu une science qui exigeait, pour être connue, des
études sérieuses.

Notons ici les efforts que firent à diverses reprises les apothicaires, dans le cours du siècle dernier, pour se séparer des droguistes
et des épiciers avec lesquels ils étaient confondus parmi les corporations, et pour faire valoir leurs droits spéciaux, comme exerçant une profession libérale plutôt qu'un métier purement mécanique. Ces efforts furent même couronnés de succès dans certaines
grandes villes et notamment à Anvers, où une ordonnance du
magistrat, en date du 7 mars 1786 (¹), constitua les pharmaciens
en corps distinct, sous la protection du second pensionnaire de la
ville, et sous la direction de trois anciens, élus par le corps pharmaceutique. A partir de cette époque, les apothicaires d'Anvers
n'étaient plus tenus vis-à-vis de la corporation des merciers, à
laquelle ils appartenaient précédemment, qu'au paiement d'un droit
d'entrée et à une redevance annuelle, etc.

En instituant des écoles de pharmacie plus ou moins analogues
aux écoles de médecine qui recevaient les docteurs, en confiant à
ces établissements la mission d'instruire les candidats-pharmaciens

______

(¹) Broeckx, *Hist. du coll. med. Antwerp,* p. 272 et suiv.

selon les lois, en soumettant ceux-ci à des examens théoriques sérieux, la loi de germinal an XI a relevé la profession pharmaceutique vis-à-vis d'elle-même et vis-à-vis de tous.

Les *pharmaciens* du régime français étaient chargés, du reste, comme leurs prédécesseurs, de préparer les remèdes conformément aux ordonnances.

Eux seuls pouvaient avoir une officine ouverte, où les médicaments étaient composés et débités.

Les pharmaciens diplômés dans une école de pharmacie étaient libres de s'établir et d'exercer leur profession dans toutes les parties du territoire de la République; mais ceux qui avaient été reçus par un jury n'étaient admis à se fixer que dans l'étendue du département où ce jury fonctionnait. Cette distinction résulte des art. 23 et 24 de la loi du 21 germinal.

Les praticiens dont il s'agit, étant tenus de se renfermer exclusivement dans l'exercice de leur art, sans empiéter sur les attributions des médecins et des chirurgiens, ne pouvaient, sous aucun prétexte, conseiller l'emploi des remèdes dont ils faisaient le débit, et n'étaient d'ailleurs autorisés, suivant l'art. 32 de la loi de germinal, à livrer et à vendre les médicaments composés, que d'après la prescription faite par un docteur en médecine, un docteur en chirurgie ou un officier de santé [1].

Déjà dans un précédent chapitre, nous avons fait ressortir quels étaient, au point de vue du débit des substances médicinales, les caractères constitutifs de la profession pharmaceutique [2].

59. La profession de l'*herboriste* français se bornait uniquement au débit des plantes médicinales indigènes, fraîches ou sèches.

En fait, l'herboriste n'était qu'un véritable marchand, comme le droguiste et l'épicier; il était seulement autorisé à vendre en détail les objets de son négoce, tandis que ces derniers ne pouvaient faire que le commerce en gros des drogues simples [3].

[1] V. ci-après. nº 62.
[2] V. ci-dessus, nº 43.
[3] *Id.*

C'est, sans doute, afin de ménager les intérêts des grainetiers, qui eussent été compromis si l'on avait reconnu aux seuls pharmaciens la faculté de débiter les substances végétales susceptibles d'un usage médicinal, que le titre d'herboriste a été créé par la loi. Ce titre ne pouvait être accordé qu'après examen, et cette garantie était nécessaire, car il eût été dangereux de permettre à des personnes ignorantes, de vendre au public et en détail des plantes qui, à raison de leurs propriétés et selon leur emploi, peuvent être considérées comme de véritables médicaments.

Les herboristes reçus par les écoles de pharmacie étaient autorisés à exercer leur profession dans toute l'étendue du pays ; ceux, au contraire, qui étaient reçus par les jurys ne pouvaient pratiquer que dans le département.

60. Aucune disposition de la loi du 19 ventôse an XI n'a interdit à celui qui possédait à la fois les deux diplômes de docteur en médecine et de docteur en chirurgie, d'en faire un usage simultané ; il a même été dans les prévisions du législateur que les deux titres dont il s'agit seraient pris par la plupart des praticiens.

Cette loi, non plus que celle du 21 germinal suivant, n'a, d'une autre part, établi d'incompatibilité absolue entre l'exercice de la médecine ou de la chirurgie, et celui de la pharmacie. C'est ce que l'autorité judiciaire a reconnu à diverses reprises, tout en constatant, seulement, que l'exercice séparé de la pharmacie et des autres branches de l'art de guérir, semblait résulter jusqu'à un certain point, sinon du texte, au moins de l'esprit de la loi.

Le sieur A., officier de santé à Paris, était prévenu d'avoir exercé cumulativement les fonctions de médecin et de pharmacien. Le tribunal, considérant que A. était porteur de deux diplômes revêtus des formalités voulues ; qu'il résultait nécessairement et implicitement des dispositions de l'art. 27 de la loi du 21 germinal an XI, que l'officier de santé établi dans une localité où il existe des pharmacies (ledit officier de santé fût-il pourvu d'un diplôme de pharmacien), ne doit pas exercer simultanément les deux branches ; que, néanmoins, il existait une lacune dans la loi, qui ne contenait aucune disposition prohibitive ni répressive du fait dont il s'agit; que, dans ces circonstances, il n'y avait lieu de prononcer aucune condamnation, acquitta le prévenu, et sa sentence fut confirmée, sur appel, par la cour de Paris, le 3 août 1850 (¹).

La cour de cassation de France, par arrêt du 13 août 1844, a également statué qu'il n'existe, dans l'espèce, aucun texte prohibitif et que l'on ne peut y suppléer, attendu que l'incompatibilité entre les fonctions d'officier de santé et celles de pharmacien n'est pas établie dans la loi; que, si l'art. 32 de la loi de germinal an XI défend aux pharmaciens de livrer des préparations médicinales sans la prescription des médecins, et s'il en résulte une incompatibilité naturelle entre les deux fonctions, il appartient au législateur seul de la formuler en prohibition formelle et de la sanctionner par une mesure pénale, qui n'existe, ni dans l'art 27, ni dans l'art. 32.

Ce dernier article, par sa disposition finale, défend, il est vrai, aux pharmaciens, de faire dans les mêmes lieux ou officines, un autre commerce ou débit que celui des drogues et préparations médicinales; mais, «exercer la médecine,» a dit le ministre du Commerce et des Travaux publics de France, le 10 novembre 1832 (²), « ce n'est « point faire un commerce, et je doute qu'aucun tribunal puisse « donner cette extension à une disposition qui n'a point, d'ailleurs, « de sanction pénale ; mais il faudrait que le pharmacien fût reçu « médecin. »

Les observations qui précèdent s'appliquent également à l'art. 7 de certaine ordonnance du préfet de Paris, en date du 14 nivôse an XII, qui a défendu aux herboristes de cette ville, « de cumuler « d'autre commerce que celui de grainetier. »

Il est presque superflu d'ajouter que le pharmacien reçu herboriste peut vendre les plantes médicinales dans son officine, puisque ces substances sont de véritables remèdes. Aussi l'art. 6 de l'ordon-

---

(¹) V. dans le même sens, Paris, 25 déc. 1831 et Orléans, 26 oct. 1836.
(²) Laugier et Duruy. *Pand. pharm.*, p. 335.

nance précitée du 14 nivôse an XII, en rappelant aux intéressés que les herboristes légalement reçus peuvent seuls débiter des plantes officinales, ajoute-t-il que : « cette disposition n'est point applicable « aux pharmaciens, qui ont le droit de vendre toutes sortes de « plantes médicinales exotiques et indigènes.

CHAPITRE V.

DE LA RÉGLEMENTATION DES PROFESSIONS MÉDICALES.

61. Nous avons indiqué, dans le chapitre qui précède, en quoi consistait, sous le régime français de l'an XI, l'exercice des différentes professions prévues par la loi de ventôse.

Les *docteurs en médecine* ou *en chirurgie,* avons-nous dit, étaient admis à pratiquer respectivement la médecine interne et l'art chirurgical dans toute leur étendue, ainsi qu'à poser certains actes pharmaceutiques dans les cas et moyennant les réserves mentionnés à l'art. 27 de la loi du 21 germinal.

Les *officiers de santé,* qui jouissaient également du privilége inscrit dans ce dernier article, pouvaient exercer, à la fois, la médecine interne au même titre que les docteurs, et la petite chirurgie conformément à l'art. 29 de la loi du 19 ventôse.

Enfin les *sages-femmes* procédaient aux accouchements ordinaires, c'est-à-dire à ceux qui pouvaient s'effectuer sans l'emploi d'instruments obstétricaux, ainsi qu'il résulte de l'art. 33 de la même loi.

Les art. 29 et 33 que nous venons de rappeler, en interdisant aux officiers de santé de pratiquer les grandes opérations en dehors de la surveillance et de l'inspection d'un docteur dans les lieux où il en était établi, et en défendant aux sages femmes d'employer les instruments dans les accouchements laborieux sans appeler, soit un docteur, soit un médecin ou un chirurgien anciennement reçu, ne réglementent pas, à proprement parler, la profession des praticiens dont il s'agit, mais indiquent seulement les mesures de précaution à prendre par eux, au cas où il se trouveraient dans la nécessité de provoquer ou d'accomplir certains actes qui ne ressortissent pas immédiatement à leur profession.

La loi du 19 ventôse an XI, en effet, se borne à énumérer les droits inhérents aux diplômes de docteur, d'officier de santé et de sage-femme, à en fixer les limites, à en préciser la nature, mais ne règle pas l'usage pratique de ces droits ; tout a donc été laissé, sur ce point, à la prudence des intéressés.

La même observation s'applique aux dispositions de la loi du 21 germinal qui accordent aux médecins et chirurgiens la faculté de fournir des remèdes à leurs malades dans certaines localités. Cette loi, qui impose, comme nous le verrons ci-après, toute une série d'obligations aux pharmaciens et même aux épiciers et droguistes, qui soumet leurs officines et magasins aux visites et investigations des agents de l'autorité, n'impose aucune charge analogue aux docteurs et officiers de santé ayant officine fermée : ces derniers jouissent, en ce qui concerne l'exercice du droit exceptionnel qui leur est conféré par l'art. 27 de ladite loi, de la même liberté d'action qu'en matière médicale et chirurgicale.

62. Comme nous venons de le dire, la loi du 21 germinal contient un assez grand nombre de dispositions de police qui règlent le mode d'exercice de la profession de *pharmacien*.

Les principes inscrits dans ces dispositions sont les suivants :

1° Les drogues et médicaments simples ou composés, qui reposent dans les officines, magasins ou laboratoires des pharmaciens, doivent toujours être tenus en bon état de préparation et de conservation.

Cette prescription, dont l'utilité est aisée à comprendre, résulte de l'art. 29 de la loi, qui charge certains agents de visiter, au moins une fois l'an, les officines, afin de vérifier la bonne qualité des substances dont il s'agit, et qui les autorise à saisir à l'instant celles qui seraient mal préparées ou détériorées (¹).

Déjà une loi du 19-22 juillet 1791 réprimait le débit des médicaments falsifiés ou corrompus.

2° « Les pharmaciens ne peuvent livrer et débiter des prépara« tions médicinales ou drogues composées quelconques, que d'après « la prescription qui en sera faite par des docteurs en médecine ou « en chirurgie ou par des officiers de santé, et sur leur signa« ture (²). »

Cette réserve a été introduite dans l'intérêt des malades euxmêmes, que le législateur a voulu garantir contre leur propre imprudence, en les mettant dans l'impossibilité d'obtenir certains médicaments sans l'intervention du médecin ou du chirurgien.

La disposition précitée ne s'applique qu'aux substances composées ; les drogues simples pouvaient donc être débitées dans les officines, sans ordonnance.

Cette distinction se justifie par des considérations diverses : sans doute, l'emploi inconsidéré ou intempestif des drogues simples dans un but de guérison, est susceptible de produire des effets tout aussi funestes que celui des mélanges pharmaceutiques ; mais la nature de ces drogues, leurs propriétés, leurs effets sont bien connus : celui qui s'en servirait à titre de remèdes sans avoir recours aux lumières d'un homme de science, commettrait donc une de ces imprudences que le législateur est impuissant à prévenir ; d'ailleurs, un grand nombre de drogues simples, que les pharmaciens pouvaient seuls vendre en détail, sont utilisées dans la petite industrie, dans les arts, dans l'économie domestique, et il eût été absurde, à ce point de vue, d'en subordonner la livraison à la présentation d'une prescription médicale.

Il résulte d'un arrêt de la cour de Paris du 7 août 1843, que les ordonnances prévues par l'art. 32 de la loi de germinal, doivent

(¹) V. ci-après n° 64.
(²) Loi du 21 germ. an XI, art. 32.

avoir été spécialement formulées pour chaque cas en particulier, pour chaque maladie considérée individuellement, et que les pharmaciens ne seraient pas en droit de considérer comme telles, des formules banales, rédigées d'avance, et distribuées au premier venu, pour tous les cas indistinctement.

Déjà, comme nous l'avons dit dans un autre chapitre, au XVI°, au XVII° et au XVIII° siècle, la législation des anciennes provinces belgiques défendait aux apothicaires de délivrer des remèdes, ou, tout au moins, des médicaments dangereux, sans une ordonnance de médecine ([1]).

3° Les pharmaciens ne peuvent vendre ni annoncer en vente aucun remède secret ([2]). Cette prohibition s'applique, par analogie, à l'offre, à l'exposition ou à la mise en vente, et même à la simple détention d'un remède secret dans une officine pharmaceutique ([3]).

En exigeant que la composition de tout remède exposé en vente ou débité dans les officines fût connue de la science, l'auteur de la loi a voulu, à la fois, confirmer la défense faite aux pharmaciens de débiter des compositions médicinales sans ordonnance, assurer l'exercice complet de la surveillance des pharmacies par les hommes de l'art chargés de les visiter annuellement, éviter que des substances nuisibles puissent être impunément offertes au public, enfin mettre un terme au charlatanisme et à la fraude.

Nous avons fait connaître ci-dessus les interprétations qui ont été successivement données à la disposition qui nous occupe, par les décrets des 25 prairial an XIII et 18 août 1810 (4).

Exposons rapidement le sens que la jurisprudence française a attribué aux mots *remèdes secrets* :

En général, on ne peut considérer comme remèdes secrets, ni

([1]) V. ci-dessus n° 19, § 3.
([2]) Loi du 21 germ. an XI, art. 32 et 36.
([3]) Cass. 18 mai 1844. — Rouen, 11 janv. 1844.
([4]) V. ci-dessus n° 35.

même comme étant des *remèdes*, dans le sens légal du mot, à moins qu'elles ne soient offertes comme telles (¹), ces diverses compositions chimiques, hygiéniques, odontalgiques, cosmétiques, alimentaires ou autres, qui ne doivent pas entrer au corps humain en qualité de médicaments, ou qui, si elles sont susceptibles d'être employées accidentellement en médecine, n'ont pas, cependant, cette destination d'une manière exclusive (²).

Cependant, une drogue simple présentée sous un nom qui la déguise, est un remède secret (³).

D'après un grand nombre d'arrêts, on doit entendre par remèdes secrets, tous ceux qui ne sont pas conformes au codex ou aux formulaires rédigés par les écoles de médecine, qui n'ont pas été préparés conformément à une ordonnance magistrale, ou dont la recette n'a pas été achetée et publiée par le gouvernement, encore que la formule de ces remèdes ait été publiée de toute autre manière (⁴).

Toutefois, quelques tribunaux ont admis que les remèdes dont la formule a été publiée dans différents ouvrages ou formulaires, et ceux dont le nom indique suffisamment la composition et la nature, ne devaient pas être réputés secrets (⁵).

Il paraît de jurisprudence que l'on ne peut considérer comme secret, le remède dont la composition est mentionnée au codex, alors même que sa préparation aurait subi quelques modifications, pourvu que celles-ci ne constituent que de simples améliorations dans le mode de composition, qui n'ôtent rien aux éléments ni aux propriétés médicamenteuses de ces remèdes (⁶).

(¹) Paris, 20 mai 1848.

(²) Cass. 22 janv. 1842. — Paris, 19 mars et 20 sept. 1829, 2 mai et 2 août 1832. — Dijon, 17 et 18 août 1853, 12 juillet 1854.

(³) Paris, 23 janv. 1829.

(⁴) Cass. 10 déc. 1837, 11 janv. et 11 nov. 1842. — Paris, 24 déc. 1831, 21 juin 1837, 16 janv. 1841, 26 fév. 1844, 28 janv. 1852, 16 mars 1855.

(⁵) Paris, 19 juin et 2 sept. 1829, 23 juil. 1830, 9 mars 1844.

(⁶) Cass. 18 mai 1844. — Paris, 18 avril 1842. — Rouen, 14 janv. 1844. — Dijon, 17 et 18 août 1853, 12 juillet 1854.

L'ordonnance médicale qui ne contient aucune formule, mais seulement la prescription d'un remède qui n'est ni formulé au codex, ni publié, ne donne pas le caractère d'un médicament magistral à ce remède qui, dès lors, est réputé secret ([']).

Il faut également envisager comme secret le remède qui, n'étant point inscrit au codex, ni publié, aurait été préparé à l'avance dans une officine, au lieu de l'être pour chaque cas particulier, et ce, encore que ledit remède aurait été fourni sur ordonnance ([²]).

4° « Les pharmaciens doivent se conformer, pour les préparations
« et compositions qu'ils devront exécuter et tenir dans leurs offi-
« cines, aux formules insérées et décrites dans les dispensaires ou
« formulaires qui ont été rédigés ou qui le seront dans la suite par
« les écoles de médecine ([³]).

Cette obligation, uniquement relative aux médicaments officinaux, et non à ceux que les pharmaciens prépareraient en exécution d'ordonnances magistrales, est d'origine fort ancienne. Son but est d'assurer l'uniformité des compositions dans toutes les officines, afin que le médecin ou le chirurgien qui en prescrit l'emploi, ait la certitude qu'elles seront conformes aux règles de l'art.

Nous avons énuméré, dans un précédent chapitre ([⁴]), les mesures de police qui étaient autrefois applicables aux apothicaires de notre pays, en ce qui concerne l'observation des diverses pharmacopées locales.

L'ancien dispensaire de France, dont l'usage avait été rendu obligatoire par arrêt du 23 juillet 1748, et auquel fait allusion l'art. 32 de la loi du 21 germinal an XI, est resté en vigueur dans ce pays jusqu'en 1816, époque à laquelle fut publié le *codex medicamentarius seu pharmacopœa gallica,* qui n'a jamais été connu en Belgique, et dont la rédaction a été commandée par le gouvernement, en exécution de l'art. 38 de la loi de germinal, ainsi conçu : « Le gouverne-

([']) Cass. 16 nov. 1837. — Paris, 1er déc. 1842.
([']) Cass. 11 nov. 1842. — Paris, 7 janv. 1843, 16 mars 1855.
([']) Loi du 21 germ. an XI, art. 32.
([⁴]) V. ci-dessus n° 19, § 2.

« ment chargera les professeurs des écoles de médecine, réunis aux
« membres des écoles de pharmacie, de rédiger un *codex* ou for-
« mulaire contenant les préparations médicinales et pharmaceuti-
« ques qui devront être tenues par les pharmaciens. Ce formulaire
« devra contenir des préparations assez variées, pour être appro-
« priées à la différence du climat et des productions des diverses
« parties du territoire français. Il ne sera publié qu'avec la sanction
« du gouvernement, et d'après ses ordres. »

5° Les pharmaciens doivent, en ce qui concerne la tenue et le
débit des substances vénéneuses, se conformer aux mesures de
précaution suivantes, prévues par les art. 34 et 35 de la loi de
germinal :

Art. 34. « Les substances vénéneuses, et notamment l'arsenic,
« le réalgar, le sublimé corrosif, seront tenues, dans les officines
« des pharmaciens..... dans des lieux sûrs et séparés, dont les phar-
« maciens seuls auront la clef, sans qu'aucun autre individu qu'eux
« puisse en disposer. Ces substances ne pourront être vendues qu'à
« des personnes connues et domiciliées, qui pourraient en avoir
« besoin pour leur profession ou pour cause connue. »

Art. 35. « Les pharmaciens tiendront un registre coté et paraphé
« par le maire ou le commissaire de police, sur lequel registre,
« ceux qui seront dans le cas d'acheter des substances vénéneuses,
« inscriront de suite et sans aucun blanc, leurs noms, qualités et
« demeure, la nature et la quantité des drogues qui leur ont été
« délivrées, l'emploi qu'ils se proposent d'en faire et la date exacte
« du jour de leur achat. »

« Les pharmaciens seront tenus de faire eux-mêmes l'inscription,
« lorsqu'ils vendront ces substances à des individus qui ne sauront
« point écrire et qu'ils connaîtront comme ayant besoin de ces
« mêmes substances. »

Ces dispositions, dont il est superflu d'indiquer le but utile, ont
été, en partie, empruntées à un ancien édit français de juillet 1680.
Elles sont également applicables aux droguistes et aux épiciers.

L'art. 34 de la loi du 21 germinal est démonstratif et non limitatif : il comprend toutes les substances pouvant produire l'empoisonnement, qu'elles appartiennent au règne minéral ou végétal [1].

En l'absence d'un acte de l'autorité administrative qui ait arrêté la nomenclature des *substances vénéneuses* , les tribunaux doivent en déterminer le caractère d'après la notoriété publique, l'attestation des hommes de l'art. les effets que l'emploi de ces substances a produits ou pu produire. et surtout, d'après le codex officiel [2].

Il résulte, toutefois. d'un arrêt de la cour de cassation de France du 26 mai 1837. que les substances même nuisibles, anciennement connues, qui ne sont signalées comme ayant un caractère vénéneux dans aucun acte de l'autorité publique, ni dans le codex officiel. ne sont point des substances vénéneuses dans le sens de l'art. 34 de la loi de germinal.

D'après un autre arrêt de la même cour. du 28 avril 1838, les pharmaciens. droguistes et épiciers ne peuvent vendre des poisons aux personnes connues et domiciliées, par cela seul que celles-ci assignent à ces substances une destination vraisemblable. En cas de doute, le vendeur doit, préalablement à la livraison, prendre les renseignements nécessaires, et s'assurer de la vérité des allégations.

La tenue des registres prévue par l'art. 35 de la loi, est obligatoire même pour les pharmaciens, épiciers et droguistes qui n'auraient point encore vendu de substances vénéneuses [3].

6° « Les pharmaciens ne peuvent faire, dans les mêmes lieux ou « officines, aucun autre commerce ou débit que celui des drogues et préparations médicinales [4]. »

Le but de cet article est de prévenir toute erreur dans la délivrance des médicaments.

Les pharmaciens sont libres, toutefois, d'avoir deux magasins

---

[1] Cass. 7 juin 1838.— Poitiers, 21 janv. 1837.
[2] Id.   id.
[3] Cass. 15 et 29 mai 1835.— Poitiers, 21 janv. 1837.
[4] Loi du 21 germ. an XI, art. 32.

distincts, l'un pour la pharmacie, l'autre pour un commerce différent (¹).

La question de savoir si ces praticiens pouvaient, sous l'empire
de la loi de germinal, gérer à la fois deux officines, était controversée:
la négative résulte d'un arrêt de la cour de Paris du 6 juillet 1833;
plusieurs autres décisions judiciaires admettent, au contraire, l'affirmative, mais à la condition que les deux officines soient desservies
par des élèves régulièrement inscrits et soumis à la surveillance
étroite du maître (²).

Telles sont les obligations spéciales que la loi du 21 germinal
an XI impose aux pharmaciens, dans l'exercice de leur art.

Ces praticiens étaient, au surplus, comme tous autres marchands,
assujettis aux dispositions des lois sur les poids et mesures ; en conséquence, celui dans la boutique duquel étaient trouvés des poids
autres que ceux prévus par les lois spéciales sur la matière, en-
courait l'amende mentionnée à l'art. 479, n° 5, du code pénal (³).

La loi de germinal se borne à indiquer en quoi consiste la profession des *herboristes,* à déterminer l'étendue du ressort dans lequel
ils peuvent exercer, mais ne leur impose aucune obligation particulière dans un intérêt de police.

Cependant l'art. 46 de l'arrêté de thermidor an XI faisait un
devoir aux herboristes de conserver en bon état d'entretien les
plantes ou parties de plantes médicinales qu'ils étaient autorisés à
débiter. La même obligation incombait, d'ailleurs, aux épiciers et
aux droguistes, en ce qui concerne les drogues simples que ces marchands pouvaient vendre en gros.

Quelques ordonnances locales ont réglementé le commerce de
l'herboristerie. C'est ainsi qu'une ordonnance déjà citée du préfet
de Paris du 14 nivôse an XII leur a interdit de cumuler, avec leur
profession, aucune autre industrie que celle de grainetier, etc.

(¹) Cass. 19 avril 1811.
(²) Paris, 17 févr. 1827.— Bordeaux, 10 août 1840.
(³) Cass. 14 août 1834.

CHAPITRE VI.

DE LA SURVEILLANCE MÉDICALE.

63. Dans les provinces belgiques, avant leur incorporation à la France, l'exercice de la surveillance, en matière de police médicale, appartenait aux communes, sans préjudice au droit que possédaient les agents de la police judiciaire, au moins dans la plus grande partie du pays, de déférer aux tribunaux les individus convaincus de contravention aux lois et règlements relatifs à la pratique de l'art de guérir.

En établissant ce fait dans un précédent chapitre (¹), nous avons ajouté que les autorités communales des principales villes avaient délégué leur droit de surveillance à certains colléges, composés exclusivement de praticiens, lesquels veillaient, non-seulement à l'exécution des dispositions législatives et réglementaires d'intérêt public, mais encore au maintien de la dignité professionnelle, comme à l'observation des principes de la science.

Les colléges médicaux ayant été supprimés, ainsi que toutes corporations et communautés savantes, par les lois républicaines destructives du régime féodal, la surveillance des professions médicales, restreinte dans des limites purement administratives, fut provisoirement abandonnée aux agents de l'autorité municipale, au même titre que les autres branches de la police locale.

Nous avons signalé déjà, à diverses reprises, l'état d'anarchie qui régnait, à cette époque transitoire, dans la pratique des arts médicaux ; nous avons mentionné les vains efforts que firent certaines administrations communales, dans le but de maintenir l'ordre en cette matière.

(¹) V. ci-dessus, nᵒˢ 24 et suiv.

Le législateur de l'an **XI**, voulant mettre un terme aux abus résultant, d'une part, de la diversité des ordonnances locales, d'une autre part, de l'impuissance des municipalités, centralisa la police administrative de l'art de guérir en la confiant aux agents du gouvernement et, dans certaines limites, aux écoles de pharmacie, investies par l'art. 2 de la loi du 21 germinal, du pouvoir exceptionnel de « surveiller l'exercice de la pharmacie et d'en dénoncer « les abus aux autorités. »

La mission des fonctionnaires chargés par les lois françaises de surveiller la pratique de l'art de guérir, consistait :

A. A prévenir toute immixtion de personnes non qualifiées dans le domaine de cet art.

B. A empêcher tout empiétement des praticiens reçus, sur les attributions d'autres praticiens également diplômés, mais exerçant une profession différente.

C. A assurer l'accomplissement des mesures de police qui réglaient l'exercice des différentes professions médicales.

Nous avons dit déjà dans un autre chapitre (¹), qu'afin d'éviter la production des abus rappelés aux litt. *A* et *B* ci-dessus, les lois de ventôse et de germinal avaient investi les préfets, les sous-préfets et les administrations municipales, selon les cas, du droit d'exiger de tout praticien qui voulait exercer, la production de ses titres, afin d'en constater l'existence, la régularité et la nature.

Nous avons ajouté qu'une liste officielle des individus dont les diplômes avaient été enregistrés à la suite de cette vérification, était publiée chaque année, et que ceux dont les noms et les qualités étaient mentionnés sur lesdites listes, pouvaient seuls exercer l'art de guérir dans le pays.

Nous avons dit enfin, que tout pharmacien qui désirait s'établir dans le ressort d'une école de pharmacie autre que celle qui lui avait décerné son diplôme, devait présenter à cette école son acte de réception, afin d'examen et de vérification.

(¹) **V**. ci-dessus n° 54.

Les détails dans lesquels nous sommes entrés sur ces différents points, nous dispensent d'y revenir.

Il en résulte : qu'aucun docteur, officier de santé, sage-femme ou herboriste ne pouvait pratiquer, sans s'être placé, par le fait du dépôt provisoire de son diplôme entre les mains des fonctionnaires qui représentaient le pouvoir exécutif dans les préfectures, les sous-préfectures ou les municipalités, sous la surveillance immédiate de ces fonctionnaires qui, possédant ainsi la connaissance exacte des droits et des obligations de chacun, se trouvaient en position de signaler à l'autorité judiciaire tous les abus résultant de l'exercice de l'art de guérir par des individus non autorisés, ou de l'usage irrégulier des autorisations légales.

La même observation s'applique aux pharmaciens qui étaient, en outre, placés comme il vient d'être rappelé, sous la surveillance particulière des écoles de pharmacie.

En exigeant, d'une autre part, que les titres médicaux fussent également déposés au greffe des tribunaux du ressort, le législateur de l'an XI a voulu mettre à la disposition des commissaires du gouvernement près lesdits tribunaux, les documents nécessaires pour qu'ils fussent, de leur côté, en mesure de poursuivre d'office la répression des délits ou des contraventions.

64. Les mesures de police qui, sous le régime français, réglaient l'exercice de l'art de guérir, avaient presque exclusivement pour objet, comme on le sait, la police de la pharmacie.

Conformément aux lois antérieures, celle du 21 germinal an XI a réglementé d'une manière spéciale, tout ce qui concerne la visite des lieux où se débitaient les drogues et médicaments.

Les officines, laboratoires et magasins des pharmaciens et des droguistes, des épiciers et des herboristes, étaient indistinctement soumis à cette inspection (¹).

L'art. 30 de la loi ajoute que des visites pouvaient toujours être

(¹) Loi du 21 germ. an XI, art. 29, 30 et 31. — Arrêté du 25 therm. an XI, art. 42 et 46.

faites « dans tout lieu où l'on fabriquerait et débiterait, sans au-
« torisation légale, des préparations et compositions médicinales. »

La vérification des officines, etc., n'avait pas lieu, dans toute l'étendue du territoire français, par les soins d'une même catégorie d'agents.

Dans les villes où siégeait une école de pharmacie, ainsi que dans celles qui étaient situées dans un rayon de dix lieues des précé- dentes, cette vérification devait être faite par deux docteurs ou professeurs des écoles de médecine, accompagnés des membres des écoles de pharmacie ([1]).

Dans les autres villes, ainsi que dans les communes rurales, cette formalité était remplie par les membres des jurys de médecine, réunis aux quatre pharmaciens qui leur étaient adjoints tous les cinq ans par le préfet pour pourvoir à la réception des aspirants- pharmaciens ([2]).

Cette distinction était basée sur la double considération : d'une part, qu'il eût été trop préjudiciable aux membres des écoles de se transporter à des distances considérables pour inspecter les officines, et d'une autre part, que les pharmacies et dépôts de drogues, dans les petites localités rurales, ne présentant pas une grande importance, leur surveillance pouvait être, sans danger, confiée à d'autres qu'aux délégués des écoles.

Quant aux boutiques des herboristes, si elles étaient situées au siége d'une école de pharmacie, elles devaient être inspectées par le directeur et le professeur de botanique de cette école, et l'un des professeurs de l'école de médecine. Si elles étaient établies dans tout autre lieu, elles étaient visitées par les membres des jurys de mé- decine et les quatre pharmaciens dont il vient d'être question ([3]).

Dans les villes où existait une école de pharmacie, la visite des officines et celle des magasins de droguistes, d'épiciers et d'herbo-

<hr>

([1]) Loi du 21 germ. an XI, art. 29 et 30.
([2]) Id. art. 31.—V. ci-dessus n° 33.
([3]) Arrêté du 25 therm. an XI, art. 46.

ristes, devait se faire au moins une fois chaque année par les praticiens ci-dessus désignés (¹).

Dans les autres villes et communes, le nombre des visites n'était
point déterminé : l'art. 30 de la loi dispose seulement, que les personnes chargées de l'inspection pourront pourvoir auxdites visites,
moyennant l'autorisation des préfets, sous-préfets ou maires.

Le but de cette autorisation était, sans doute, de revêtir d'un caractère officiel les inspecteurs qui, à raison de l'éloignement du
siége de leur résidence, n'étaient point connus, en général, des personnes soumises à leur contrôle.

Une semblable autorisation était exigée, mais, cette fois, sans
distinction de lieux, pour la visite des locaux où des individus non
qualifiés étaient suspectés de se livrer au débit et à la composition
des médicaments, ce qui se comprend aisément, si l'on considère
que ces individus sans diplôme n'étaient point, par cela même, placés
sous la surveillance effective des écoles, que leurs magasins ou laboratoires n'étaient pas toujours accessibles au public, enfin que les
professeurs chargés des visites pouvaient leur être entièrement
inconnus.

Au surplus, les inspecteurs n'ayant pas qualité pour dresser des
procès-verbaux, devaient toujours être accompagnés, dans leurs
tournées, d'un commissaire ou autre officier de police (²).

La visite des officines et boutiques de drogues avait pour objet de
permettre à l'autorité de connaître si toutes les prescriptions légales
et réglementaires concernant l'approvisionnement, la tenue, la
préparation et la conservation des remèdes, étaient convenablement
observées.

Les pharmaciens, droguistes, épiciers et herboristes étaient tenus
de représenter aux visiteurs tous les médicaments et autres substances pharmaceutiques déposées dans leurs magasins, officines et
laboratoires ; celles qui étaient trouvées mal préparées ou détériorées,

(¹) Loi du 21 germ. an XI, art. 29.
(²) Id. art. 29 et 30.

étaient à l'instant saisies par l'officier de police ; procès-verbal était dressé de l'inspection et, s'il y avait lieu, de la saisie, et ce document était transmis au préfet, ainsi que les substances appréhendées, afin de poursuites devant les tribunaux (¹).

Les frais des visites faites chez les pharmaciens, droguistes et épiciers étaient à leur charge ; chaque pharmacien devait, de ce chef, payer 6 fr., chaque épicier ou droguiste, 4 fr.

Un arrêt de la cour de cassation de France, du 7 juin 1850, a décidé que le droit de surveillance accordé sur le commerce de la pharmacie et des drogues, aux professeurs des écoles de médecine et de pharmacie, n'avait pas enlevé au préfet de police le droit que lui donnait l'art. 23 de l'arrêté des consuls du 12 messidor an VIII, de procéder à des visites administratives ordinaires pour assurer la santé publique, et de faire saisir ou détruire les médicaments corrompus et nuisibles.

CHAPITRE VII.

DES PÉNALITÉS.

65. Aux termes de l'art. 35 *de la loi du 19 ventôse an XI*, « tout « individu qui continuerait d'exercer la médecine ou la chirurgie, « ou de pratiquer l'art des accouchements, sans être sur les listes « dont il est parlé aux art. 25, 26 et 31 de la loi (²), et sans avoir « de diplôme, de certificat ou de lettre de réception, sera poursuivi « et condamné à une amende pécuniaire envers les hospices. »

Cet article s'applique uniquement au fait de la pratique de l'une des branches de l'art de guérir, par une personne qui n'y est point

(¹) Loi du 21 germ. an XI, art. 29 et 30.
(²) V. ci-dessus n° 54.

autorisée ; si celle-ci s'attribuait, en outre, un titre médical, il y aurait lieu d'invoquer l'art. 36 de la loi, dont il sera parlé ci-après.

L'art. 35, dont nous venons de reproduire le texte, n'ayant pas fixé le montant de l'amende à acquitter par ceux qui contreviendraient à ses dispositions, la quotité de cette amende doit être, en principe, celle que prévoient les lois générales, c'est-à-dire, dans l'espèce, l'art. 466 du code pénal, soit une somme de 1 à 15 fr. Ce point est confirmé par les décisions de l'autorité judiciaire [1].

Les indications qui suivent résument l'état de la jurisprudence française, quant aux difficultés qui se sont élevées au sujet de l'application des pénalités de l'art. 35 de la loi, à des cas particuliers.

Cet article a surtout en vue d'atteindre les personnes non autorisées ; il est inapplicable au praticien diplômé dont le nom ne figure pas sur les listes officielles [2].

Sont passibles de la peine prévue par l'art. 35, les individus qui pratiquent en vertu d'une autorisation irrégulière, telle qu'un brevet purement honorifique, un certificat émané d'une autorité administrative incompétente [3], une attestation délivrée par un ou plusieurs membres du jury seulement [4], etc.

Est passible de la même pénalité, l'étranger qui, sans autorisation nouvelle, exerce dans le pays en vertu d'une permission qui lui a été accordée autrefois, dans un département qui ne fait plus partie du territoire national [5].

Même observation relativement aux praticiens admis à exercer dans un département déterminé, et qui exercent dans un

---

[1] Cass., 18 mars et 28 mai 1825, 28 août 1832, 7 juin et 20 juill. 1833, 24 juill. 1834, 30 nov. 1839, 18 juill. 1840, 12 nov. 1841, 9 nov. 1843, etc.

[2] Paris, 3 août 1850.

[3] Cass., 20 juill. 1833.— Paris, 2 oct. 1833. —Colmar, 7 juill. 1833.

[4] Cass., 6 juill. 1827.

[5] *Id.*, 18 oct. 1839.

autre ([1]), spécialement à l'officier de santé qui pratique dans un département distinct de celui où il est *établi* ([2]).

Aucune excuse ne peut justifier celui qui exerce sans diplôme ou autorisation régulière : nul n'objectera donc, pour échapper aux rigueurs de la loi : qu'il pratique depuis plusieurs années sans avoir été inquiété ([3]), qu'il a agi gratuitement, par humanité, charité ou reconnaissance ([4]), sur les instantes prières des malades ou de leur famille, sans avoir rien fait pour appeler la confiance ([5]), ni, enfin, qu'il a été de bonne foi ([6]).

La cour de Paris a, il est vrai, le 2 oct. 1833, renvoyé des poursuites un oculiste qui, sur la foi d'une précédente décision judiciaire passée en force de chose jugée, s'était cru en droit d'exercer son art sans diplôme ; mais cette excuse a été formellement écartée par un arrêt de cassation du 27 mai 1854.

Pour encourir les peines prévues par l'art. 35 de la loi de ventôse, il ne faut pas nécessairement que l'on ait traité beaucoup de malades, que l'on fasse profession de guérir : un seul acte réservé aux hommes de l'art suffit ([7]).

Cependant, le mari, qui accouche lui-même sa femme, ne peut être, par cela seul, poursuivi comme ayant pratiqué illégalement l'art des accouchements, lorsqu'il n'est pas constaté qu'il se soit livré, en même temps, et sans qu'il y ait eu urgence, à une opération exclusivement du ressort de la science ([8]).

L'emploi du magnétisme animal, comme moyen de traitement des

([1]) Cass., 24 mars 1838, 14 mars 1839, 16 oct. 1847.

([2]) *Id.*, 7 mars 1838, 14 mai 1839, 18 nov. 1841, 16 oct. 1847, 11 janv. 1851, 9 juill. 1853.

([3]) *Id.*, 19 fév. et 19 avril 1807, 20 juill. 1833.

([4]) *Id.*, 6 juill. 1827, 7 juin et 20 juill. 1833, 20 fév. 1834, 28 fév. 1838, 27 mai 1854. — Aix, 4 janv. 1838.

([5]) Cass., 27 mai 1854.

([6]) *Id.*, 19 fév. et 19 avril 1807, 6 juill. 1827.

([7]) *Id.*, 1er mars 1834, 9 juin 1836. — *Contrà.* Grenoble, 31 mars 1833.

([8]) Cass., 9 juin 1836. — Orléans, 20 mai 1836.

maladies, par un individu qui n'est pas médecin ([1]), l'exercice de la profession de bailleul ([2]) ou de celle d'oculiste ([3]), par celui qui n'est pas chirurgien, sont des actes d'exercice illégal réprimés par l'art. 35 de la loi.

Mais il y a controverse sur le point de savoir si la question doit être résolue dans le même sens pour les dentistes. Certains arrêts se prononcent pour l'affirmative d'une manière absolue ([4]) ; d'autres décident que la profession du dentiste est libre, en tant que celui qui s'y livre se renferme strictement dans l'exercice de son art, et ne pose aucun fait qui soit du ressort de la chirurgie ([5]).

La même controverse existe, relativement au point de savoir si la loi du 19 ventôse an XI concerne les médecins vétérinaires ([6]).

Le complice de celui qui s'est rendu coupable de pratiquer illégalement la médecine, est passible des mêmes peines que ce dernier ([7]).

Le praticien diplômé, qui faciliterait à un individu non qualifié l'exercice de l'art de guérir, encourrait aussi ces peines, comme posant un acte de complicité ([8]).

L'*art.* 36 *de la loi de ventôse* ajoute que l'amende comminée par l'article précédent, « pourra être portée jusqu'à 1,000 fr., pour ceux « qui prendraient le titre et exerceraient la profession de docteur ; « à 500 fr., pour ceux qui se qualifieraient officiers de santé et « verraient des malades en cette qualité ; à 100 fr., pour les « femmes qui pratiqueraient illicitement l'art des accouchements. »

Cet article n'est applicable qu'à ceux qui exercent en s'attribuant un titre qu'ils ne possèdent pas ([9]) ; il ne peut donc être invoqué,

---

([1]) Cass., 24 déc. 1852. — Douai, 9 sept. 1852.

([2]) Cass., 1er mars 1844, 27 mai 1851.

([3]) *Id.*, 20 juill. 1833.

([4]) Paris, 21 févr. 1846.

([5]) Cass. 23 févr. 1827, 15 mai 1846. — Amiens, 26 juin 1846.

([6]) *Affirm.* Colmar, 11 juill. 1832. — *Négat.* Bourges, 14 janv. 1832.

([7]) Cass., 1er mars 1834.

([8]) *Id.*, 23 avril 1857.

([9]) *Id.*, 11 janv. 1850.

par exemple, contre l'officier de santé qui, sans en remplir les fonctions, se qualifierait médecin ou docteur (¹) dans un département où il n'est pas admis à pratiquer.

Il a cependant été jugé que la simple assistance à un accouchement, avec prise de qualité de sage-femme, constituait le délit prévu par l'art. 36 (²).

Le praticien qui exercerait dans un département où il n'est point autorisé à le faire, ne serait passible que de la peine inscrite à l'art. 35, et non de celle prévue par l'art. 36, alors même qu'il aurait invoqué la qualité que lui reconnaît son titre (³).

66. Au point de vue pénal, la loi du 21 germinal an XI n'a point abrogé la législation précédente, à laquelle elle se réfère même dans plusieurs de ses articles, notamment par son art. 30, qui dispose que l'on procédera contre les contrevenants *conformément aux lois antérieures.*

Il résulte d'un arrêt de la cour de cassation de France du 15 nov. 1844, que l'ancienne *déclaration du Roi sur la police de la pharmacie en date du 25 avril 1777*, est demeurée en vigueur, dans toutes celles de ses dispositions à l'égard desquelles il n'a point été statué de nouveau par la loi de germinal.

L'art. 6 de cette ordonnance était ainsi conçu : « Défendons à « tous épiciers et à toutes autres personnes, de fabriquer, vendre « et débiter aucun sel, composition ou préparation entrant au corps « humain en forme de médicament, ni de faire aucune mixtion « de drogues simples pour administrer en forme de médecine, « sous peine de 500 livres d'amende, et de plus grande s'il y « échoit. »

La pénalité prévue par cet article a été appliquée à diverses reprises, en vertu du principe général exposé dans l'arrêt précité de la cour de cassation de France du 15 nov. 1844, à des individus

(¹) Cass., 11 juin 1840. — Bordeaux, 9 mai 1845.
(²) Cass., 6 juill. 1827, 20 févr. 1834, 28 févr. 1838.
(³) *Id.*, 24 mars 1838, 14 mars 1839, 16 oct. 1847.

non diplômés, *autres que les droguistes et les épiciers*, qui exerçaient illégalement la pharmacie ([1]).

Pour l'intelligence de cette interprétation, il importe de faire observer que si l'art. 33 de la loi du 21 germinal an XI, dont nous parlerons plus loin, a comminé certaines peines contre les épiciers et droguistes qui s'immisceraient dans la pratique de l'art pharmaceutique, ni cet article, ni aucun autre de la loi, ne réprime expressément l'exercice de cet art par les autres personnes non qualifiées.

Cette considération est celle qui a dicté les arrêts que nous avons cités en dernier lieu ; il est de règle, en effet, qu'à défaut d'abrogation expresse, les lois pénales ne dérogent pas à la législation antérieure, quant aux points sur lesquels elles n'ont point statué de nouveau. Mais si la loi de germinal, dans l'exemple proposé, avait défendu à toutes personnes non qualifiées ou autorisées, d'exercer la pharmacie, même sans sanctionner cette prohibition, les pénalités prononcées par l'art. 6 de la déclaration royale de 1777 eussent été inapplicables.

Tel est le sens réel de la décision susmentionnée de la cour suprême, du 15 nov. 1844, dont le système a été consacré par la jurisprudence.

Cependant, plusieurs tribunaux supérieurs, croyant pouvoir induire de certaines dispositions de la loi de l'an XI, que la pratique pharmaceutique est interdite, *par cette loi même*, aux personnes non qualifiées, ont appliqué à ceux qui enfreignaient l'interdiction, les uns, les peines établies par l'art. 33 précité, relatif aux épiciers et aux droguistes ([2]), en considérant cet article comme purement énonciatif et devant s'appliquer à tous les individus, tels que les herboristes ou autres marchands, qui vendent ou exposent des drogues dans leur boutique ; d'autres ont puni l'exercice illégal de la pharmacie des peines prévues par l'art. 36 de la loi dont il sera parlé plus loin, soit en considérant cet article comme applicable à

([1]) Paris, 21 mai et 10 sept. 1829, 22 juin 1833, 1er avril 1842.
([2]) Cass., 9 oct. 1824.

tous ceux qui débitent des médicaments sans permission (¹), soit, tout au moins, à ceux qui font le débit au poids médicinal seulement (²).

Un arrêt de la cour de Douai du 22 août 1828, considérant que la vente des médicaments par une personne non qualifiée est placée sous la surveillance de la police municipale, a cru pouvoir appliquer à ce fait les peines de simple police.

La loi de germinal ne défendant pas positivement au vulgaire de vendre des remèdes secrets, mais se bornant à défendre, par son art. 36, l'annonce desdits remèdes, différents arrêts ont encore appliqué, dans ce cas, l'art. 6 de la déclaration de 1777 (³).

Cependant, selon d'autres décisions judiciaires, l'art. 36, en défendant l'annonce des remèdes secrets, en a, par cela même et *a fortiori*, prohibé la vente, d'où il suit que les pénalités de cet article seraient applicables à ceux qui débiteraient sans autorisation les remèdes dont il s'agit (⁴).

Aucune disposition de la loi n'ayant formellement interdit à ceux qui n'auraient pas été reçus pharmaciens, de vendre des substances pharmaceutiques à un poids supérieur au poids médicinal, ce fait a encore été réprimé en vertu de l'art. 6 de la déclaration de 1777 (⁵).

Nous résumerons ici les principales décisions judiciaires qui ont caractérisé, dans le sens des lois françaises, l'exercice illégal de la pharmacie :

Nul ne pouvant exercer la profession de pharmacien ou d'herboriste sans être muni des titres prévus par la loi du 21 germinal

---

(¹) Cass., 2 mars 1832, 7 juin 1833, 2 oct. 1834, 11 août 1838. — Nîmes, 13 avril 1829. — Rouen, 22 oct. 1836. — Paris, 3 août 1850, 11 févr. 1852.

(²) Cass., 15 nov. 1844. — Bordeaux, 28 janv. 1830.

(³) Cass. 15 nov. 1844. — Paris, 1ᵉʳ déc. 1826, 24 déc. 1831, 11 avril 1837, 1ᵉʳ déc. 1842, 13 juill. 1844.

(⁴) Cass. 28 juin 1835, 16 déc. 1836, 18 janv. 1839, 20 janv. 1855. — Aix, 4 janv. 1828. — Paris, 26 févr. 1846.

(⁵) Cass., 18 janv. 1839, 10 févr. et 15 nov. 1844.

an XI, les autorisations autrefois accordées aux sœurs de charité attachées à un hospice, de vendre des médicaments au dehors, sont devenues sans valeur à dater de la mise en vigueur de cette loi [1].

Mais le pharmacien diplômé qui gère l'officine d'un hospice, est libre de débiter des remèdes au dehors ; l'interdiction qui lui était précédemment faite, à cet égard, par l'ordonnance royale de 1777, a été levée par la loi de germinal [2].

Un élève pharmacien, régulièrement inscrit comme tel, peut gérer une pharmacie au nom et sous la surveillance du maître ; mais si cette surveillance ne s'exerçait pas d'une manière sérieuse [3], ou si le maître s'absentait [4], l'élève qui continuerait sa gestion, serait réputé exercer illégalement la pharmacie.

Il en serait de même du pharmacien qui pratiquerait son art avant d'avoir prêté le serment prévu par la loi de germinal [5].

L'herboriste qui vend des médicaments composés, exerce illégalement la pharmacie [6].

Il en est de même de l'officier de santé qui livre des remèdes à ses malades en d'autres lieux que ceux prévus par l'art. 27 de la loi de germinal, encore qu'il aurait fait préparer ces remèdes dans une pharmacie [7].

Le médecin qui, dans les localités désignées par ledit art. 27, au lieu de porter les remèdes à ses malades, les leur délivrerait dans son domicile, alors même qu'il ne tiendrait pas officine ouverte, serait également coupable d'exercice illégal de l'art pharmaceutique [8].

La même observation s'applique au médecin qui, établi dans une commune où il existe une pharmacie, porterait des médicaments

[1] Bordeaux, 28 janv. 1830.
[2] Cass., 17 avril 1818. — Paris, 22 mars 1834. — Lyon, 23 juin 1847.
[3] Nîmes, 13 août 1829. — Rouen, 22 oct. 1836.
[4] Cass., 10 juill. 1835. — Nîmes, 13 août 1829.
[5] Paris, 3 août 1850.
[6] Cass., 9 oct. 1821.
[7] Paris, 1er avril 1842.
[8] Cass., 20 janv. 1855.

à ceux de ses malades qui habitent dans une autre commune dépourvue d'officine (¹).

Celui qui exerce la pharmacie sans en avoir le droit, ne peut invoquer sa bonne foi pour échapper à l'application des mesures pénales (²), ni alléguer qu'il a distribué gratuitement certains remèdes (³).

Cependant, aux termes d'un avis du conseil d'Etat du 8 vendém. an XIV, les curés ou desservants et, en général, tous citoyens qui, dans un but d'humanité, donnent gratuitement aux malades quelques soins, secours ou conseils, ne font que ce qui est permis à la bienfaisance et à la charité, ce que nulle loi ne défend, ce que la morale conseille, ce que l'administration provoque, pourvu qu'il ne s'agisse d'aucun accident qui intéresse la santé publique, et qu'ils ne signent ni ordonnance ni consultation.

L'*art.* 33 *de la loi de germinal* est ainsi conçu : « Les épiciers et
« droguistes ne pourront vendre aucune composition ou prépara
« tion pharmaceutique, sous peine de 500 francs d'amende. Ils
« pourront continuer le commerce en gros des drogues simples,
« sans pouvoir, néanmoins, en débiter aucune au poids médicinal. »

On a vu plus haut qu'il y a controverse sur le point de savoir si la première partie de cet article doit être entendue dans un sens démonstratif ou limitatif, c'est-à-dire, si les personnes non autorisées qui, n'étant ni épiciers ni droguistes, vendraient des remèdes composés, encourraient ou non une pénalité de 500 fr.

Quant à la question de savoir si cette pénalité est applicable aux épiciers ou droguistes qui se borneraient à exposer en vente ou à détenir les médicaments dont le débit leur est interdit, elle est diversement résolue (⁴).

(¹) Cass., 16 oct. 1844.

(²) Rennes, 13 sept. 1833.

(³) Cass., 7 juin 1833, 18 juill. 1845. — Rennes, 13 sept. 1833. — Aix, 4 janv. 1838.

(⁴) *Affirm.* Cass. 16 niv. an XIII, 13 fév. et 9 oct. 1824.—Bordeaux, 7 juill. 1844.— *Négat.* Paris, 10 et 23 sept. 1829, 26 avril 1830, 21 juin 1833.

L'épicier ou le droguiste qui débiterait des drogues simples au poids médicinal, ne serait point passible de la peine prévue par la première disposition de l'art. 33, qui est tout à fait indépendante de la seconde ; ce fait semble réprimé par l'art. 36 ci-après.

Quant aux individus qui, sans être épiciers ni droguistes, vendraient des drogues simples en gros, ils n'encourraient aucune peine, car l'art. 33 précité n'a point eu pour but, et n'a pu avoir pour effet, de créer un monopole (¹).

Il résulte d'un arrêt de la cour de cassation de France du 11 août 1838, que le droguiste, convaincu d'avoir vendu une composition médicinale, ne peut alléguer pour excuse que cette substance a été composée par un pharmacien, et que celui-ci l'a autorisé à la débiter.

L'*art.* 36 *de la loi du* 21 *germinal an XI*, dont la sanction se trouve, comme on le sait, dans la *loi du* 29 *pluviôse an XIII* (²), interdit sévèrement « tout débit au poids médicinal, toute distribu-
« tion de drogues et préparations médicamenteuses, sur des théâtres
« ou étalages, dans les places publiques, foires et marchés, toute
« annonce et affiche imprimée qui indiquerait des remèdes secrets,
« sous quelque dénomination qu'ils soient présentés. »

Les contrevenants sont passibles, aux termes de la loi de l'an XIII, d'une amende de 25 à 600 fr. et, en outre, en cas de récidive, d'une détention de 3 jours au moins et de 16 au plus.

Plusieurs arrêts décident que l'art. 36 a uniquement pour objet, dans son ensemble, la répression du charlatanisme, et ne s'applique qu'aux individus qui débitent des drogues ou médicaments sur les foires et marchés, qui placardent sur les murs ou colportent les annonces de prétendus remèdes (³).

Cependant la jurisprudence n'est pas bien fixée sur ce point.

(¹) Paris, 20 août 1830, 4 juill. 1850.

(²) V. ci-dessus n° 34.

(³) Cass., 9 oct. 1824. — Orléans, 9 janv. 1832.—Paris, 23 nov. 1843 , 9 mars 1844.

Ainsi, comme nous l'avons vu plus haut, la pénalité de l'art. 36 a été considérée parfois comme applicable à tout individu non autorisé qui vendrait des remèdes au poids médicinal, ou même à tous ceux qui feraient illégalement le commerce des drogues et médicaments, sans distinction.

Un arrêt de la cour de Rouen du 11 janvier 1844, et un autre de la cour de cassation de France du 18 mai suivant, ont appliqué la même pénalité à un pharmacien convaincu d'avoir débité, offert en vente ou détenu dans son officine, des remèdes secrets.

Il est, toutefois, de jurisprudence, comme nous allons l'indiquer, que la vente d'un remède secret par un pharmacien, expressément prévue par l'art. 32, ne tombe sous l'application d'aucune mesure pénale.

L'art. 32 de la loi du 21 germinal an XI, qui interdit aux pharmaciens de livrer aucun remède sans prescription, de vendre des remèdes secrets, de faire dans leur officine aucun commerce autre que celui des drogues et médicaments, et qui les oblige à se conformer aux indications du Codex dans leurs préparations et compositions officinales, ne commine aucune pénalité contre ceux qui méconnaîtraient ses dispositions.

A la vérité, la déclaration royale du 25 avril 1777, dont il a été parlé plus haut, réglait et réprimait quelques-uns des actes prémentionnés, mais l'art. 32 de la loi ayant statué sur les mêmes points, quoique sans punir les infractions, l'ordonnance de 1777 est, par ce fait seul, inapplicable à l'espèce, selon les motifs que nous avons déjà exposés.

L'article qui nous occupe est donc entièrement dépourvu de sanction.

C'est ce qui a été établi par un grand nombre de décisions judiciaires (¹), dont la plupart ont spécialement pour objet la question du débit des remèdes secrets par les pharmaciens (²).

(¹) Cass., 4 juill. 1828, 26 mai 1837.— Paris, 24 déc. 1831, 7 janv. 1843.
(²) Cass., 15 nov. 1844.— Paris, 24 déc. 1831, 9 mars 1834, 11 avril 1837, 1ᵉʳ déc. 1842, 13 juill. 1844.

Nous avons cité deux arrêts isolés, l'un de la cour de cassation, l'autre de la cour de Rouen, qui admettent, cependant, que l'art. 36 de la loi peut être invoqué dans cette dernière circonstance.

L'art. 34 de la loi du 21 germinal règle, d'abord, la tenue des substances vénéneuses par les pharmaciens et droguistes, et dispose, ensuite, que « ces substances ne pourront être vendues qu'à « des personnes connues et domiciliées qui pourraient en avoir « besoin pour leur profession ou pour cause connue, sous peine de « 3,000 fr. d'amende de la part des vendeurs contrevenants. »

La même pénalité est comminée par l'art. 35, contre les pharmaciens et épiciers qui ne tiendraient pas un registre destiné à l'inscription des poisons qu'ils débitent, et contre les acheteurs qui n'y inscriraient pas régulièrement les substances vendues [1].

Les tribunaux semblent d'accord pour reconnaître que la pénalité de 3,000 fr., établie par l'art. 34 de la loi, s'applique exclusivement à la vente irrégulière des substances vénéneuses, et non au mode de conservation de ces substances, prévu par la première partie dudit article [2].

Certains arrêts décident que les irrégularités commises dans la tenue des poisons, sont punies des peines de simple police, aux termes de la loi du 16-24 août 1790 [3].

D'autres, que ces irrégularités sont dépourvues de sanction, par cela seul qu'elles ont été prohibées par la nouvelle loi, sans que celle-ci ait prononcé de pénalité contre ceux qui enfreindraient la prohibition [4].

L'art. 29 de la loi de germinal, relatif à la visite des officines et dépôts de drogues, dispose que les drogues et compositions mal préparées ou détériorées, seront saisies à l'instant, et que « il sera « procédé, ensuite, *conformément aux lois et règlements actuellement* « *existants.* »

(1) Amiens, 10 juin 1840.
(2) Cass., 6 juin 1833, 20 fév. 1845. — Paris, 6 juill. 1833, 26 nov. 1840.
(3) Id.   id.
(4) Cass., 20 fév. 1845.— Paris, 26 mai 1837, 20 déc. 1843, 20 déc. 1844.

La loi à laquelle il est fait particulièrement allusion par cet article, est celle du 19-22 juillet 1791, dont l'art. 21 statue que, « en cas « de vente de médicaments gâtés, le délinquant sera renvoyé à la « police correctionnelle, et puni de 100 livres d'amende et d'un « emprisonnement qui ne pourra excéder 6 mois. »

Cette même loi, combinée avec l'art. 423 du Code pénal, autorise la confiscation des médicaments falsifiés ou corrompus.

Mais il y a controverse sur le point de savoir si l'exposition en vente ou la simple détention d'un semblable remède, est punie des mêmes peines que la vente [1].

L'art. 30 *de la loi du* 21 *germinal*, également relatif aux visites des officines et magasins de drogues, et, de plus, aux perquisitions à faire dans les lieux où l'on fabriquerait ou débiterait illégalement des compositions médicinales, décide que, « en cas de contravention, « il sera procédé contre les délinquants *conformément aux lois an-* « *térieures.* »

Ces lois sont, selon les cas, l'ordonnance précitée de 1777, relative à la fabrication et au débit des médicaments par des personnes non autorisées, et la loi du 19-22 juillet 1791 dont il vient d'être parlé.

Plusieurs arrêts de la cour de cassation de France ont reconnu que la confiscation des médicaments exposés en vente par des individus non qualifiés, en tant que ces médicaments ne fussent pas corrompus, n'était autorisée par aucune loi [2].

---

[1] *Affirm.* Cass. 14 niv. an XIII, 13 fév. 1824, 18 mai 1844. — Orléans, 9 oct. 1824.—Rouen, 7 juill. 1841.—*Négat.* Paris, 12 juill. et 23 sept. 1829, 17 déc. 1834, 20 déc. 1843, 26 déc. 1844, 12 juill. 1845.

[2] 18 mai et 15 nov. 1844, 6 mai 1854. — *Contrà*, Paris, 7 déc. 1853.

TITRE III.

LÉGISLATION DES PAYS-BAS.

CHAPITRE PRÉLIMINAIRE.

EXPOSÉ GÉNÉRAL.

67. Le 30 mai 1814, fut signé le traité de Paris, qui fonda le royaume des Pays-Bas, et détacha la Belgique de la France pour l'annexer à la Hollande.

Le 16 mars 1815, Guillaume Ier prit le titre de roi des Pays-Bas.

A cette époque, il existait déjà en Hollande trois universités, respectivement établies à Groeningue, à Leyde et à Utrecht.

Un décret du 2 août suivant réorganisa ces établissements, divisés chacun en cinq facultés, dont une de médecine.

Le 27 septembre 1815, un arrêté royal décida, en principe, l'érection dans les provinces méridionales du royaume, d'une ou de plusieurs universités, et statua que, dans tous les cas, il en serait créé une à Louvain.

En attendant, les facultés de médecine établies dans les académies de Groeningue, d'Utrecht et de Leyde furent autorisées, par arrêté du 17 janvier 1816, à accorder le grade de docteur en médecine aux habitants des provinces belges. Pour être admis à l'examen, les candidats devaient avoir suivi, pendant quatre ans au moins, les leçons universitaires, et avoir fréquenté avec fruit un cours de clinique.

Le 25 septembre 1816, parut enfin l'arrêté royal organique de l'enseignement supérieur en Belgique.

Cet arrêté dispose, dans sa partie générale, que l'enseignement supérieur pour les provinces méridionales, se donnera dans les colléges communaux et dans les universités.

Les colléges communaux, formant le premier degré dudit enseignement, étaient spécialement destinés à ceux qui, après avoir été préparés par l'instruction primaire ou moyenne, se destinaient à parcourir une carrière scientifique dans la société.

Les universités avaient à la fois pour mission, de compléter les études supérieures, et de conférer les grades scientifiques.

L'arrêté de 1816 a créé trois universités dans notre pays : celle de Louvain, celle de Gand et celle de Liége (¹), divisées, comme les académies des provinces septentrionales, en cinq facultés, dont une destinée à la médecine.

Le titre I de l'arrêté règle tout ce qui a pour objet *l'enseignement* dans les différentes facultés.

Nul n'était admis à suivre les leçons universitaires, sans s'être fait préalablement inscrire au tableau des étudiants ; cette inscription était subordonnée à la production, par l'élève, d'un certificat attestant que, après avoir parcouru le premier degré du haut enseignement, il avait été jugé capable, par une commission nommée à cet effet dans une école latine ou un collége communal, de fréquenter les leçons académiques.

Quant aux élèves qui ne pouvaient produire ce certificat, soit parce qu'ils avaient fait leurs études préliminaires chez eux ou en pays étranger, soit parce qu'ils n'avaient pas été jugés dignes par la commission précitée, d'être admis au sein d'une université, il leur était permis de suppléer à l'absence de cette pièce, par la présentation d'une attestation de capacité délivrée par la faculté des lettres, ensuite d'un examen portant sur toutes les branches d'enseigne-

---

(¹) L'université de Liége a été installée le 25 sept. 1817 ; celle de Louvain, le 6 oct. de la même année ; celle de Gand, le 9 du même mois.

ment professées dans les colléges communaux ou les classes latines.

Cependant, les élèves qui avaient commencé leurs études supérieures dans une université étrangère, et qui déclaraient avoir l'intention de quitter le pays après avoir achevé leur instruction, étaient dispensés de l'obligation de fournir un certificat ou une attestation quelconque.

Telles étaient les formalités requises, à cette époque, pour l'admission aux leçons académiques.

Des conditions supplémentaires étaient, en outre, exigées de ceux qui désiraient suivre les cours spéciaux de droit ou de médecine.

Ainsi, ces derniers cours n'étaient accessibles qu'aux étudiants qui avaient déjà obtenu le grade préparatoire de candidat dans les sciences mathématiques et physiques. Un arrêté royal du 19 août 1817 a, toutefois, tempéré la rigueur de cette disposition, en admettant aux leçons de médecine, tout étudiant qui, après avoir été interrogé par les membres de la faculté, était reconnu posséder les connaissances préliminaires nécessaires pour suivre avec fruit les leçons dont il s'agit.

La fréquentation assidue des cours pendant un nombre d'années déterminé, était imposée à ceux qui aspiraient à obtenir un grade (¹).

Le titre II du règlement de 1816 a pour objet *les examens* et *la collation des grades universitaires.*

Ceux de ces grades qui, décernés après examen, par les facultés de médecine, donnaient aux titulaires le droit d'exercer dans le pays l'une ou l'autre des différentes branches de l'art de guérir, étaient : le grade de docteur en médecine, celui de docteur en chirurgie, celui de docteur en accouchements, et celui de docteur en pharmacie (²).

Les examens devaient avoir lieu en présence de tous les membres de la faculté ; le recteur de l'académie et le secrétaire du sénat académique assistaient, en outre, avec voix délibérative, aux promo-

(¹) V. ci-après n° 83.
(²) *Id.,* n° 77.

tions particulières; en cas de promotions publiques, le sénat tout entier devait être convoqué (¹).

Le mode de procéder aux examens, aux promotions et aux réceptions, ainsi que les conditions exigées des élèves pour y être admis (²), sont également mentionnés au titre II du règlement, qui permet exceptionnellement aux universités de conférer, sans examen, à des hommes d'un mérite extraordinaire, tant étrangers qu'indigènes, le titre de docteur, ou de le leur offrir comme une preuve d'estime. Dans ce cas, l'affaire, sur la proposition de la faculté appelée à conférer le grade, devait être traitée par tout le sénat spécialement convoqué à cet effet.

Quoique le règlement de 1816 n'ait eu pour but de résoudre aucune des questions qui se rattachent à l'exercice des professions médicales, quelques uns de ses articles ont indirectement trait à cet objet, qui a été réglé d'une manière générale par la loi du 12 mars 1818.

C'est ainsi qu'en distinguant, au point de vue des études, des examens et des diplômes, la science chirurgicale de la science obstétricale, le gouvernement des Pays-Bas a fait pressentir la ligne de démarcation qu'il se proposait de tracer, dans la pratique, entre ces deux sciences, dont l'application simultanée était du ressort des docteurs en chirurgie d'après les lois de la période française.

L'art. 67 du règlement dispose, d'une autre part, que celui qui possède les différents grades définitifs accordés par la faculté de médecine, peut en faire partout un usage simultané, sauf les restrictions qui pourraient être introduites, à ce sujet, par voie réglementaire.

L'article suivant interdit la pratique des sciences médicales à tout autre qu'aux personnes reçues par les universités, sauf les cas de nécessité urgente, et sans préjudice aux stipulations réglementaires présentes ou à venir.

(¹) V. ci-après nᵒˢ 83 et suiv.
(²) *Id.*

Il importe, à ce propos, de ne pas perdre de vue que l'arrêté royal de 1816 est uniquement relatif aux cours et aux diplômes académiques, et n'a, par conséquent, apporté aucun changement aux dispositions existantes. concernant les études et réceptions des officiers de santé, des sages-femmes, des pharmaciens et des herboristes.

Les seuls articles de la loi du 19 ventôse an XI auxquels il a été dérogé par cet arrêté, sont ceux qui s'appliquent aux docteurs en médecine ou en chirurgie.

68. Avant que la Hollande fût incorporée à la France, l'exercice de l'art de guérir y était réglé par les publications des 20 mars 1804, 25 février 1805, 7 mars 1806 et 3 avril 1807.

Un des premiers actes du prince souverain Guillaume de Nassau, a été de rapporter toute la législation française sur la pratique des professions médicales, et de remettre en vigueur les lois nationales anciennes. Tel fut l'objet de l'arrêté-loi du 29 janvier 1814 (¹), exclusivement relatif aux provinces néerlandaises.

En Belgique, le système français fut maintenu jusqu'en 1818.

Nous indiquerons rapidement les dispositions les plus importantes sur la matière, qui ont été rendues dans notre pays pendant la période transitoire :

Un arrêté royal du 27 octobre 1815 a institué une commission chargée de revoir toutes les lois et ordonnances relatives à l'exercice de l'art de guérir, qui fonctionnaient, tant dans les provinces méridionales que dans les provinces septentrionales, et d'en faire l'objet d'un rapport au Ministre.

Deux autres arrêtés, respectivement en date des 8 janvier et 1er avril 1816, ont créé une seconde commission, chargée de rédiger, de concert avec la précédente, une pharmacopée nouvelle.

Une loi du 28 janvier 1816 a déterminé les conditions à observer par les chirurgiens qui voulaient servir à bord des navires destinés au commerce ou à la pêche.

Un arrêté royal du 23 novembre suivant a établi, auprès du

______

(¹) *Staadsblad néerlandais*. Année 1813-1814, n° 2.

département de l'intérieur, des commissaires chargés des affaires médicales, et réglé les attributions de ces fonctionnaires.

La loi générale du 21 août 1816 avait introduit, pour toute l'étendue du royaume, un système uniforme de poids et mesures, qui devait être mis en vigueur, au plus tard, le 1er janvier 1820 ; l'art. 2 de cette loi disposait que, après l'introduction du nouveau système, il ne serait permis à qui que ce fût de se servir d'autres poids et mesures.

Cependant, le Roi des Pays-Bas, considérant que de l'application illimitée de la loi du 21 août 1816 aux poids d'usage en médecine, il résulterait des inconvénients qui pourraient avoir des suites fâcheuses pour la santé et la vie des particuliers ; considérant, d'une autre part, que le poids médical en usage était irrégulier et indéterminé, a , par un arrêté du 30 novembre 1817, décidé que les poids médicaux conserveraient leurs noms et mode de subdivisions scientifiques, mais seraient renouvelés, et rattachés au système uniforme prévu par la loi de 1820 ; que l'introduction de ces poids renouvelés se ferait à la même époque que celle des poids et mesures ordinaires ; enfin, qu'après cette époque, il ne serait permis à aucun pharmacien de se servir d'autres poids médicaux.

Le même arrêté décide que ces derniers poids devront dériver d'un point d'unité absolue, savoir la livre des Pays-Bas, et que la livre médicale se rapportera à celle-ci « en raison de trois huitièmes « parties, et équivaudra ainsi à 375 esterlins des Pays-Bas. »

69. Le 12 mars 1818, parut enfin une loi générale sur la police de l'art de guérir, applicable à tout le royaume, et destinée à remplacer les législations différentes précédemment en vigueur dans les provinces méridionales et septentrionales.

Le but de cette loi importante est, ainsi qu'il résulte de son préambule : « de régler tout ce qui concerne l'exercice de l'art de « guérir, de la manière la plus propre à favoriser l'influence salu- « taire de cet art sur la vie et la santé des citoyens, et à ce que cette « influence se fasse sentir, autant qu'il est possible, d'une manière « uniforme, dans toutes les parties du royaume. »

Aucun des articles de la loi de 1818 n'a trait à l'enseignement médical : ce point a été réglé, en ce qui concerne les docteurs, par l'arrêté royal précité du 25 septembre 1816, et, en ce qui concerne les autres catégories de praticiens, par différents arrêtés royaux ultérieurs (¹).

La loi qui nous occupe n'apporte, non plus, aucune modification au règlement académique de 1816, quant aux examens et réceptions des docteurs en médecine, en chirurgie, en accouchements ou en pharmacie, mais confie aux Commissions médicales provinciales, dont elle décrète l'institution, le soin d'examiner et de recevoir à l'avenir : les chirurgiens, les accoucheurs, les sages-femmes, les pharmaciens, les oculistes, les dentistes, les droguistes et les herboristes, praticiens d'un ordre inférieur dont le législateur de 1818 a consacré l'existence ; les conditions préalables à remplir par les élèves qui aspiraient à l'un ou l'autre de ces titres, les matières d'enseignement sur lesquelles ils devaient être interrogés, le mode à suivre dans le cours des examens et des réceptions, ne sont pas prévus dans la loi du 12 mars ; ces différents objets ont été réglés par arrêtés royaux et instructions ministérielles (²).

Ce que le législateur de 1818 a eu presque exclusivement en vue, c'est la police de l'art de guérir : il interdit aux personnes non qualifiées d'exercer quelque branche de cet art que ce soit, et mentionne les diplômes, certificats ou autorisations dont la possession sera requise, dorénavant, de tous ceux qui voudront obtenir le droit de pratiquer dans le pays (³) ; il énumère, dans de certaines limites, les facultés inhérentes aux titres dont il s'agit (⁴), ainsi que les obligations à remplir et les prohibitions à observer, dans un intérêt de police ou d'utilité générale, par ceux qui les possèdent (⁵) : il règle

(¹) V. ci-après n° 71.
(²)   id.   n°s 71, 87 et suiv.
(³)   id.   n° 76 et suiv.
(⁴)   id.   n° 101 et suiv.
(⁵)   id.   n° 119 et suiv.

l'usage simultané de ces titres (¹) ; il organise la surveillance médicale sur des bases sérieuses et la confie à des corps scientifiques spéciaux dont il fixe les attributions (²) ; il commine, enfin, des pénalités contre ceux qui enfreindraient ses prescriptions (³).

Un arrêté royal relatif à la surveillance attribuée aux commissions médicales et de nombreuses instructions approuvées par le Roi, concernant la pratique des professions qui se rattachent à l'art de guérir, ont complété la loi du 12 mars, quant aux différents points que nous venons de mentionner.

Ces dispositions réglementaires, qui portent la date du 31 mai 1818 (⁴), ont été rendues pour l'exécution de ladite loi, examen fait du résultat des opérations de la commission qui avait été instituée, par arrêté du 27 octobre 1815, pour procéder à la révision générale des lois et ordonnances sur la matière.

La loi du 12 mars 1818 règle encore diverses questions qui, tout en intéressant la santé publique, ne touchent pas immédiatement à l'exercice des professions médicales ; son auteur n'a fait, du reste, en cela, que suivre l'exemple du législateur de germinal an XI, lequel, ainsi que nous avons eu occasion de le dire, ne s'était pas borné à réglementer la profession des pharmaciens et des herboristes, mais avait imposé, même au commerce libre, certaines charges déterminées : soit en défendant la vente des drogues dans les places publiques, foires et marchés, soit en soumettant les droguistes et les épiciers à différentes obligations quant à la tenue ou à la vente des substances vénéneuses, soit, enfin, en étendant jusqu'aux boutiques de ces marchands, qui exerçaient librement leur industrie moyennant patente, l'action de la surveillance médicale.

Plusieurs articles de la loi de 1818 sont conçus dans le même esprit.

Ainsi, l'art. 15 dispose que : « Aucune vente publique compre-

(¹) V. ci-après nº 118.
(²)   id.   nº 129 et suiv.
(³)   id.   nº 134.
(⁴)   id.   nºˢ 71 et 72.

« nant des drogues ou des préparations chimiques dont il n'est fait
« usage qu'en médecine, ne pourra avoir lieu sans une autorisation
« obtenue de l'administration locale, qui ne l'accordera qu'après
« avoir vu le rapport fait par une commission médicale de la pro-
« vince ou de la commune. »

Cette disposition a donné lieu à deux arrêtés royaux d'exécution,
l'un du 15 juillet 1818, l'autre du 10 octobre 1824.

L'art. 16 de la loi du 12 mars règle encore, dans le sens des
art. 34 et 35 de celle du 21 germinal an XI, la vente des substances vénéneuses ou soporifiques, quelle que soit la qualité de la
personne qui les débite.

Enfin l'art. 17 interdit à toute personne qui n'y serait pas expressément autorisée, de vendre et même d'offrir en vente les drogues
composées susceptibles d'un usage pharmaceutique, alors même
que ces substances devraient recevoir une destination complètement
étrangère à la médecine (1).

Ajoutons que la loi qui nous occupe confie aux commissions
médicales certaines attributions qui sont du ressort de l'hygiène
publique, et les charge notamment, à ce point de vue, « de tenir
« l'œil ouvert sur tout ce qui intéresse la santé des habitants, et
« d'exercer leur surveillance dans le cas où quelque maladie conta-
« gieuse ou épidémique se déclarerait dans leur ressort. »

70. Une question qui a vivement préoccupé la magistrature,
est celle de savoir si la loi du 12 mars 1818 a abrogé les lois antérieures des 19 ventôse et 21 germinal an XI, et celle du 29 pluviôse an XIII, dans leur ensemble, ou si, au contraire, elle n'a
rapporté que celles des dispositions contenues dans les susdites lois
françaises, qui ont été reproduites ou explicitement modifiées par
ses articles.

Jusqu'en 1851, la jurisprudence des cours supérieures de Belgique s'était fixée en faveur du second système (2).

(1) V. ci-après nᵒˢ 76 et 134.
(2) Liége, 23 nov. 1836 (*Pasicr.* 1836. 2. 253).—Bruxelles, 20 janv. 1838

La cour d'appel de Bruxelles, dans un arrêt du 8 mars de ladite année (¹), a, pour la première fois, émis un doute sur l'exactitude des interprétations précédentes.

Un arrêt de la cour de Liége du 3 mai 1854 (²) a décidé enfin positivement, que la loi de police du 12 mars 1818 a abrogé celles du régime français, concernant l'exercice et la surveillance des professions médicales.

La cour de Bruxelles, modifiant plus tard sa jurisprudence antérieure, s'est prononcée dans le même sens, à sept reprises différentes, en 1855 (³) et en 1856 (⁴).

Enfin la cour de cassation a admis la même doctrine, après un examen approfondi (⁵).

La question peut donc être considérée comme résolue.

Les considérations générales qui ont motivé cette dernière interprétation, sont les suivantes :

La loi du 12 mars 1818 contient un système complet de dispositions sur la matière.

Avant la réunion de la Belgique à la Hollande, il y avait, dans chacun de ces pays, une législation particulière et différente sur la pratique des sciences médicales.

Après la réunion, le gouvernement voulut mettre un terme à cette disparité ; c'est dans ce but qu'il institua deux commissions chargées, en termes exprès, l'une de revoir *toutes les lois et ordonnances* relatives à l'art de guérir qui existaient, *tant dans les provinces*

(P. 1838. 2. 15), 16 juin 1838 (P. 1838. 2. 158), 7 nov. 1840 (P. 1840. 2. 205), 17 juill. 1847. (P. 1848. 2. 36).

(¹) *Pasicr.* 1851. 2. 271.

(²) *Pasicr.* 1854. 2. 352.

(³) Bruxelles, 6 janv. 1855. (*Pasicr.* 1855. 2. 91), 14 avril 1855 (P. 1855. 2. 224) *Id.* (P. 1855. 2. 225), *Id.* (P. 1855. 2. 228), 28 avril 1855 (P. 1855. 2. 219.)

(⁴) Bruxelles, 10 juill. 1856 (*Pasicr.* 1856. 2. 435), 19 juill. 1856. (P. 1857. 2. 165).

(⁵) Cass. 10 déc. 1855. (*Pasicr* 1856. 1. 7).

méridionales que dans les provinces septentrionales du royaume, l'autre, de rédiger une pharmacopée *générale et commune à tous les pharmaciens.*

Le projet de loi sorti de cette révision, fut présenté aux États-Généraux le 17 février 1818, avec un message ainsi conçu :
« Nous avons voulu réunir dans le projet de loi que vous trouverez
« ci-joint, *toutes les dispositions législatives* qui peuvent assurer *et*
« *mettre sur un pied uniforme, pour toutes les parties du royaume,* la
« surveillance nécessaire à l'exercice de l'art médical. Nous atten-
« dons avec confiance le résultat de vos délibérations, puisque les
« savants qui ont été consultés sur la matière sont incontestable-
« ment pourvus des connaissances requises pour la bien juger, et
« parce que, d'ailleurs, on a pu s'en rapporter à l'expérience des
« provinces septentrionales, où la plupart des mesures proposées
« aujourd'hui sont déjà en vigueur, et produisent depuis plusieurs
« années l'effet désirable. »

Ce document ne permet pas de douter que le gouvernement ait voulu soumettre à la législature un travail complet, et qu'entre les deux systèmes alors existants, il ait donné la préférence à celui de la législation hollandaise.

Et les États-Généraux se sont pleinement associés à cette intention du gouvernement, puisque la loi du 12 mars 1818 dit elle-même, dans son préambule, qu'elle a pour objet de régler *tout ce qui concerne l'exercice des différentes branches de l'art médical, et de répandre les bienfaits de cet art, d'une manière uniforme, dans toutes les parties du royaume.*

La promulgation de la loi nouvelle a donc dû nécessairement opérer l'abrogation des lois françaises et néerlandaises précédemment en vigueur, dont le maintien eût été incompatible avec l'uniformité qu'en 1818 on a voulu introduire dans la législation.

71. Comme nous l'avons dit plus haut, la loi du 12 mars 1818 n'a fait que poser les principes généraux sur la matière, en chargeant le gouvernement d'en régler l'application.

C'est ainsi que, par son art. 3, elle confie expressément au chef

de l'Etat, la mission de « régler ultérieurement le nombre et l'orga-
« nisation des commissions provinciales, le mode d'après lequel
« elles exerceront leurs attributions, leurs rapports, tant avec l'ad-
« ministration générale qu'avec les administrations provinciales et
« communales, la manière de couvrir leurs frais et avances, et,
« généralement, tout ce qui est relatif à cet objet. »

C'est encore ainsi que les art. 7 et 17 de la loi supposent la publication prochaine d'instructions destinées à régler l'exercice de la
profession de chirurgien de campagne, la vente des médicaments
composés, etc., etc.

Le 31 mai 1818, intervint un arrêté royal délibéré en conseil
d'Etat, portant règlement sur la surveillance de l'art de guérir.

Cet arrêté règle, en premier lieu, les différents points mentionnés
à l'art. 3 précité de la loi du 12 mars ; il abandonne, toutefois, à
des dispositions spéciales ultérieures, le soin de déterminer le nombre et le siége des commissions médicales provinciales, le nombre
des membres dont chacune d'elles sera composée, le tarif des frais
d'examen ou de visa des diplômes et l'emploi de leur produit, enfin,
le modèle des certificats d'examen et de capacité à délivrer par lesdites commissions.

Ces questions ont été résolues, en effet, par un arrêté royal du
11 septembre 1818 et par certain arrêté ministériel du 7 octobre
suivant, dont il sera parlé ci-après.

L'arrêté du 31 mai indique ensuite, en détail, les attributions
des commissions provinciales, sommairement énumérées déjà dans
la loi, et précise, à cette occasion, les différentes obligations qui, au
point de vue d'une bonne surveillance, peuvent être imposées aux
personnes qui se proposent d'exercer ou qui exercent une branche
quelconque de l'art de guérir.

En ce qui concerne les examens à subir devant les commissions
médicales, l'arrêté rappelle quels sont les praticiens qui doivent s'y
soumettre, et mentionne dans quelles circonstances. ceux qui ont
été déjà reçus, doivent, néanmoins, en cas de changement de domicile, passer un examen nouveau.

L'art. 14 ajoute : « Les qualités que devront posséder ceux qui se
« présenteront aux examens de la commission provinciale, pour
« obtenir le droit d'exercer quelque branche de l'art de guérir,
« ainsi que les règles à suivre dans les examens, seront les mêmes
« pour tout le royaume, et déterminées par notre ministre de l'in-
« térieur. »

Ces différents points ont fait l'objet d'un arrêté ministériel du
7 octobre 1818, rendant applicables aux Commissions belges, les
dispositions qui avaient été prises pour la Hollande en vertu des
résolutions du 12 septembre 1806 et du 24 décembre 1810 (¹), et
d'un autre arrêté ministériel du 1ᵉʳ mars 1820, spécialement relatif
à la réception des droguistes.

En ce qui concerne les diplômes ou certificats à accorder aux
récipiendaires, l'arrêté du 31 mai 1818 fixe les conditions auxquelles leur délivrance peut être subordonnée, quant au plus ou moins
d'étendue des circonscriptions géographiques dans les limites desquelles les différents praticiens autorisés pourront exercer leur
profession (²).

En ce qui concerne la vérification des titres médicaux, académiques ou autres, il fait connaître dans quels cas cette formalité doit
être remplie, dans quelles circonstances elle doit être renouvelée,
et prescrit certaines mesures réglementaires destinées à empêcher
qu'aucune profession médicale puisse être exercée par ceux dont
les titres n'auraient pas été légalement enregistrés (³).

L'arrêté fixe ensuite les points essentiels qui doivent appeler
l'attention des commissions médicales provinciales dans le cours de
leur surveillance, ainsi que la marche à adopter par elles, soit pour
favoriser l'adoption des mesures utiles, soit pour obtenir la répression des abus.

(¹) V. le rapp. minist. sur l'état de l'enseign. sup. présenté aux Chambres
législ. le 6 avril 1843. Brux., 1844, tome I, p. 352. — V. aussi TIELEMANS,
Répert. de droit admin., vᵒ *Commiss. méd.*, p. 151.

(²) V. ci-après nᵒ 105 et suiv.

(³)   id.   nᵒ 100.

Tels sont les objets essentiels prévus par le chapitre I de l'arrêté royal du 31 mai 1818.

Son chapitre II est relatif à l'institution, à la composition, à l'organisation et aux attributions des commissions médicales locales [1].

Enfin le chapitre III et dernier, qui présente plutôt un caractère hygiénique que médical, détermine les obligations à remplir par les commissions provinciales ou locales, en cas d'apparition de maladies épidémiques ou contagieuses.

72. Toute une série d'instructions, approuvées par le Roi le 31 mai 1818, ont complété la loi du 12 mars précédent, en spécifiant la nature des différentes professions médicales, et en énumérant les droits et obligations de police inhérents aux titres de capacité. Ces instructions, au nombre de sept, concernent respectivement : les docteurs, les chirurgiens de ville et de campagne, les accoucheurs, les sages-femmes, les pharmaciens et les droguistes [2].

Ajoutons, quant à ces derniers praticiens, qu'un arrêté ministériel déjà cité, du 1er mars 1820, a comblé certaines lacunes qui existaient dans les dispositions réglementaires de 1818, sur l'exercice de leur profession [3].

La force obligatoire de ces instructions a été contestée : d'une part, comme n'ayant pas été insérées au *Bulletin des Lois*, d'une autre part, comme n'ayant pas été délibérées en conseil d'État, conformément à l'art. 73 de la loi fondamentale du 24 août 1815.

Au premier point de vue, deux arrêts de la haute cour des Pays-Bas, en date du 17 mars 1846 et du 31 août 1848, ont décidé : qu'à défaut d'avoir été légalement promulguée, l'instruction pour les chirurgiens de campagne ne pouvait être susceptible d'application.

Mais cette jurisprudence s'est complétement modifiée en Hol-

[1] V. ci-après nº 132.
[2]   id.   ch. IV et V.
[3]   id.   nᵒˢ 112 et 127.

lande depuis quelques années : c'est ainsi que la même cour, par arrêt du 25 juillet 1857, a jugé que l'instruction précitée n'est pas, en réalité, une mesure générale d'administration publique qui, afin d'être obligatoire pour les habitants du royaume, aurait dû être promulguée par le *Bulletin des Lois,* qu'elle ne renferme que des dispositions spéciales à observer par les chirurgiens de campagne, et que, par conséquent, pour être exécutoire à l'égard de ceux-ci, il suffit que, lors de leur admission à l'exercice de l'art, l'instruction ait été portée à leur connaissance.

Depuis, la haute cour a persisté à diverses reprises dans ce dernier système, qui a été successivement admis par un arrêt de la cour de Bruxelles du 6 janvier 1855 (¹) et par deux autres du 14 avril suivant (²).

Il résulte, en outre, de la première de ces décisions judiciaires, que les instructions pratiques du 31 mai 1818, ayant été faites, non en vertu de l'art. 73 de la loi fondamentale, mais en exécution de la loi du 12 mars 1818, n'ont point dû être soumises à l'examen du conseil d'État.

73. Outre les arrêtés et instructions dont il vient d'être parlé, quelques autres dispositions législatives et réglementaires relatives à l'exercice des professions médicales, ont été publiées sous le régime précédent, dans la période de 1818 à 1830.

Un arrêté royal du 18 avril 1818, contenant différentes mesures destinées à étendre l'usage et l'inoculation de la vaccine, a imposé, à cet égard, aux médecins et chirurgiens, certaines obligations reproduites, en partie, dans les instructions du 31 mai 1818, et destinées à éclairer l'autorité sur le nombre des personnes vaccinées, sur celui des individus qui auraient été atteints de la petite vérole, sur les suites de cette maladie et sur les résultats des vaccinations opérées.

Un autre arrêté du 21 octobre 1819 a réglé l'exécution de celui

---

(¹) *Pasicr.* 1855. 2. 91.
(²) *Id.* 1855. 2. 224 et 225.

du 30 novembre 1817, dont il a été parlé plus haut, relatif aux poids médicaux. Cet arrêté détermine tout ce qui concerne la composition, la forme, le poinçonnage et la vérification de ces poids, ainsi que l'usage que devaient en faire les pharmaciens (¹).

On sait qu'une commission avait été chargée par le gouvernement, en 1816, de remanier l'ancienne *Pharmacopée batave,* alors en vigueur dans les provinces hollandaises, et de rédiger un codex nouveau, dont l'usage devait être rendu obligatoire dans toute l'étendue des Pays-Bas.

Le travail de cette commission a été définitivement approuvé par un arrêté royal du 28 avril 1821, qui impose aux pharmaciens et, en général, à tout praticien autorisé à livrer des médicaments, certaines obligations de police qui se rattachent à l'introduction de la nouvelle *Pharmacopée belgique,* et ont surtout pour but, ainsi qu'il résulte du préambule de l'arrêté, « d'établir une surveillance convenable sur la qualité des médicaments, et de soumettre les pharmaciens à préparer les remèdes d'une manière uniforme (²). »

Une loi du 12 juillet suivant a abrogé définitivement les dispositions concernant l'usage de la pharmacopée batave, contenues dans la loi hollandaise du 21 février 1805 et confirmées, pour les provinces septentrionales du royaume, par un arrêté du 29 janvier 1814. Cette même loi détermine les pénalités applicables à ceux qui contreviendraient aux prescriptions de l'arrêté royal du 28 avril 1821 et, en général, à toutes les dispositions antérieures concernant la police médicale, qui étaient dépourvues de sanction (³).

74. La loi du 12 mars 1818 ne contient aucune mesure relative à l'instruction des praticiens d'un ordre inférieur dont elle a organisé l'institution.

De nombreuses écoles furent toutefois créées, peu après la publi-

---

(¹) V. ci-après n° 125.
(²)   id.   n°ˢ 125 à 127.
(³)   id.   n° 135.

cation de cette loi, écoles destinées à donner aux praticiens dont il s'agit, un enseignement en rapport avec les connaissances exigées d'eux pour être admis à exercer leurs professions respectives.

Certain arrêté royal, en date du 6 janvier 1823, a approuvé le règlement général de ces écoles d'enseignement, dont le gouvernement a encouragé et même provoqué l'institution dans tout le pays, et qui étaient particulièrement destinées à ceux qui aspiraient au titre de chirurgien, d'accoucheur, de sage-femme ou d'apothicaire.

Cet arrêté maintient d'abord, en les réorganisant, les écoles spéciales qui fonctionnaient dans les villes, près des hôpitaux, et qui servaient à l'instruction des élèves en chirurgie et des sages-femmes ; il dispose, en outre, que les villes qui n'ont point de pareilles écoles, et qui désirent en obtenir l'établissement près d'un hôpital public ou de toute autre manière, pourront y être autorisées par le Roi.

Ces écoles étaient placées sous l'inspection du gouvernement et sous la surveillance immédiate des commissions médicales, chargées d'examiner si les personnes inscrites pour y être admises, réunissaient, à cet effet, les qualités d'âge, de santé, de force corporelle, de moralité et d'instruction élémentaire jugées nécessaires.

L'arrêté du 6 janvier 1823 règle tout ce qui concerne l'enseignement donné dans lesdites écoles, la durée des cours et les examens de sortie ; il confie, en outre, aux États Députés, sur l'avis de la commission médicale de leur province et de l'administration de l'hospice près duquel chaque école est ou doit être établie, le soin d'arrêter, dans des règlements à soumettre à l'approbation du Roi, les dispositions qu'ils jugeraient nécessaires ou utiles, pour l'organisation et l'administration desdites écoles d'enseignement.

Déjà un arrêté royal du 15 septembre 1821 avait approuvé le règlement de réorganisation intérieure et d'administration des cours établis, pour les élèves chirurgiens et pour les sages-femmes, à l'hôpital Saint-Pierre de Bruxelles.

Deux arrêtés royaux, portant la date du 20 mars 1826, ont approuvé les statuts des écoles respectivement établies à Mons et à

— 158 —

Tournay, pour l'instruction des chirurgiens, des pharmaciens et des sages-femmes.

Le règlement de l'école provinciale de chirurgie de Bruges a été sanctionné par le Roi le 26 avril 1827 ; celui de l'école d'accouchements et de pharmacie de Liége, le 7 juillet suivant.

Deux autres arrêtés des 24 août et 23 octobre 1829 ont approuvé le règlement organique et le règlement d'ordre intérieur de l'école provinciale de maternité de Gand, etc., etc.

Nous verrons plus loin que la fréquentation des cours dont nous venons de nous occuper, était exigée, par l'arrêté du 6 janvier 1823, des individus qui se présentaient devant les commissions provinciales pour obtenir d'elles le certificat de chirurgien ou de sage-femme (¹).

La même obligation n'était point imposée aux candidats accoucheurs ou pharmaciens ; cependant, ceux d'entre ces derniers qui avaient achevé leurs études aux écoles ordinaires et qui avaient été promus à un degré à la sortie de la dernière, jouissaient de certains priviléges (²).

Le 27 mai 1830, parut un arrêté royal important qui, par dérogation aux principes antérieurs, proclama la liberté des études et disposa que: quiconque avait acquis les connaissances nécessaires, de quelque manière et en quelque lieu que ce fût, serait admis à tous les examens, et pourrait obtenir tous les certificats ou degrés requis pour exercer certaines fonctions ou professions.

A dater de cette époque, la fréquentation des cours académiques, imposée aux docteurs en médecine, en chirurgie, en accouchements et en pharmacie par le règlement universitaire du 25 septembre 1816, et celle des leçons des écoles provinciales, imposée aux chirurgiens et aux sages-femmes par l'arrêté du 6 janvier 1823, cessa donc d'être exigée.

En attendant que des dispositions nouvelles vinssent régler la

(¹) V. ci-après nᵒˢ 87, 88 et 93.
(²)   id.   nᵒ 92.

forme des examens d'après les bases du principe déposé dans l'arrêté du 27 mai 1830, un autre arrêté du 28 juin suivant a déterminé provisoirement les garanties de capacité que devaient offrir les individus qui, sans avoir suivi les cours des universités, se présentaient devant les facultés académiques pour obtenir un diplôme donnant droit d'exercer une profession.

75. Telles sont les dispositions intervenues pendant le régime des Pays-Bas, de 1814 à 1830, concernant l'art de guérir.

Dans les chapitres qui suivent, nous examinerons successivement, parmi ces dispositions :

1° Celles qui interdisent aux personnes non qualifiées ou autorisées, d'exercer une profession médicale quelconque, et celles qui énumèrent les titres en vertu desquels l'art de guérir peut être légalement pratiqué.

2° Les conditions requises pour l'obtention de ces titres.

3° Les formalités à remplir par les praticiens diplômés ou autorisés, préalablement à l'accomplissement de tout acte professionnel.

4° Les dispositions qui fixent la nature des différentes professions médicales.

5° Celles qui règlent l'exercice de ces professions dans l'intérêt public.

6° Celles qui ont pour objet la surveillance de l'art de guérir.

7° Les mesures pénales applicables aux contrevenants.

CHAPITRE I.

DE L'OBLIGATION IMPOSÉE AUX DIFFÉRENTS PRATICIENS DE POSSÉDER CERTAINS TITRES DE CAPACITÉ.

76. L'arrêté royal du 25 septembre 1816, relatif aux études et aux examens universitaires dans les provinces méridionales, dispo-

sait déjà, par son article 68, que : « la pratique d'aucune des parties
« des sciences médicales ne peut être exercée par celui qui n'aurait
« pas obtenu le grade qui en donne l'autorisation, excepté les cas
« de nécessité urgente, et sauf les stipulations faites par les règle-
« ments existants ou à faire. »

Ce principe a été étendu et généralisé par l'art. 18 de la loi du
12 mars 1818, comminant certaines pénalités contre toutes personnes
non qualifiées qui exerceraient quelque branche que ce fût de l'art
de guérir.

Les instructions du 31 mai suivant, sur la pratique des professions médicales, portent également que nul ne pourra s'établir
dans le royaume comme docteur en médecine, chirurgien, accoucheur, sage-femme, apothicaire ou droguiste, à moins d'avoir
satisfait, tant aux lois générales, qu'aux règlements locaux en
vigueur.

L'art. 26 de l'arrêté royal de même date, concernant la surveillance en cette matière, interdit même à toute autorité constituée,
d'admettre, sous quelque prétexte que ce soit, à l'exercice de la
médecine, de la chirurgie, de la pharmacie ou de l'art des accouchements, dans l'étendue de sa juridiction, d'autres individus que
ceux dont les noms se trouvent inscrits sur les listes officielles des
praticiens de chaque province, dressées par les commissions médicales provinciales, et publiées annuellement par les soins des États-
Députés.

Aux termes de l'art. 17 de la loi du 12 mars, « aucun médicament
« composé, sous quelque dénomination que ce soit, ne peut être
« vendu ou offert en vente, que par des personnes qui y sont auto-
« risées par la loi ou par le Roi, et conformément aux instructions
« à émaner à ce sujet. »

La prohibition qu'établit cet article, ne doit pas être confondue
avec celle qui interdit, d'une manière générale, aux individus non
qualifiés, d'exercer l'art pharmaceutique ; c'est ce qui paraît résulter des considérations suivantes :

La vente de toutes substances qui, par leur nature sont susceptibles d'un usage médical, ne constitue pas nécessairement un acte du ressort de la pharmacie, car ces substances peuvent avoir été livrées dans un but commercial, à des artistes, à des industriels, et recevoir une destination complétement étrangère à l'art de guérir.

On donne assez généralement le nom de drogues aux substances dont il s'agit, qui présentent un intérêt mixte.

Le législateur de l'an XI avait réservé aux pharmaciens le droit de vendre en détail les drogues simples et composées ; il n'avait abandonné au commerce libre que la vente en gros des drogues simples seulement, au poids commercial ordinaire, à charge par ceux qui faisaient ce négoce, et qui étaient connus sous le nom de droguistes ou d'épiciers, de se soumettre à certaines conditions que nous avons indiquées (¹).

Ce système présentait des inconvénients : il exposait, d'une part, la santé des particuliers qui, désirant faire usage de certaines drogues simples dans un but de guérison, se les procuraient chez un épicier ou un droguiste ignorant ; il obligeait, d'autre part, les industriels à acheter leurs drogues composées chez les pharmaciens, qui, ayant le monopole du débit de ces substances, les taxaient à un prix exagéré eu égard à leur destination.

La loi de 1818 a remédié à ces abus : en ce qui concerne les drogues simples, elle a permis aux droguistes de les vendre, même en détail, mais en exigeant d'eux diverses connaissances de nature à prévenir toute erreur sur la nature, l'identité et la qualité des objets de leur commerce ; en ce qui concerne les drogues composées, elle a enlevé aux pharmaciens le monopole de leur débit, en attribuant au chef de l'Etat la faculté de permettre aussi la vente de ces substances aux personnes à qui semblable autorisation pourrait être accordée sans danger, à charge, bien entendu, de ne point s'immiscer dans l'exercice de la pharmacie.

Tel est le sens qu'il convient, selon nous, d'attribuer à l'art. 17 de la loi du 12 mars 1818.

(¹) V. ci-dessus n° 13.

Les seules autorisations royales qui, à notre connaissance, soient intervenues dans l'espèce, résultent des instructions pour les droguistes du 31 mai 1818, lesquelles permettent à ces nouveaux praticiens de vendre certaines drogues ou médicaments composés, moyennant des réserves et des conditions spéciales que nous aurons occasion de faire connaître (¹).

Les personnes dont nous allons mentionner les qualités pouvaient, à l'exclusion de toutes autres, exercer une profession médicale dans le royaume, d'après les lois du régime hollandais :

1° Les docteurs reçus dans les universités conformément au règlement académique du 25 septembre 1816, ainsi que les différents praticiens admis par les commissions médicales provinciales selon les dispositions de la loi du 12 mars 1818 ;

2° Les médecins ou chirurgiens diplômés à l'étranger, mais spécialement autorisés, aux termes des art. 8 à 10 de la loi précitée, à exercer leur art dans le pays sans être tenus de se pourvoir d'un titre nouveau ;

3° Les praticiens qui, au moment de la publication de la loi de 1818, pouvaient, en vertu d'un diplôme ou d'une autorisation légale antérieure, exercer l'art de guérir dans le royaume ;

4° Les officiers de santé militaires auxquels un arrêté royal du 23 novembre 1823 a permis exceptionnellement de pratiquer au civil.

77. Nous avons déjà cité au n° précédent le texte de l'art. 68 de l'arrêté royal en date du 25 septembre 1816, interdisant la pratique des sciences médicales à tous ceux qui n'auraient pas obtenu les grades requis à cette fin, sans préjudice aux stipulations des règlements présents ou à venir.

Les grades prévus par cet article sont ceux que les universités des provinces méridionales pouvaient accorder en matière médicale, et qui sont énumérés à l'art. 40 de l'arrêté, savoir : ceux de *docteur en médecine*, de *docteur en chirurgie*, de *docteur en accouchements* et de *docteur en pharmacie*.

(¹) V. ci-après n°ˢ 112 et 127.

L'art. 67 ajoute que ces grades autorisent les titulaires à exercer leur profession, sans aucun autre examen ultérieur.

La loi du 12 mars 1818 confirme les dispositions qui précèdent, en rappelant, par son art. 8, que le droit d'exercer la médecine interne appartient à ceux qui ont obtenu le degré de docteur en médecine dans l'une des universités du royaume, et, par son art. 12, que les docteurs en chirurgie, en accouchements ou en pharmacie, peuvent exercer respectivement la chirurgie, l'obstétrique ou l'art pharmaceutique dans le royaume.

Cette même loi, par son art. 4, litt. b, reconnaît, en outre, l'existence d'un certain nombre de praticiens d'ordre secondaire, qui étaient examinés et diplômés par les commissions médicales, savoir : *les chirurgiens de ville, les chirurgiens de campagne, les accoucheurs, les sages-femmes, les pharmaciens, les oculistes, les dentistes, les droguistes et les herboristes.*

Quoique, en principe, nul ne fût admis à exercer l'une ou l'autre de ces dernières professions sans avoir été examiné et reçu par les commissions provinciales compétentes, dans certaines circonstances particulières lesdites commissions pouvaient, avant tout examen, permettre aux aspirants de commencer provisoirement à pratiquer, sauf à se soumettre aux épreuves dans un délai déterminé.

C'est ce qui résulte d'un arrêté ministériel déjà cité du 7 octobre 1818 ([1]), statuant que : « les commissions médicales pourront, « pour des motifs plausibles, accorder à ceux qui se seront présen- « tés à l'examen, et à l'égard desquels il ne leur est connu aucune « circonstance qui puisse leur faire juger moins favorablement de « leurs mérites ou aptitude, l'autorisation d'exercer provisoirement « leur art jusqu'à la première réunion de la commission; ces auto- « risations provisoires seront accordées par le président de chaque « commission. »

Cette disposition exceptionnelle, dont la légalité a été implicite-

([1]) Rapport ministériel sur l'état de l'instr. supér. en Belgique, présenté aux Chambres législatives le 6 avril 1843. Brux. 1844, tome I, p. 352.

ment admise par un arrêt de la cour de cassation du 15 novembre 1847 (¹), a été probablement introduite en faveur des praticiens qui, autorisés à exercer leur art dans la circonscription d'une province seulement, se proposaient de transférer leur résidence dans une autre province et devaient, de ce chef, subir un examen supplémentaire (²).

Il est peu probable, en effet, qu'il soit entré dans les intentions du gouvernement, d'admettre, même provisoirement, à la pratique de l'art de guérir, des personnes non qualifiées, par cela seul que leur incapacité n'est pas notoire.

78. Les diplômes conférés dans le pays étaient les seuls en vertu desquels il était permis d'y exercer une profession médicale, d'après les principes de la loi hollandaise. A ce point de vue, les titres délivrés à l'étranger étaient sans valeur.

Cependant le législateur de 1818, comprenant qu'il eût été exorbitant d'assujétir les docteurs en médecine diplômés dans une université étrangère et qui viendraient s'établir dans les Pays-Bas avec l'intention d'y pratiquer leur art, à toutes les conditions d'études et d'épreuves préalables imposées aux étudiants, a permis à nos facultés académiques d'admettre les praticiens dont il s'agit à user de leurs titres dans le pays, mais à la condition de s'assurer d'abord, par un examen spécial, qu'ils possédaient des connaissances équivalentes à celles des docteurs diplômés conformément aux règles tracées par le règlement national de 1816.

L'art. 8 de la loi dispose, en effet, que « nul ne pourra être « habile à exercer la médecine interne, que celui qui aura obtenu « le degré de docteur en médecine dans l'une des universités du « royaume, *ou dont le diplôme, reçu dans une université étrangère,* « *aura été admis à la suite d'un nouvel examen de sa capacité.* »

L'article suivant autorise nos facultés de médecine à recevoir cet examen, et en détermine la nature.

(¹) *Pasicr.*, 1847. 1. 464.
(²) V. ci-après nᵒ 105 et suiv.

On sait, d'un autre côté, que la loi du 19 ventôse an XI, par son art. 4, reconnaissait au gouvernement le pouvoir absolu de permettre à des médecins ou chirurgiens étrangers, munis d'un diplôme académique, d'exercer leur profession dans le pays.

La loi de 1818 maintient ce privilége, et lui donne même une certaine extension, en accordant implicitement aux indigènes diplômés hors du royaume, la faveur dont, précédemment, les étrangers de naissance pouvaient seuls profiter.

C'est ce qui résulte de l'art. 10 de ladite loi, qui est ainsi conçu :
« Nous nous réservons d'accorder à des médecins ou chirurgiens « renommés, la faculté d'exercer dans ce pays la médecine et la « chirurgie en vertu d'un diplôme obtenu à l'étranger, sans subir « un nouvel examen. »

Cet article a particulièrement pour but d'exonérer de toute épreuve les praticiens dont le nom seul est une garantie de leur science, et qu'il eût été absurde de soumettre à l'examen prévu par les art. 8 et 9 de la loi.

79. L'arrêté royal du 25 septembre 1816, en statuant qu'à l'avenir nul ne pourra pratiquer une partie quelconque des sciences médicales sans avoir été diplômé selon les règles qu'il prescrit, maintient toutefois formellement, par son art. 68, les dispositions réglementaires en vigueur, et reconnaît, par conséquent, aux praticiens diplômés conformément aux lois antérieures, le droit de continuer à user de leurs diplômes.

Aucune réserve de cette nature n'existe, à la vérité, dans la loi de 1818, mais il résulte clairement de son ensemble, que nulle atteinte n'a été portée par elle aux droits acquis des praticiens reçus ou autorisés d'après les lois précédentes.

C'est ainsi que, par son art. 4, elle charge les commissions médicales provinciales de veiller à ce que la pratique des arts médicaux soit exercée d'une manière convenable et régulière par les personnes *déjà établies*, et que, par son art. 18, elle interdit aux personnes *non qualifiées* seulement, le droit de pratiquer la médecine, la chirurgie, l'art des accouchements ou la pharmacie.

L'arrêté royal du 31 mai 1818, rendu pour l'exécution de la loi du 12 mars, est d'ailleurs explicite sur ce point, lorsque, par son art. 20, il soumet à la formalité du visa les diplômes de tous docteurs ou licenciés en médecine et en chirurgie, officiers de santé, pharmaciens, sages-femmes, etc., établis dans les provinces méridionales du royaume, examinés, reçus et admis à exercer l'art de guérir *conformément aux lois du 19 ventôse et du 21 germinal an XI.*

Les praticiens qui, d'après les lois françaises précédemment en vigueur dans notre pays, pouvaient y exercer une branche médicale, ont donc conservé tous leurs droits sous le régime des lois néerlandaises.

80. Par exception au principe qui réserve l'exercice de la médecine et de la chirurgie aux praticiens munis d'un diplôme décerné après examen, soit par les universités, soit par les commissions médicales, ou, tout au moins, d'une dispense académique ou d'une autorisation royale dans les cas prévus par les art. 8 à 10 de la loi de 1818, certain arrêté du 23 novembre 1823, qui a eu pour but de faire profiter le public des connaissances et de l'expérience des anciens médecins militaires en retraite, dispose, par son art. 1er, que « les officiers de santé de nos forces de terre qui, après vingt
« années de service, auront obtenu leur pension ou auront quitté
« le service pour toute autre cause honorable, jouiront de la
« faculté, sans autre examen, d'exercer dans le royaume la profes-
« sion de médecin ou de chirurgien, suivant la capacité que leur
« reconnaîtra leur diplôme : de telle manière que ceux qui auront
« le diplôme d'officier de santé de 1re classe ou de chirurgien major,
« pourront exercer la médecine ou la chirurgie dans les villes ;
« tandis que ceux munis d'un diplôme d'officier de santé de
« 2e ou de 3e classe, auront la faculté de s'établir dans le plat-pays
« seulement. »

L'article suivant ajoute que ceux desdits officiers de santé qui voudraient exercer l'art des accouchements, subiraient, suivant la la loi commune, l'examen requis pour la réception des accoucheurs.

81. Nous venons d'énumérer tous les titres médicaux auxquels le législateur des Pays-Bas a attaché le droit d'exercer l'art de guérir dans le royaume

Il est, cependant, une catégorie spéciale d'individus auxquels les arrêtés réglementaires de 1818 permettent, sinon d'exercer réellement cet art, au moins de poser certains actes qui en dépendent, sous la surveillance et la responsabilité des praticiens autorisés.

Nous entendons parler ici des élèves, apprentis, etc., quelle que soit leur qualification, qui viennent en aide auxdits praticiens dans l'exercice de leur profession, et dont le secours est parfois indispensable, surtout aux pharmaciens.

Aux termes des arrêtés précités, les personnes auxquelles nous faisons allusion, pour être reçues chez le maître auquel elles désiraient être attachées, devaient produire un certificat d'inscription émané de la commission médicale provinciale du ressort, et, en outre, une attestation de bonne conduite et d'aptitude, au cas où elles auraient déjà servi sous un autre praticien (¹).

Les seuls hommes de l'art auxquels les règlements ont permis d'invoquer l'assistance de ces élèves, aides ou apprentis, sont les chirurgiens, les accoucheurs, les sages-femmes et les pharmaciens; les médecins n'ont pas été admis à jouir de la même faculté, ce qui s'explique par la nature toute dogmatique de leur profession qui n'exige aucun aide.

Quant aux droguistes et aux herboristes, qui ne sont, à peu de chose près, que des négociants ordinaires, ils pouvaient choisir librement leurs garçons de boutique.

Il importe de remarquer que la loi du 12 mars 1818 ayant abrogé celles de l'an XI et, par suite, l'arrêté d'exécution du 25 thermidor, les veuves des pharmaciens ont perdu, à dater de la publi-

---

(¹) V. les instructions du 31 mai 1818 pour les chirurgiens de ville, art. 15 et 16. — Id. pour les chirurgiens de campagne, art. 28 et 29. — Id. pour les accoucheurs, art. 13 et 14. — Id. pour les sages-femmes, art. 10 et 11. — Id. pour les apothicaires, art. 17 et 18. — V. encore ci-après n° 117.

cation de cette loi, le privilége qui leur était précédemment accordé, de tenir l'officine du défunt ouverte pendant un an, à charge de la faire desservir par un élève autorisé (¹).

CHAPITRE II.

DES CONDITIONS DE CAPACITÉ REQUISES POUR LA DÉLIVRANCE DES TITRES MÉDICAUX.

82. Des indications du chapitre qui précède, il résulte que les seuls titres médicaux qui ont pu être accordés sous le régime précédent, à dater de l'abrogation des lois de l'an XI, sont : les diplômes de docteur en médecine, de docteur en chirurgie, de docteur en l'art des accouchements et de docteur en pharmacie ; les certificats de chirurgien de ville ou de campagne, d'accoucheur, d'oculiste, de dentiste, d'apothicaire, de sage-femme, de droguiste et d'herboriste ; enfin, les autorisations octroyées par le gouvernement à des médecins ou chirurgiens diplômés hors du pays, ainsi que les dispenses données par les facultés académiques du royaume aux docteurs en médecine reçus dans une université étrangère.

Le but du présent chapitre est d'indiquer les conditions qui étaient requises pour la délivrance de ces titres.

83. Pour être admis à l'examen de *docteur en médecine*, il fallait, d'après le règlement du 25 septembre 1816 (²) :

1° Avoir fréquenté pendant un certain nombre d'années déterminé, tous les cours de la faculté où étaient enseignées les matières

---

(¹) V. ci-dessus n° 43.

(²) Nous croyons superflu de mentionner les modifications apportées au règlement de 1816, au point de vue de la liberté des études, par l'arrêté royal du 28 juin 1830, publié peu de mois avant la révolution belge.

sur lesquelles l'examen devait porter, et fournir, en outre, la preuve d'avoir suivi avec succès les leçons de diététique, de médecine légale et d'instruction clinique, qui ne faisaient point partie dudit examen [1] :

2° Être muni du diplôme de candidat en médecine [2].

On sait [3] que, pour être autorisés à suivre les cours de la faculté de médecine, les élèves devaient, en général, avoir reçu le grade préparatoire de candidat dans les sciences mathématiques et physiques. C'est ce qui résulte de l'art. 26 de l'arrêté de 1816, lequel dispose toutefois que, vu la longueur des cours de médecine, les leçons sur l'anatomie, l'ostéologie et la physiologie, qui faisaient partie de ces cours, pourront être réunies aux épreuves préparatoires.

L'art 27 ajoute, en ce qui concerne la fréquentation des leçons de médecine : « il n'y aura point d'ordre régulier d'études à suivre, « mais nul ne sera admis à l'examen de docteur, s'il ne prouve « avoir étudié, après l'obtention du grade préparatoire, pendant « quatre années en médecine (ou trois années s'il a combiné l'étude « de l'anatomie, de l'ostéologie et de la physiologie avec les études « préparatoires), et avoir fréquenté, outre les leçons des parties sur « lesquelles il doit spécialement, et dans tous les cas, être examiné, « les cours subsidiaires requis pour chaque grade. »

Ces cours subsidiaires sont, pour le doctorat en médecine, ceux que nous avons indiqués plus haut ; quant aux matières d'examen, nous les mentionnons ci-après.

A moins d'empêchement essentiel, les candidats en médecine ne pouvaient se présenter à l'examen, pour être reçus docteurs, qu'un an après avoir obtenu leur grade [4].

Cependant, les étrangers qui ne se proposaient point de s'établir

[1] Règl. du 25 sept. 1816. Art. 27 et 39.
[2] Id. Art. 31.
[3] V. ci-dessus n° 67.
[4] Règl. du 25 sept. 1816. Art. 34.

par la suite dans le pays, étaient dispensés de produire les certificats de fréquentation des leçons universitaires, et pouvaient subir, dans le cours de la même année, l'examen de candidature et celui de doctorat [¹].

Pour être admis à l'examen de *candidat en médecine*, il fallait : 1° fournir la preuve d'avoir suivi avec succès les leçons d'histoire naturelle et d'anatomie comparée [²] : 2° avoir obtenu, comme il est dit ci-dessus, le grade préparatoire de candidat dans les sciences mathématiques et physiques [³].

L'examen de candidat en médecine portait sur l'anatomie, la physiologie, la pharmacie, la matière médicale, et comprenait, en outre, une démonstration anatomique [⁴].

Quant au grade de *candidat en sciences physiques et mathématiques* préparatoire aux études médicales, il n'était conféré qu'aux élèves qui prouvaient avoir fréquenté avec succès les leçons sur la littérature latine et grecque, et sur la logique : l'examen exigé pour son obtention comprenait : les mathématiques, la physique, la botanique et les éléments de la chimie générale [⁵].

Notons ici qu'un arrêté royal du 26 juin 1823, pris dans l'intérêt du service militaire, a interdit aux facultés de médecine d'admettre aux examens les officiers de santé attachés aux armées, sans une autorisation délivrée, pour chaque cas, par le Commissaire général de la guerre.

Les candidats qui se présentaient devant la faculté, pour être reçus docteurs en médecine, étaient soumis, d'après l'art. 39 du règlement de 1816, à un examen unique divisé en deux épreuves :

Dans la première, le récipiendaire était interrogé sur la pratique des médicaments, et sur la théorie de la chirurgie et de l'art des accouchements.

(¹) Régl. du 25 sept. 1816. Art. 31 et 51.
(²) Id. Art. 38.
(³) Id. Art. 26.
(⁴) Id. Art. 38.
(⁵) Id. Art. 43.

Dans la seconde, il devait expliquer deux aphorismes d'Hippocrate.

Après avoir satisfait à l'examen, l'aspirant était admis à la *promotion*, laquelle était de deux espèces : publique ou particulière, au choix du candidat [*].

L'art. 55 dispose que, « pour les promotions, il est nécessaire
« de composer et de défendre un *specimen inaugurale* consistant,
« soit en une dissertation sur l'un ou l'autre objet relatif à la science
« dans laquelle on demande un grade, soit dans des observations
« détaillées sur différents objets qui y appartiennent. De simples
« thèses sans aucun raisonnement ne seront pas reçues. »

L'art. 57 ajoute : « le *specimen* ayant été approuvé, sera im-
« primé, et, pour les promotions particulières, défendu dans la
« faculté, contre les objections des professeurs ; pour les promo-
« tions publiques, contre les objections de tous ceux qui pourraient
« être disposés à le faire. »

84. Aux termes de l'art. 40, §§ 1 et 2, de l'arrêté du 25 septembre 1816, pour pouvoir être admis à l'examen de *docteur en chirurgie*, il fallait avoir été reçu préalablement docteur en médecine.

Pour son examen, le récipiendaire devait faire, sur le cadavre, quelques opérations qui lui étaient indiquées, et répondre aux questions qui lui étaient particulièrement adressées sur la théorie de la chirurgie.

85. Le diplôme de docteur en médecine était également requis des candidats qui aspiraient au titre de *docteur en accouchements*.

Outre un examen particulier à subir sur leur art, ils étaient tenus, selon l'art. 40, §3, du règlement, de pratiquer certaines opérations sur le fantôme, et de produire la preuve qu'ils avaient effectué, sous les yeux d'un habile accoucheur, ou dans une institution clinique quelconque, un nombre suffisant, d'accouchements naturels ou non naturels.

86. Le diplôme de *docteur en pharmacie,* comme les deux précédents, n'était accordé qu'à des docteurs en médecine.

(*) Règl. du 25 sept. 1816. Art 53 et suiv.

Le récipiendaire, avant de l'obtenir, était interrogé sur la chimie et la pharmacie, et devait effectuer une opération qui lui était prescrite, relative aux mêmes matières ([*]).

87. Les dispositions ministérielles déjà citées du 7 octobre 1818 ([²]), rendues en exécution de l'art. 14 de l'arrêté royal du 31 mai précédent, ont déterminé les conditions requises des personnes qui désiraient être admises aux examens de *chirurgien de ville*.

Ces conditions, inscrites au règlement *litt. A* qu'approuvent lesdites dispositions, étaient les suivantes :

Art. 1er. « Nul ne sera admis à l'examen comme chirurgien s'il « ne peut : 1° donner des preuves suffisantes d'une conduite « irréprochable ; 2° constater qu'il n'est atteint d'aucune infirmité « corporelle incompatible avec l'exercice de son art. »

Art. 2. « Pour être admis à l'examen comme chirurgien, le can- « didat devra avoir atteint l'âge de vingt ans révolus et fournir la « preuve que, pendant cinq ans, il s'est appliqué à l'anatomie et à la « chirurgie chez un ou plusieurs maîtres, soit dans le pays ou à « l'étranger ; néanmoins, s'il peut constater, à la satisfaction de la « commission, qu'il a eu des facilités suffisantes pour acquérir de « l'aptitude dans un plus court espace de temps, celle-ci pourra « abréger le terme fixé de cinq ans, comme aussi lorsqu'il aura « assisté avec assiduité aux leçons publiques d'anatomie et de « chirurgie, si cet enseignement se donne dans le lieu où le can- « didat a résidé. »

L'arrêté royal du 6 janvier 1823 ([³]), approuvant le règlement d'organisation des écoles d'enseignement à établir dans les villes pour l'instruction des chirurgiens et des sages-femmes, dispose, par son art. 2, que : « Aucun élève ne sera, à l'avenir, admis à l'examen « comme chirurgien, sans avoir fréquenté, pendant le temps

---

([*]) Règl. du 25 sept. 1816, art. 40, § 4.
([²]) V. ci-dessus nᵒˢ 74 et 77.
([³]) V. Id. nᵒ 74.

« prescrit, les écoles dont il s'agit, ou sans avoir obtenu, pour des
« motifs valables, une dispense royale. »

Ce temps était de quatre années pour les élèves chirurgiens.

Lors de leur examen de sortie des écoles, ces élèves devaient
savoir assez de latin pour comprendre ce qu'ils étaient tenus de lire,
et pour traduire dans leur langue maternelle chaque page de la
pharmacopée belgique.

L'obligation toute spéciale, imposée par l'arrêté de 1823 aux candidats chirurgiens, a disparu lors de la publication de l'arrêté royal
du 27 mai 1830 dont nous avons parlé plus haut, lequel proclame
d'une manière absolue le principe de la liberté des études ([1]).

Le règlement *litt. B*, approuvé par l'art. 1er des dispositions
ministérielles du 7 octobre 1818, énumère les matières sur lesquelles
les récipiendaires devaient être interrogés, savoir : l'anatomie, la
physiologie, la pathologie, ainsi que la pharmacie, et contient le
programme détaillé des points spéciaux qui devaient faire l'objet de
l'examen à subir sur ces différentes matières ([2]).

88. Les conditions exigées des personnes qui, sous le régime des
Pays-Bas, désiraient subir l'examen de *chirurgien de campagne*,
étaient les mêmes que celles qui étaient réclamées des aspirants au
titre de chirurgien de ville ; les matières d'examen étaient les mêmes
aussi ; toutefois, comme les chirurgiens du plat pays étaient autorisés, dans de certaines limites, à exercer la médecine interne, ils
avaient à subir un interrogatoire supplémentaire sur la partie médicale, conformément au programme du règlement *litt. B* approuvé
par l'arrêté ministériel du 7 octobre 1818 ([3]).

89. Pour pouvoir se présenter à l'examen devant la commission
médicale provinciale, l'élève qui voulait être reçu *accoucheur*, devait,
d'abord, réunir les mêmes conditions de moralité, de validité, d'âge

([1]) V. ci-dessus n° 74 et n° 83, page 168, note 2.

([2]) Rapp. sur l'état de l'enseign. sup., présenté aux chambres législ. par le
min. de l'Int. le 6 avril 1843. Tome I, p. 355.

([3]) *Id.*, pp. 354 à 357.

et d'études préalables, que celui qui désirait être diplômé en qualité de chirurgien (¹); il devait, en outre, « fournir la preuve, tant de « son instruction théorique dans les accouchements, que des pre- « mières expériences pratiques faites par lui sous des maîtres « instruits, en présence desquels il devait avoir opéré huit accou- « chements naturels, et deux contre nature exigeant l'assistance « d'un accoucheur. »

C'est ce qui résulte de l'art. 3 du règlement *litt. A*, approuvé par les dispositions ministérielles de 1818.

Le règlement *litt. C* spécifie les différents points qui devaient faire l'objet de l'examen à subir par l'élève (²).

L'arrêté royal du 6 janvier 1823, qui imposait à tout aspirant au titre de chirurgien, l'obligation d'avoir fréquenté les cours des écoles spéciales de chirurgie pendant un certain nombre d'années (³), ne renfermait pas la même prescription à l'adresse des élèves accoucheurs, lesquels, cependant, étaient admis à suivre les leçons données dans ces écoles.

90. Ni la loi du 12 mars 1818, ni les instructions et arrêtés publiés pour son exécution, ne font mention du mode d'examen à subir par les candidats *oculistes*.

Ce point a été réglé par un arrêté ministériel du 6 août 1821, ainsi conçu :

« Le Ministre de l'intérieur et du waterstaat. »

« Considérant que, pour assurer la pratique scientifique de tout « ce qui a rapport à la chirurgie, il est indispensable que l'exer « cice spécial d'une subdivision quelconque de cette branche ne « soit confiée qu'à des individus qui aient, au préalable, fait leur « examen et obtenu le diplôme de chirurgien de ville ou celui de « docteur en chirurgie. »

« Que l'exercice de la chirurgie, dans toute son étendue, et le

---

(¹) V. ci-dessus n° 87.
(²) V. le rapp. minist. précité du 6 avril 1843, tome I, pp. 354 et 357.
(³) V. ci-dessus n° 87.

« traitement des infirmités de toute espèce qui s'y rattachent, ap-
« partiennent à tout chirurgien de ville, sans qu'il y ait nécessité
« de confier à celui qui ne serait pas versé dans toutes les parties
« de l'art chirurgical, le traitement curatif de quelques infirmités
« particulières. »

« Que, cependant, le plus ou moins d'aptitude et d'habileté, joint
« à une expérience plus particulière, surtout dans le traitement des
« maladies des yeux, sont des titres qui rendent un chirurgien ou
« docteur en chirurgie particulièrement recommandable, et qu'il
« est de l'intérêt du public de connaître ces personnes de l'art,
« afin de tirer parti de leurs talents :

            « Arrête : »

Art. 1er. « Nul ne sera admis à l'examen spécial d'oculiste devant
« une commission médicale provinciale, que celui qui aura préala-
« blement été reçu comme chirurgien de ville ou gradué comme
« docteur en chirurgie.

Art. 2. « Les commissions médicales, en procédant à cet exa-
« men, s'assureront scrupuleusement si le candidat réunit, pour
« la branche d'oculiste, une capacité, aptitude et expérience plus
« qu'ordinaire. »

L'obligation, pour toute personne qui voulait être reçue oculiste,
d'être préalablement munie d'un diplôme de chirurgien, résultait
déjà implicitement de la teneur du règlement *litt. F*, annexé aux
dispositions ministérielles du 7 octobre 1818, fixant le tarif des
droits d'examen et d'admission pour les commissions médicales provinciales. Il y est dit, en effet, que « les dentistes seront seuls admis
« à l'examen pour l'exercice d'une branche particulière de la chi-
« rurgie. Tout autre individu sera tenu de subir les examens
« ordinaires comme chirurgien, à moins que, sur la proposition de
« la commission, on ne trouve convenable d'accorder, à cet égard,
« une autorisation spéciale, en faveur d'opérateurs distingués par
« leur talent et leur réputation, et qui se présenteraient pour les
« examens. »

Une circulaire ministérielle du 20 août 1821 décide, toutefois, que les officiers de santé, à raison de l'analogie qui existe entre leur profession et celle de chirurgien de ville, peuvent, au même titre que ces derniers, obtenir le diplôme d'oculiste

91. Les lois et arrêtés de 1818, qui confient aux commissions médicales la mission d'examiner les individus qui désirent exercer la profession spéciale de *dentiste*, et de leur délivrer un diplôme, ne subordonnent cette faculté à aucune réserve, à aucune condition ; tout a été laissé, sur ce point, à l'appréciation desdites commissions.

92. Selon l'art. 1er du règlement *litt. A*, approuvé par les dispositions ministérielles du 7 octobre 1818, les aspirants au titre d'*apothicaire* devaient fournir des attestations d'une conduite irréprochable, et produire un certificat constatant qu'ils n'étaient atteints d'aucune infirmité corporelle incompatible avec l'exercice de la profession pharmaceutique.

L'art. 5 du même règlement ajoute : « Pour être admis à l'examen « comme pharmacien, le candidat devra avoir atteint l'âge de « vingt ans révolus, et avoir servi, pendant quatre années consé-« cutives, comme élève, chez un ou, tout au plus, chez deux maîtres « légalement admis, à moins qu'il n'ait achevé ses études aux « écoles ordinaires et qu'il n'ait été promu à un degré à la sortie « de la dernière ; dans ce cas, il suffira que le candidat ait servi « comme il a été dit ci-dessus, pendant trois ans. Les commissions « pourront dispenser le candidat des quatre années, s'il prouve à « leur satisfaction, qu'il a eu des facilités suffisantes d'acquérir de « l'aptitude en moins de temps. »

Le règlement *litt. D*, annexé aux mêmes dispositions, énumère les matières de l'examen de pharmacien, qui portait spécialement : sur la langue latine, sur la connaissance des plantes médicinales, des remèdes simples et des compositions pharmaceutiques ou chimiques, sur la préparation des médicaments officinaux et des ordonnances, enfin, sur les principes de la chimie [1].

(1) V. le rapp. minist. précité du 6 avril 1843, tom. I, p. 358.

93. Les élèves *sages-femmes*, pour pouvoir se présenter aux examens d'admission, devaient, comme les candidats pharmaciens, fournir des preuves suffisantes d'une conduite à l'abri de tout reproche, n'être atteintes d'aucune infirmité incompatible avec l'exercice de leur art, et, de plus, savoir convenablement lire et écrire la langue du pays.

Elles devaient, en outre, avoir atteint l'âge de 24 ans révolus, sans avoir dépassé celui de 40.

Ces différentes conditions sont prévues aux art. 1 et 4 du règlement *litt. A*, annexé à l'arrêté ministériel du 7 octobre 1818 [1].

Le dernier de ces articles ajoute : « l'élève fournira la preuve « qu'elle a été à même d'acquérir les connaissances nécessaires, « par son instruction publique ou privée ; que, pendant quatre « années consécutives, elle a suivi les leçons pratiques d'une sage- « femme légalement admise ayant, elle-même, exercé son art « pendant cinq ans (les commissions auront, néanmoins, la faculté « de dispenser le candidat de cette obligation, pour des raisons fon- « dées) ; et, en outre, qu'elle a opéré douze accouchements, sous « les yeux d'une pareille sage-femme. »

L'arrêté royal déjà cité [2] du 6 janvier 1823 disposait, à l'égard des élèves sages-femmes, comme à l'égard des élèves chirurgiens, qu'elles ne seraient admises à l'examen qu'après avoir fréquenté, pendant le temps prescrit, les écoles d'enseignement établies dans les villes pour leur instruction, ou après avoir obtenu, pour des motifs valables, une dispense royale.

Ce temps était de deux années pour les élèves qui nous occupent.

Les matières de l'examen à subir devant la commission médicale pour l'obtention du certificat de sage-femme, sont énumérées dans le règlement *litt. E.* approuvé par arrêté ministériel du 7 octobre 1818 [3].

---

[1] V. le rapport ministériel précité du 6 avril 1843, t. I, p. 354.
[2] V. ci-dessus nos 74 et 87.
[3] V. le rapp. minist. précité du 6 avril 1843, tom. I, p. 359.

94. Aux termes de l'art. 2 des instructions pour les droguistes, sanctionnées par arrêté ministériel du 1er mars 1820, l'examen de ces praticiens portait uniquement sur les objets de leur boutique et de leur débit, « soit que ces objets servent exclusivement comme « médicaments, soit qu'ils aient aussi un autre usage. »

« L'aspirant sera, à cet égard, interrogé sur les pays et les lieux « d'où ils proviennent ; sur la manière de les recueillir, de les net- « toyer et de les conserver ; sur leurs caractères extérieurs et leurs « propriétés ; sur les marques particulières qui servent à les dis- « tinguer des autres avec lesquels ils ont quelque conformité, avec « lesquels ils pourront même être mélangés ou falsifiés, ou pour « lesquels ils pourraient être vendus ; en général, sur les moyens « de vérifier leur identité et leur bonne qualité. »

« Pour autant que le débit des droguistes s'étende à la vente en « détail des productions chimiques des fabriques, l'aspirant sera « tenu de donner des preuves de ses connaissances théoriques de la « préparation de ces objets et des différents moyens d'en constater « la pureté et la bonté. »

95. Les instructions ne déterminent point la nature des épreuves auxquelles devaient être soumis les individus qui se présentaient devant la commission médicale provinciale pour obtenir un certificat d'*herboriste ;* mais si l'on considère que la profession des herboristes se confond, en réalité, avec celle des droguistes (¹), on admettra que leur examen devait être le même que celui qui était exigé de ces derniers, avec cette restriction qu'il ne portait que sur les herbes médicinales, dont la vente caractérise exclusivement l'herboristerie.

96. L'art. 10 de la loi du 12 mars 1818, qui donnait au gouvernement la faculté d'admettre à la pratique, sans examen nouveau, les médecins et chirurgiens renommés, diplômés hors du pays, ne subordonnait cette faculté à aucune espèce de restriction.

Tout était laissé à l'appréciation du chef de l'Etat, qui examinait,

(¹) V. ci-après n° 112 et 113.

sous sa responsabilité, jusqu'à quel point les personnes qui invoquaient le bénéfice de l'article précité, jouissaient d'une renommée suffisante pour qu'il pût être fait droit à leur demande.

Il nous paraît résulter du texte de l'art. 10 de cette loi, combiné avec celui des art. 8 et 9 relatifs aux *docteurs* en médecine, que les officiers de santé français pouvaient, en leur qualité de médecins ou de chirurgiens, être autorisés par le Roi à pratiquer dans les Pays-Bas la médecine ou la chirurgie, sans être astreints à subir un nouvel examen. L'art. 10, en effet, n'exige point, comme l'art. 4 de la loi du 19 ventôse an XI, que le diplôme en question ait été délivré *dans une université étrangère;* cet article fait mention des médecins et chirurgiens diplômés, et non des docteurs ou licenciés en médecine ou en chirurgie.

97. Nous avons vu plus haut (¹) que, sans préjudice au droit exceptionnel conféré au Roi par l'art. 10 de la loi du 12 mars, les facultés de médecine du royaume pouvaient autoriser les médecins diplômés à l'étranger, à pratiquer leur art dans les Pays-Bas.

Cette faveur ne s'étendait, toutefois, selon l'art. 8 de la loi, qu'à ceux qui avaient été reçus docteurs dans une université étrangère, et à charge de subir, devant la faculté, un nouvel examen qui, aux termes de l'art. 9, devait « s'étendre sur l'ensemble des sciences « médicales, et avoir principalement pour objet le traitement des « maladies intérieures les plus communes dans ce pays. »

CHAPITRE III.

DE LA PATENTE, DU SERMENT ET DU VISA DES TITRES.

98. L'obligation imposée par les lois françaises, aux personnes qui voulaient exercer l'art de guérir, de se munir préalablement

(¹) V. ci-dessus n° 78.

d'une *patente*, a été maintenue sous le régime néerlandais, d'abord par une ordonnance annexée à la loi du 11 février 1816, relative aux moyens de faire face aux dépenses publiques ; puis, par la loi organique du 21 mai 1819, qui a abrogé la précédente.

L'art. 1ᵉʳ de cette loi rappelle que tous ceux qui exercent une profession ou un métier, doivent être munis, à cet effet, d'une patente.

Cette charge incombe donc à tous les praticiens.

Les accoucheuses en sont toutefois dispensées par l'art. 3 de la loi de 1819, qui accorde la même faveur, conformément à la législation antérieure ('), aux médecins, chirurgiens, accoucheurs et pharmaciens jouissant d'un traitement fixe, et attachés, soit à l'armée, soit aux hôpitaux ou hospices militaires et civils, dépôts de mendicité, maisons d'orphelins ou autres maisons de charité publique, soit au traitement des indigents à domicile. Toutefois, cette exception était formellement restreinte aux seuls services que nous venons de mentionner.

Le montant du droit de patente varie, suivant la profession des différents hommes de l'art, et le plus ou moins d'importance des localités qu'ils habitent ; il a été successivement réglé, dans les Pays-Bas, par la loi précitée du 21 mai 1819 et par celle du 6 avril 1823.

99. La législature hollandaise a rétabli, à l'égard de tous les praticiens, le *serment professionnel* qui était requis d'eux antérieurement à la domination française, et qui, sous le régime de l'an XI, n'était plus exigé que des pharmaciens seulement.

Ainsi l'art. 60 de l'arrêté royal du 25 septembre 1816 oblige les docteurs, avant de recevoir leurs diplômes, à prêter le serment ou la déclaration prescrite, pour les universités des provinces septentrionales, le 6 décembre 1815.

Les arrêtés réglementaires du 31 mai 1818 disposent également que les chirurgiens, les accoucheurs, les apothicaires et les sages-femmes prêteront serment, lors de leur réception, entre les mains du président de la commission médicale qui les a reçus.

(') V. ci-dessus nº 52.

La formule de ce serment, conçue à peu près dans les mêmes termes pour les différentes personnes que nous venons de citer en dernier lieu, était la suivante : « Je promets et jure d'exercer mon « art, en tous temps et à tous égards, d'après mes facultés et ma « conscience, et conformément aux lois émanées sur le régime « sanitaire ainsi qu'aux instructions y relatives qui pourraient me « concerner ; de ne jamais révéler à personne, excepté au juge, si « j'en étais requis, les secrets des malades qui parviendraient à ma « connaissance dans l'exercice de mon art et dont la découverte « pourrait faire tort ou honte, soit à eux soit à d'autres : enfin de « me comporter, en toute occasion, comme il convient à un pra- « ticien animé de sentiments bons et humains. »

100. Conformément aux principes déposés dans les lois du 19 ventôse et du 21 germinal an XI, celle du 12 mars 1818 impose à tout praticien qui exerce une branche de l'art de guérir dans le royaume, l'obligation de faire, au préalable, vérifier ses titres de capacité par l'autorité investie du droit de surveillance en matière médicale.

Cette loi, par son art. 4, litt. a, dispose, en effet, que les commissions médicales provinciales examineront et jugeront les titres de ceux qui s'établissent dans leur ressort ; et confie au chef de l'État, par son art. 3, le pouvoir de régler tout ce qui concerne cet objet.

L'arrêté royal du 31 mai 1818 a satisfait à cette délégation.

Son art. 20 dispose, d'abord, que « les docteurs ou licen- « ciés en médecine et en chirurgie, de même que les officiers de « santé, chirurgiens, accoucheurs, dentistes et oculistes, les phar- « maciens et les sages-femmes établis dans les provinces méridio- « nales, examinés, reçus et admis à exercer l'art de guérir « conformément aux lois du 19 ventôse et du 21 germinal an XI, « seront tenus de faire viser leur diplôme ou certificat par la « commission provinciale, dans les trois mois qui suivront son « organisation. »

L'art. 21 du même arrêté ajoute que les docteurs en médecine, en chirurgie, en accouchements ou en pharmacie reçus à l'avenir, seront pareillement tenus de faire viser leur diplôme par la commission médicale dans le ressort de laquelle ils s'établiront.

Si la même obligation n'est pas explicitement imposée aux différents praticiens examinés et reçus par les commissions médicales, ce fait s'explique aisément, si l'on considère que le soin de procéder à la vérification des titres incombe auxdites commissions, et qu'il eût été surabondant de les obliger à constater la régularité d'un diplôme qu'elles-mêmes ont délivré et qui, d'ailleurs, est déjà revêtu de leur approbation.

Aux termes de l'arrêté susmentionné du 31 mai 1818, le praticien qui exerce dans la province où son diplôme a été régulièrement visé, et qui se propose de transférer son domicile dans une autre province, doit soumettre ses titres à un renouvellement de visa : conséquence nécessaire de l'organisation provinciale de la surveillance en matière de police médicale.

Ainsi, l'art. 22 porte que les docteurs qui transféreront leur domicile ailleurs, seront tenus de faire viser leur diplôme par la commission provinciale dans le ressort de laquelle ils vont s'établir.

L'art. 18 dispose également que tout praticien examiné et reçu par une commission médicale, qui transfère son domicile dans une autre province, doit faire viser son certificat dans les trois mois par la commission dans le ressort de laquelle il est venu s'établir, sans préjudice au droit qui appartient à celle-ci, dans certains cas, de soumettre l'intéressé à un examen nouveau (¹).

Quant aux officiers de santé diplômés sous le régime antérieur, ils devaient nécessairement, en cas de changement de domicile d'une province dans une autre, se faire recevoir en qualité de chirurgiens de campagne. Leur titre ne pouvait donc jamais être soumis à un renouvellement de visa (²).

La question de savoir si le praticien qui, après avoir fait vérifier son diplôme dans une province, s'est établi dans une autre, puis est

( ) V. ci-dessus n° 77.
(²) Arr. roy. du 31 mai 1818. Art. 24.

revenu se fixer au siége de son établissement primitif, est obligé de soumettre ce diplôme à une nouvelle vérification , a été résolue négativement par une circulaire ministérielle ainsi conçue (¹) :

« La formalité du visa donne au docteur qui l'a requise, le droit
« de pratiquer sa vie durant, dans la province ; ni l'absence pro-
« longée, ni l'exercice de sa profession dans un autre pays ou dans
« une autre province, ne peut restreindre un droit dont aucune loi
« ni aucun règlement ne fixe la durée. »

« Le comité central qui a délivré son diplôme au sieur L. lui a
« reconnu les capacités nécessaires pour pouvoir pratiquer l'art de
« guérir dans toute l'étendue du royaume ; une fois cette formalité
« accomplie, l'exercice de sa profession est libre, sous les seules
« restrictions inscrites dans les lois et règlements. »

Les praticiens qui, par la nature de leur profession, pouvaient exercer simultanément dans plusieurs provinces, devaient, pour être admis à user de ce droit, faire viser leurs titres par les commissions provinciales respectives.

C'est ce que décide l'art. 19 de l'arrêté du 31 mai 1818 à l'égard des dentistes et des oculistes, et le principe qu'il pose doit naturellement recevoir son application vis-à-vis des hommes de l'art qui jouissent de la même latitude.

Aux termes de l'art. 23 de l'arrêté, « tous ceux dont les diplômes
« ou les certificats seront visés à l'avenir, paieront de ce chef une
« modique rétribution. »

Le montant de cette taxe a été fixé par arrêtés ministériels des 17 octobre et 19 novembre 1818, rendant applicables aux provinces méridionales les anciens tarifs hollandais.

En résumé, l'obligation pour tout praticien de faire viser ses titres par la commission provinciale compétente, est générale, quelle que soit la nature des titres en question, l'époque à laquelle ils ont été décernés, et l'autorité qui les a délivrés, soit qu'ils remontent au régime antérieur, soit qu'ils émanent de nos universités, des commissions médicales ou de la prérogative royale.

(¹) Min. de l'int., 6e div. n° 1,711.

S'il pouvait exister quelque doute sur ce point, il serait levé par l'interdiction explicite qui est faite aux autorités constituées, par l'art. 26 déjà cité de l'arrêté du 31 mai 1818, d'admettre à l'exercice de l'art de guérir, d'autres personnes que celles dont les noms sont portés sur les listes officielles dressées par les commissions provinciales, listes qui renseignent les noms et qualités de tous ceux dont les titres ont été soumis à l'inspection desdites commissions [¹].

CHAPITRE IV.

DES DIFFÉRENTES PROFESSIONS MÉDICALES.

101. *Les docteurs en médecine* reçus par les facultés académiques des provinces méridionales du royaume des Pays-Bas, avaient pour mission, comme leurs confrères du régime précédent, d'exercer la médecine interne, et pouvaient le faire dans toute l'étendue du pays.

L'art. 11 de la loi du 12 mars 1818 interdit à ces praticiens d'exercer, en vertu de leur diplôme, la chirurgie, l'art des accouchements ou la pharmacie, si ce n'est en consultation.

Cette prohibition est une application naturelle et nécessaire du principe de la subdivision des arts médicaux en plusieurs branches dont la pratique est attribuée à des personnes distinctes, principe qui se trouvait inscrit déjà dans les lois antérieures, et que la législation hollandaise a consacré d'une manière encore plus absolue.

Si le législateur de 1818 a, par dérogation à ce principe, autorisé les docteurs à émettre, en cas de consultation, leur avis sur des points étrangers à leur profession, c'est parce qu'il a cru devoir tenir compte des circonstances qui exigeraient l'intervention simul-

(¹) V. ci-dessus n° 76.

tanée de plusieurs hommes de l'art exerçant une branche différente et parce que, d'ailleurs, les conseils échangés entre confrères, ne peuvent être assimilés aux actes professionnels soumis à la rigueur des lois de police.

Comme conséquence de l'interdiction qui est faite aux médecins par l'art. 11 de la loi du 12 mars, de s'immiscer dans la pratique chirurgicale ou pharmaceutique, les instructions du 31 mai 1818 les obligent à se faire assister d'un chirurgien chaque fois que les maladies internes qu'ils traitent font naître quelque défaut extérieur, et leur défendent, conformément à l'art. 20 de la loi (¹), de contracter aucun engagement avec un pharmacien pour la fourniture des médicaments qu'ils prescrivent (²).

Il est cependant certaines opérations chirurgicales de très-minime importance qui sont permises aux docteurs en médecine, savoir : l'inoculation de la vaccine et de la petite vérole (³). Le but essentiel des dispositions réglementaires qui admettent, par tolérance, cette dérogation aux règles générales sur la matière, a été de propager autant que possible, l'usage de la vaccine, dont le gouvernement des Pays-Bas a constaté même « l'utilité reconnue », par un arrêté du 18 avril 1818 qui admettait déjà les médecins à procéder aux inoculations.

Nous avons fait connaître dans un précédent chapitre (4), les motifs qui avaient engagé le législateur de l'an XI à permettre aux médecins établis dans les bourgs, les villages ou les campagnes, d'y délivrer des remèdes, à certaines conditions et dans certaines limites, aux personnes à qui ils donnaient leurs soins.

Les mêmes motifs ont dicté la disposition inscrite à l'art. 11 de la loi de 1818, qui autorise les docteurs en médecine « à fournir « des médicaments à leurs malades au plat pays et dans les villes

---

(¹) V. ci-après n° 134.
(²) Instr. pour les doct. Art. 3 et 10.
(³)　　　Id.　　　Art. 3.
(⁴) V. ci-dessus nᵒˢ 55 et 56.

« qui y sont assimilées, » c'est-à-dire, ainsi qu'il résulte de l'art. 6 de la loi, dans les villes où, à raison de leur peu d'importance, il n'existerait point de commission de surveillance locale.

Ainsi, dans les communes rurales et même dans certaines localités urbaines, les docteurs en médecine, sans pouvoir exercer, à proprement parler, la pharmacie, c'est-à-dire sans être autorisés à tenir officine ouverte, ont le droit d'avoir un approvisionnement de médicaments, de préparer les compositions pharmaceutiques et de les distribuer à leurs malades.

L'art. 9 des instructions pour les docteurs dispose, de plus, mais par mesure toute exceptionnelle, que ceux qui sont établis dans les villes où il leur est interdit par la loi de fournir des remèdes à leurs propres malades, sont autorisés à donner à ces derniers les médicaments destinés à combattre les maladies vénériennes, « pourvu toutefois qu'ils les aient fait préparer chez un apothicaire, « ce dont ils devront pouvoir produire la preuve, si elle est re- « quise. »

Le but de cette tolérance spéciale, qui était inscrite déjà dans certaines ordonnances de nos provinces, antérieures à la domination française [1], a été d'épargner aux patients la honte de divulguer indirectement à d'autres qu'au médecin qui les traite, le mal syphilitique dont ils seraient atteints.

C'est donc un scrupule de moralité et de convenance, et non une considération d'utilité publique, qui a dicté la mesure dont il s'agit.

Sauf le cas exceptionnel que nous venons de citer, les docteurs en médecine établis dans les villes où siége une commission locale, ne peuvent, sous aucun prétexte, fournir des remèdes à leurs malades. Cette interdiction est absolue, et s'applique aux remèdes homœopatiques comme aux autres.

102. *Les docteurs en chirurgie* des Pays-Bas, comme ceux qui avaient été reçus par application de la loi du 19 ventôse an XI,

[1] V. ci-dessus n° 17 § 2.

avaient pour mission d'exercer la médecine externe, c'est-à-dire
l'art chirurgical.

Aux termes de l'art. 2 des instructions du 31 mai 1818 relatives
à l'exercice de la chirurgie : « Sont du ressort de cette branche de
« l'art de guérir, toutes les incommodités dérivant d'accidents ou
« causes extérieures, ainsi que celles qui, provenant de causes
« internes, peuvent être guéries par l'application des mains et l'em-
« ploi d'instruments ou de remèdes chirurgicaux. »

Les nouveaux docteurs en chirurgie pouvaient exercer dans tout
le pays cette branche médicale ainsi définie, mais il leur était interdit
de pratiquer l'art des accouchements, que les lois hollandaises ont
érigé en science distincte dont l'application est confiée à des praticiens spéciaux.

Ce fractionnement de la chirurgie qui, sous le régime de la loi
de ventôse, comprenait, dans sa généralité, les opérations obstétricales, provient, sans doute, de la conviction qu'avait le gouvernement des Pays-Bas, qu'en spécialisant les études et les professions,
on favorise les progrès de la science; cette conviction se trouve
attestée, notamment, par l'art. 12 de la loi de 1818, qui interdit,
en principe, l'exercice cumulatif des différentes branches de l'art
de guérir, même aux praticiens possédant à la fois plusieurs diplômes. Nous verrons, cependant (¹), que cette interdiction n'existait pas à l'égard des chirurgiens qui étaient en même temps accoucheurs.

On sait que, pour obtenir le diplôme de *doctor chirurgiæ* d'après
le règlement universitaire du 25 septembre 1816, il fallait avoir
reçu préalablement le grade de docteur en médecine.

Tout docteur en chirurgie possédait donc, d'une manière complète,
la science de la médecine interne.

Cependant, aux termes de l'art. 12 de la loi, celui de ces praticiens qui se vouait à l'exercice de la chirurgie, ne pouvait, en règle
générale, et sauf les exceptions indiquées ci-après, poser aucun
acte du ressort de la médecine.

(¹) V. ci-après nº 118.

Cette prohibition, qui n'existait point sous le régime de l'an XI, est encore une application rigoureuse du principe de la subdivision des professions médicales.

Toutefois le législateur hollandais, reconnaissant la nécessité de répandre dans les campagnes et les petites localités, les secours médicaux de toute nature qui y faisaient complètement défaut, a permis exceptionnellement aux docteurs en chirurgie diplômés par les universités des Pays-Bas, d'exercer à la fois l'art chirurgical et la médecine interne dans le plat-pays et dans les villes privées de commission médicale locale.

C'est ce qui résulte encore de l'art. 12 de la loi de 1818.

L'article suivant accorde même au Roi la faculté absolue de permettre, dans des cas particuliers, l'exercice cumulatif des différentes professions.

Nous indiquerons ultérieurement le but et la portée des art. 12 et 13 précités, lesquels ne s'appliquent pas exclusivement aux docteurs en chirurgie, mais à tout homme de l'art qui possède à la fois deux ou plusieurs diplômes (¹).

Les docteurs en chirurgie ne pouvaient, comme tels, se livrer à l'exercice de la pharmacie, sans préjudice au droit qui leur appartenait naturellement de poser, *en leur qualité de docteurs en médecine*, les actes pharmaceutiques que ces derniers praticiens étaient exceptionnellement autorisés à accomplir, ainsi qu'il a été dit plus haut (²), mais moyennant les réserves imposées à ceux-ci, et pour autant seulement que l'exercice de la médecine interne fût permis auxdits docteurs en chirurgie, soit à raison de la localité qu'ils habitaient, soit en vertu d'un arrêté royal.

Cette prohibition résulte de l'art. 19 de la loi du 12 mars 1818, comminant des pénalités contre ceux qui exerceraient une branche de l'art de guérir pour laquelle ils ne sont pas légalement autorisés.

Elle est spécialement reproduite à l'art. 5 des instructions du

(¹) V. ci-après n° 118.
(²) V. le n° précédent.

31 mai 1818 pour les chirurgiens, rendues applicables aux docteurs en chirurgie par l'art. 12 des instructions de même date relatives à l'exercice de la profession de docteur.

Cet art. 5 permet toutefois aux chirurgiens de fournir à leurs patients les remèdes extérieurs nécessaires *ad usum extemporaneum,* c'est-à-dire ceux dont l'emploi est urgent, commandé par la nécessité, et qui, à ce titre doivent pouvoir être administrés immédiatement aux malades ou aux blessés.

Il est ainsi conçu : « Le chirurgien peut fournir ou administrer « à ses patients les remèdes extérieurs nécessaires *ad usum extem-* « *poraneum;* il est tenu de leur prescrire tous les autres, sans dis- « tinction, d'après les règles de l'art, et de leur laisser le recipe, « pour que le remède puisse être préparé chez un apothicaire. »

103. Les *docteurs en accouchements* diplômés conformément à l'arrêté du 25 septembre 1816, étaient admis à exercer dans le royaume l'art obstétrical dans toute son étendue, c'est-à-dire, « tant dans les cas naturels que non naturels (¹). »

Leur profession, ainsi limitée, présentait une grande analogie avec celle des docteurs en chirurgie.

Mais il leur était interdit de prescrire aucun remède, sauf en cas d'urgence, et à charge, dès lors, de laisser copie du *recipe* dans la demeure de la femme (²).

L'art. 4 des instructions du 31 mai 1818 pour les accoucheurs, également applicables aux docteurs en accouchements, comme il résulte de l'art. 12 déjà cité des instructions de même date concernant les docteurs, rappelle que ceux de ces praticiens qui exerceraient quelque autre branche de l'art de guérir, encourraient les pénalités prévues par l'art. 19 de la loi du 12 mars.

Les docteurs en accouchements, quoique munis du diplôme préalable de docteur en médecine, ne pouvaient donc exercer à la fois l'obstétrique et la médecine interne.

(¹) Instr. pour les accouch. du 31 mai 1818, art. 2. — Id. pour les doct., art. 12.

(²) Inst. pour les accouch., art. 5. — Id. pour les doct., art. 12.

Nous avons vu, au n° précédent, que cette prohibition est expressément inscrite à l'art. 12 de la loi de 1818, qui tolère toutefois, la pratique cumulative des deux branches au plat-pays et dans les villes y assimilées, sans préjudice à la faculté réservée au Roi, par l'art. 13, d'accorder des dispenses spéciales à ceux qui résideraient dans le ressort d'une commission médicale locale.

L'art. 3 des instructions précitées dispose aussi, d'une manière expresse, que les personnes autorisées à exercer l'art des accouchements, si elles ne sont pas diplômées en chirurgie, ne peuvent pratiquer l'art chirurgical ou faire des opérations qui en dépendent.

L'interdiction qui leur est faite, par les mêmes instructions, de prescrire des remèdes, emporte à plus forte raison, d'une autre part, celle d'en fournir ou d'en préparer, et, par conséquent, de s'ingérer d'aucune manière dans l'art pharmaceutique, si ce n'est en leur qualité de docteurs en médecine, dans les cas spéciaux prévus par les art. 11 et 12 combinés de la loi de 1818 (¹).

104. En substituant à l'ancien titre de pharmacien, le grade de *docteur en pharmacie* conféré par les facultés de médecine de nos universités, le législateur des Pays-Bas a voulu témoigner de la considération qu'il attachait à la pharmacie, et l'élever au même niveau scientique que la médecine interne, la chirurgie et l'obstétrique.

Les docteurs en pharmacie pouvaient, comme les autres praticiens munis d'un diplôme académique, s'établir dans telle localité du pays qu'ils jugeaient convenable : ce point résulte de l'art. 67 du règlement du 27 septembre 1816 déjà cité (²), auquel il n'a point été dérogé par la loi du 12 mars 1818, ni par les arrêtés ultérieurs.

Leurs attributions étaient celles que la loi du 21 germinal an XI avait confiées aux pharmaciens reçus dans les écoles de l'époque : ils pouvaient tenir officine ouverte, préparer et vendre les médicaments, etc.

(¹) V. ci-dessus n° 102.
(²) V. id.　　n° 67.

Il importe de remarquer qu'aucune disposition de la législation nouvelle n'a reproduit la défense qui était autrefois faite aux pharmaciens, par l'art. 32 de la loi de germinal, de livrer et de débiter des remèdes composés sans une prescription médicinale ou chirurgicale ; cette interdiction doit donc être considérée comme levée depuis l'abrogation des lois françaises (').

Par application du principe déposé dans l'art. 19 de la loi de 1818, l'art. 2 des instructions pour les pharmaciens du 31 mai suivant, rappelle que : « aucun apothicaire ne pourra, *en cette qualité,* et de quelque manière que ce soit, traiter des maladies, prescrire des *recipe,* ou faire prendre quelque médicament aux malades de son autorité.

Ainsi le docteur en pharmacie ne peut, *en cette qualité,* s'ingérer dans la pratique de la médecine, de la chirurgie, ou de l'art des accouchements.

Mais il est autorisé, comme nous l'avons vu plus haut, *en sa qualité de docteur en médecine,* selon l'art. 12 de la loi de 1818, à exercer à la fois la pharmacie et la médecine interne au plat-pays et dans les villes qui y sont assimilées, et peut même, en vertu d'un arrêté particulier émané du Roi, être admis à pratiquer cumulativement les deux branches de l'art de guérir dans les villes importantes où réside une commission médicale.

105. On sait (²) que le législateur français, désireux d'étendre autant que possible les secours de l'art médical sur tous les points du territoire et de les mettre à la portée de toutes les fortunes, avait institué à côté des docteurs en médecine et en chirurgie, véritables dépositaires de la science, certains autres praticiens, dont les études préliminaires ne devaient être ni bien longues ni bien coûteuses, dont les réceptions se faisaient avec une certaine facilité, et qui pou-

---

(') Bruxelles, 17 juill. 1847 (*Pasicr.*, 1848, 2. 36), 8 mars 1851. (*P.* 1851, 2. 271) et 6 janv. 1855 (*P.* 1855, 2. 94). — Jug. du trib. corr. de Bruxelles du 8 août 1846. (*P.* 1848, 2. 36).

(²) V. ci-dessus n° 56.

vaient exercer à la fois, en vertu de leur diplôme d'officier de santé, la médecine interne ainsi que la petite chirurgie, dans toute l'étendue d'un département.

Le nombre de ces praticiens ne tarda pas à atteindre un chiffre assez élevé pour que l'on pût apprécier si leur institution répondait, en effet, par son utilité, aux prévisions de la législature.

Ces prévisions ne se réalisèrent pas complétement, au moins dans notre pays.

Les officiers de santé, libres de se fixer à leur gré dans les campagnes ou dans les villes, affluèrent dans ces dernières localités, et délaissèrent les communes rurales, où ils ne trouvaient pas de ressources suffisantes. Autorisés à pratiquer la médecine interne dans les villes au même titre que les docteurs diplômés au sein des écoles ou des facultés académiques, ils firent, d'une autre part, à ces derniers, une concurrence d'autant plus regrettable, que le nombre des docteurs établis dans les grands centres de population suffisait aux exigences de la santé publique.

Le législateur des Pays-Bas se décida à porter remède à ces inconvénients, et résolut de substituer aux officiers de santé, dont il supprima l'institution dans l'avenir, un nouvel ordre de praticiens soumis, dans l'exercice de leur profession, à des règles différentes.

Nous entendons parler ici des *chirurgiens de campagne*, dont l'origine remonte à la loi du 12 mars 1818.

Ces praticiens, comme les officiers de santé, ne pouvaient exercer, en vertu de leur titre, que dans les limites d'une circonscription déterminée du pays; il leur était interdit de le faire en dehors du ressort de la commission médicale provinciale chargée de les recevoir, et sous la surveillance immédiate de laquelle ils étaient placés (¹).

Ainsi que leur nom l'indique, ils étaient autorisés à pratiquer spécialement, et même uniquement, dans les communes rurales ou le plat pays. L'art. 6 de la loi de 1818 assimile toutefois ici au plat pays, les villes où, à raison de ce qu'il ne s'y trouvait pas un nom-

(¹) Arr. roy. du 31 mai 1818 sur la surveillance de l'art de guérir. Art. 12.

bre suffisant de docteurs en médecine, il n'avait point été créé de commission médicale locale.

En défendant aux chirurgiens de campagne de s'établir et d'exercer dans les villes d'une certaine importance, l'auteur de la loi a voulu témoigner sa sollicitude pour les petites localités du royaume, et leur donner des garanties que ne leur offrait point l'ancienne institution des officiers de santé.

Par surcroît de précaution, et pour atteindre d'une manière complète le but proposé, l'art. 17 de l'arrêté royal du 31 mai 1818, relatif à la surveillance médicale, permet aux commissions provinciales d'assigner à la pratique des personnes auxquelles elles délivrent des diplômes ou certificats de capacité, *un lieu déterminé*, « dans le cas où il ne pourrait être autrement pourvu aux besoins « des habitants. »

L'autorité a donc été investie, jusqu'à un certain point, du droit de répartir les chirurgiens de campagne dans toute l'étendue des provinces respectives, selon les exigences de la santé publique.

Sauf les restrictions que nous venons d'indiquer, la mission des chirurgiens du plat pays présente une grande analogie avec celle des officiers de santé.

« Le principal objet de la pratique d'un chirurgien de campagne,» dit l'art. 2 des instructions du 31 mai 1818 relatives à cette profession, « consiste dans l'exercice de toutes les parties qui constituent « la chirurgie proprement dite (¹), dans les cas simples et ordi- « naires. »

Les articles suivants, par application de ce principe, interdisent aux chirurgiens de campagne d'entreprendre, sauf les cas d'urgence, des opérations qui peuvent mettre la vie des patients en danger.

L'art. 7 de la loi du 12 mars, sans précisément attribuer à ces praticiens la faculté d'exercer la médecine interne, a, toutefois, réservé au gouvernement le droit de la leur accorder.

(¹) V. la définition de la chirurgie, ci-dessus nᵒ 102

Les art. 2 et suivants des instructions du 31 mai 1848 leur permettent, en effet, de traiter les maladies internes, mais moyennant différentes restrictions qui tendent à circonscrire cette attribution dans les limites tracées à la fois par la prudence et la nécessité.

Ainsi, selon l'art. 4, « lorsqu'un chirurgien de campagne se fixera « dans une commune où se seraient déjà établis deux ou plusieurs « docteurs en médecine, il devra s'y borner au premier traitement « des maladies internes. »

Le même article lui interdit, en outre, d'une manière absolue, de traiter les maladies de langueur, et, en général, toutes celles qui sont ou deviennent dangereuses, sans appeler l'assistance d'un docteur en médecine.

De même que les officiers de santé, les chirurgiens du plat pays peuvent, dans certains cas, délivrer des médicaments, mais sans avoir le droit de tenir une officine ouverte.

L'art. 7 de la loi du 12 mars 1848 les oblige, en effet, à subir un examen sur les premiers éléments de la pharmacie, afin qu'il puisse leur être permis « de fournir des médicaments de la manière qui « sera prescrite par les instructions à donner ultérieurement sur « cet objet. »

Ces instructions sont celles du 31 mai 1848 dont il a été parlé plus haut.

Il en résulte que les chirurgiens du plat pays sont autorisés à avoir une officine [1], à délivrer aux malades les remèdes qu'ils leur prescrivent [2], et même à préparer les *recipe* formulés par d'autres praticiens [3] ; mais aucune disposition législative ou réglementaire ne leur permet d'avoir une pharmacie, c'est-à-dire, une officine ouverte au public [4].

[1] Art. 19.
[2] Art. 20.
[3] Art. 21.
[4] *Contrà*. DE LE BIDART. Des améliorations que réclame la législ. pharm. belge. Liége, 1844, p. 110 et 111.

L'art. 5 des instructions ajoute même, conformément au principe inscrit à l'art. 27 de la loi de germinal an XI, que lorsqu'un chirurgien de campagne « s'établira dans une commune où plusieurs « apothicaires se seraient déjà établis, il ne lui sera pas permis d'y « fournir des médicaments. »

Le droit dont jouissaient les anciens officiers de santé, d'exercer l'art des accouchements qui, lors de leur institution, ressortissait immédiatement à la chirurgie, n'a point été conservé aux chirurgiens de campagne par le législateur des Pays-Bas, lequel a érigé, comme on le sait, l'obstétrique en profession particulière.

106. En supprimant pour l'avenir la profession de l'officier de santé, qui, aux termes des lois antérieures, pouvait exercer la médecine interne dans toute l'étendue du département, et en limitant au plat pays le droit qu'avaient les chirurgiens de campagne de pratiquer cette branche de l'art de guérir, la loi du 12 mars 1818 a voulu attribuer aux docteurs en médecine seuls la faculté de l'exercer dans les villes.

Le nombre des praticiens de cette catégorie établis dans les communes urbaines était, en effet, très-suffisant, eu égard à la population.

Mais il n'en était pas de même du nombre des docteurs en chirurgie.

C'est dans le but de pourvoir à cette insuffisance, que le législateur de 1818 a reconnu l'existence d'une nouvelle classe de praticiens auxquels il a appliqué la qualification de *chirurgiens* ou de *chirurgiens de ville*, voulant les distinguer ainsi des chirurgiens de campagne, dont la profession présentait un tout autre caractère.

Les chirurgiens de ville, comme ceux du plat pays, ne pouvaient exercer leur art que dans le ressort de la commission médicale provinciale qui les avait diplômés (¹); mais, à moins d'une réserve particulière introduite dans leur diplôme, qui les obligeât à pratiquer exclusivement dans les villes où siégeait une commission médicale

(¹) Arr. roy. du 31 mai 1818. Art. 18.

locale (¹) ou dans un lieu déterminé (²), ils étaient admis à le faire dans tout le ressort, tant dans les communes urbaines que dans les communes rurales (³).

Leurs attributions étaient exactement les mêmes que celles des docteurs en chirurgie reçus par les universités des provinces méridionales ; ces deux professions étaient soumises, comme nous l'avons vu, aux mêmes dispositions réglementaires (⁴).

Les praticiens dont nous nous occupons étaient donc autorisés à exercer la chirurgie dans toute son étendue , c'est-à-dire, à traiter toutes les incommodités provenant d'accidents ou de causes extérieures et même celles qui, provenant de causes externes, pouvaient être guéries par l'application des mains et l'emploi d'instruments ou de remèdes chirurgicaux (⁵).

Il leur était interdit, ainsi qu'aux docteurs en chirurgie, de pratiquer l'art obstétrical.

Ils ne pouvaient, sous aucun prétexte, même au plat pays, se livrer à l'exercice de la médecine interne où de la pharmacie.

Si cette prohibition était moins absolue à l'égard des docteurs en chirurgie, si ces derniers praticiens pouvaient, dans les communes rurales, se livrer à la pratique de la médecine et y posséder un dépôt de médicaments à l'usage de leurs malades, il importe de remarquer que ce n'est point en vertu de leur titre qu'ils étaient autorisés à le faire, mais à raison de ce que , pour obtenir le grade chirurgical, ils avaient dû préalablement obtenir le diplôme de docteur en médecine, dont ils étaient exceptionnellement autorisés à faire usage dans les campagnes, par les motifs que nous avons indiqués.

Les chirurgiens pouvaient cependant, aux termes de l'art. 5 des

(¹) Loi du 12 mars 1818. Art. 5 et 6.
(²) Arr. roy. du 31 mai 1818. Art. 17.
(³) V. instr. pour les chir. de camp., Art. 6, ainsi que l'art. 3 des mêmes instr. combiné avec l'art. 3 des instr. pour les chir. de ville.
(⁴) V. ci-dessus nº 102.
(⁵) V. id. et instr. pour les chir. de ville. Art. 2.

instructions, fournir et administrer à leurs patients les remèdes extérieurs nécessaires *ad usum extemporaneum,* droit qui appartenait également, comme on le sait, aux docteurs en chirurgie.

Les dispositions qui précèdent définissent la profession des chirurgiens de ville, quelle que fût la localité, urbaine ou rurale, dans laquelle ils étaient établis ou exerçaient. Cette profession ne doit donc pas être confondue avec celle des chirurgiens de campagne dont nous avons traité ci-dessus, lesquels exerçaient l'art chirurgical dans des limites plus étroites, mais pouvaient, d'une autre part, avoir un dépôt de remèdes, les préparer, les livrer à leurs malades, et même pratiquer la médecine interne moyennant certaines réserves, facultés que les chirurgiens de ville, même domiciliés dans les communes rurales, ne possédaient point, et qui ne pouvait leur être accordée sans danger, puisque, dans le cours de leurs examens, ils n'avaient été interrogés ni sur la médecine, ni sur la pharmacie, tandis que la connaissance, au moins élémentaire, de ces deux sciences, était requise des chirurgiens de campagne.

107. Les mêmes considérations qui ont porté le législateur des Pays-Bas à reconnaître l'existence des chirurgiens de ville et de campagne, ont motivé l'institution des *accoucheurs,* dont les diplômes étaient également délivrés par les commissions médicales; ces praticiens étaient destinés à suppléer à l'insuffisance du nombre des docteurs autorisés à exercer l'art obstétrical, et à pourvoir au vide résultant, à la fois, de la suppression des officiers de santé, qui pouvaient autrefois procéder aux accouchements dans les villes et les communes rurales, et de l'interdiction qui était faite aux chirurgiens de campagne d'exercer cette branche spéciale de l'art de guérir.

Les attributions des accoucheurs étaient, du reste, identiquement celles des docteurs en accouchements reçus selon les dispositions du règlement universitaire du 25 septembre 1816 (¹); ils avaient donc pour seule mission d'exercer l'art obstétrical, mais dans toute

(¹) V. ci-dessus n° 103.

son étendue, c'est-à-dire, « tant dans les cas naturels que non
« naturels (¹). »

N'étant point, comme les docteurs en accouchements, munis
d'un diplôme préalable de docteur en médecine, les accoucheurs ne
pouvaient, dans aucun cas, jouir de la faculté accordée à ceux-ci,
d'exercer, dans certains cas, la médecine interne et, par suite, de
délivrer des remèdes à leurs malades.

L'art. 5 de la loi du 12 mars exige que leurs certificats mention-
nent s'ils sont autorisés à pratiquer dans les villes ou dans le plat
pays; mais cette distinction n'exerçait aucune influence sur l'étendue de leurs droits professionnels : l'accoucheur de ville exerçait
absolument la même profession que l'accoucheur de campagne; il
jouissait des mêmes facultés et était soumis aux mêmes obligations.

De même que les chirurgiens, ils devaient se borner à exercer
leur art dans le ressort de la commission qui les avait reçus, et pouvaient, selon les réserves inscrites à cet égard dans leur diplôme,
pratiquer dans toute la province, dans les villes, au plat pays, ou
seulement dans un lieu déterminé (²).

108. Les motifs de l'institution du titre particulier d'*oculiste* ont
été indiqués par le gouvernement des Pays-Bas, dans les considérants d'un arrêté du 6 août 1821 que nous avons rapporté plus
haut (³).

Ce titre, qui n'était accordé qu'aux praticiens déjà reçus en
qualité de docteurs en chirurgie, de chirurgiens de ville ou d'officiers de santé, ne leur conférait aucun droit nouveau, puisque
l'oculistique fait partie intégrante de la science chirurgicale qu'ils
étaient déjà admis à exercer en vertu de leur premier diplôme, mais
a été introduit dans le seul but de recommander à l'attention du
public ceux qui avaient fait une étude spéciale des maladies auxquelles
les organes de la vue peuvent être sujets, et qui présentaient, dès-

---

(¹) Instr. du 31 mai 1818 pour les accouch. Art. 2.
(²) V. ci-dessus nº 106.
(³) V. id., nº 90.

lors, des garanties de capacité, d'expérience et d'aptitude que tous les chirurgiens n'offraient pas.

Les oculistes pouvaient, aux termes de l'art. 19 de l'arrêté royal du 31 mai 1818 relatif à l'exercice de la surveillance médicale, exercer leur art dans tout le royaume au même titre que les docteurs. Il leur eût été impossible, en effet, de trouver dans les limites d'une seule province, une clientèle suffisante pour subvenir à leurs besoins.

109. Il est probable qu'en rangeant les *dentistes* parmi les hommes de l'art dont la pratique est subordonnée à la production d'un diplôme ou d'un certificat de capacité, la loi de 1818 a voulu mettre un terme à certain charlatanisme que les mesures de police ne parvenaient pas à réprimer complétement, c'est-à-dire, opposer aux arracheurs de dents qui parcouraient autrefois les foires et les marchés, et devaient à la modicité du salaire une clientèle assez nombreuse, des hommes qui, sans posséder précisément la science de la chirurgie, avaient cependant des connaissances spéciales suffisantes pour procéder sans danger à l'extraction des dents, et qui, d'une autre part, n'ayant pas à supporter des frais d'études bien considérables, pouvaient taxer leurs soins à un prix bien inférieur à celui que réclamaient les docteurs en chirurgie et même les chirurgiens.

Les instructions de 1818 n'indiquent pas en quoi devait consister l'exercice de la profession de dentiste ; il semble, toutefois, qu'il doit se borner au soin du nettoyage et du plombage des dents cariées, à leur extraction dans les cas ordinaires, et à la pose des dents artificielles.

Les dentistes étaient autorisés, comme les oculistes, par l'art. 19 de l'arrêté du 31 mai 1818, à pratiquer simultanément dans toutes les provinces. Nous avons fait connaître les motifs de cette autorisation exceptionnelle.

110. En créant le grade nouveau de docteur en pharmacie, le gouvernement hollandais a voulu montrer sa déférence pour la science pharmaceutique, mais n'a nullement eu l'intention d'attribuer aux seuls praticiens munis du titre académique, la faculté d'exercer la pharmacie.

Aussi la loi du 12 mars 1818 reconnaît-elle aux *apothicaires* diplômés par les commissions provinciales, les mêmes droits qu'aux docteurs en pharmacie ([1]).

L'exercice de ces deux professions est identique, sauf cette double réserve que les apothicaires, ne possédant point, comme les docteurs en pharmacie, le diplôme préparatoire de docteur en médecine, ne pouvaient, dans aucun cas et en aucun lieu, se livrer à la pratique de la médecine interne, et que, d'une autre part, à raison de la nature de leur titre qui émanait d'une commission provinciale, ils n'étaient autorisés à tenir officine que dans les limites du ressort où cette commission exerçait sa surveillance ([2]).

Les apothicaires pouvaient, du reste, être assujétis, comme les accoucheurs, en vertu d'une clause spéciale de leur diplôme, à ne s'établir que dans les villes, qu'au plat pays, ou même à se fixer dans un lieu déterminé, sans que ces réserves exerçassent d'influence sur l'étendue de leurs droits professionnels ([3]).

111. Le législateur de 1818, en maintenant l'institution des *sages-femmes*, dont l'origine est fort ancienne et dont la profession a été reconnue et réglée par la loi française du 19 ventôse an XI, n'a rien changé à la nature de leurs attributions.

L'art. 2 des instructions du 31 mai 1818 dispose, en effet, que « l'exercice de l'art des accouchements par les sages-femmes doit « se borner uniquement aux accouchements naturels ou à ceux que « l'on peut opérer avec la main, sans que jamais il leur soit permis « d'employer des instruments. »

Et l'art. 5 ajoute, par analogie avec l'art. 33 de la loi de ventôse : « dans tous les accouchements qui, par quelque cause que

([1]) Instr. pour les doct. Art. 48.
([2]) Arr. roy. du 31 mai 1818. Art. 48.
([3]) Loi du 12 mars 1818. Art. 5 et 6.—Arr. roy. du 31 mai 1818. Art. 47.
—V. ci-dessus, n° 107.

« ce soit, deviendraient difficiles ou dangereux, les sages-femmes
« seront tenues d'appeler au plus tôt à leur aide, un docteur en
« l'art des accouchements ou un accoucheur ; si on ne pouvait les
« trouver assez promptement, elles devraient demander l'assistance
« d'une autre sage-femme. »

Les sages-femmes ne peuvent traiter les maladies des femmes en couches, prescrire ni délivrer aucun remède.

Cette interdiction ne résulte pas seulement du silence que les instructions gardent sur ces différents points, mais de la défense absolue qui est faite aux personnes qualifiées, par l'art. 19 de la loi de 1818, d'exercer une branche de l'art de guérir pour laquelle elles ne sont pas autorisées

Quant à la détermination du ressort plus ou moins restreint dans lequel les sages-femmes devaient se borner à exercer, nous nous référons aux règles tracées, à cet égard, pour les chirurgiens, les accoucheurs et les apothicaires, et que nous avons indiquées plus haut ([1]).

La pratique des sages-femmes qui, par application de l'art. 5 de la loi du 12 mars 1818, étaient obligées de résider au plat-pays seulement ou dans un lieu déterminé, ne différait en rien de celle à laquelle pouvaient se livrer les sages-femmes admises à exercer dans toute la province.

112. Nous avons déjà signalé les motifs qui ont engagé le législateur des Pays-Bas à ranger la profession de *droguiste* parmi celles qui, à raison de leurs relations avec l'art médical, ne peuvent être exercées sans diplôme ([2]).

Aux termes de l'art. 2 des instructions du 31 mai 1818 relatives aux attributions du droguiste, sa profession se borne à la vente :

1° Des *drogues,* savoir : gommes, résines, semences, racines, écorces, bois, etc.

2° Des *épiceries.*

3° *Des objets de teinturerie.*

([1]) V. ci-dessus, n°s 105, 106, 107 et 110.
([2]) V. Id., n° 76.

4° *Des substances minérales,* telles que soufre, pierre-ponce, succin, antimoine, métaux et autres semblables

5° *Des substances animales,* comme cire, miel, colle de poisson, spermaceti et autres semblables.

6° *Des herbes fraîches et sèches.*

7° *Des objets de chimie* préparés en gros dans les fabriques et non par eux-mêmes, mais seulement au poids usuel.

Un arrêté ministériel du 1er mars 1820, spécifiant mieux encore la nature de la profession dont il s'agit, dispose que :

« La vente en détail et à boutique ouverte de tous les objets « mentionnés à l'art. 2 de l'arrêté précité, détermine la profession « de droguiste. Ainsi, ne sont pas compris sous cette dénomination : « les négociants ou marchands de drogues et épiceries, les fabri- « cants de drogues chimiques ni les herboristes, qui ne font le com- « merce des drogues qu'en gros, sans l'exercer en même temps en « détail. »

Par *vente en détail* il faut entendre, selon nous, non la vente par parcelles ou au poids médicinal, dans le sens de l'art. 33 de la loi française du 21 germinal an XI, mais celle qui est faite directement au consommateur, abstraction faite de la quantité ou du poids des substances vendues (¹).

C'est dans ce sens que la loi hollandaise du 21 mai 1819 sur les patentes (²) a défini le commerce en détail, c'est-à-dire le débit fait aux particuliers à la pièce, à l'aune, à la livre, etc., en opposition avec le commerce en gros, c'est-à-dire la vente faite aux commer- çants et revendeurs. Ce qui nous confirme dans cette opinion, c'est que la défense qui est imposée aux droguistes, de vendre *certaines* substances *au poids usuel,* fait l'objet d'une disposition spéciale, et que les instructions énumèrent d'une manière limitative celles des- dites substances qui ne peuvent être débitées en dessous d'un cer- tain poids ou d'une certaine quantité (³).

(¹) V. *Pasicr.* Ann. 1845. 2. 167.
(²) V. le *Tarif A* annexé à ladite loi, tableau n° 6, § 3.
(³) V. ci-après, n° 127.

Si cette interprétation est exacte, on ne doit pas considérer comme droguiste le marchand qui livre des drogues aux pharmaciens, mais uniquement celui qui, dans une boutique ouverte, les débite au public.

Il importe de remarquer, quant à ce dernier point, que le fait seul, par une personne non qualifiée, d'avoir vendu en détail *l'une ou l'autre* des différentes drogues mentionnées dans les instructions, la constituerait en contravention, car il n'a pu entrer dans les intentions du gouvernement d'interdire uniquement l'exposition en vente ou la vente *simultanée* de toutes les substances citées plus haut (¹).

Ce qui caractérise donc, réellement, la profession des droguistes, c'est le débit des drogues simples, soit qu'elles aient une destination exclusivement médicinale (²), soit qu'elles servent aussi dans les arts, l'industrie ou l'économie domestique.

Ces praticiens n'ont pas, en vertu de leur diplôme, le droit de vendre des drogues ou médicaments composés et, *a fortiori*, celui de les préparer.

Si le premier de ces droits leur a été nominativement attribué, dans de certaines limites, par l'art. 4 des instructions du 31 mai 1818, c'est uniquement par application de l'art. 17 de la loi du 12 mars, dont nous avons suffisamment indiqué le but et la portée (³).

Aux termes de l'art. 4 précité : « Il est défendu aux droguistes « de vendre des préparations chimiques dont on ne se sert que « comme médicaments, ainsi que des préparations de pharmacie « qui ne font pas l'objet du commerce en grand ; il ne leur est pas « permis de mêler des médicaments simples, ni de préparer des « ordonnances de médecine. »

(¹) V. un intéressant article traitant de cette question dans le *Journal de Chimie médicale de Pharmacie et de Toxicologie*, publié à Paris par les membres de la société de chimie médicale, Paris, 1846, t. II, 3ᵉ série, p. 292.

(²) V. ci-dessus nᵒ 94.

(³) V.   Id.   nᵒ 76.

Cet article distingue nettement la profession du pharmacien, de celle du droguiste.

Ce dernier ne peut donc procéder à aucune composition ; il lui est défendu de vendre des préparations chimiques ou pharmaceutiques d'intérêt exclusivement médical, c'est-à-dire celles qui se font d'ordinaire dans les officines pharmaceutiques et non dans les fabriques industrielles ; mais, quant à celles qui feraient l'objet d'une telle fabrication, fussent-elles de véritables médicaments composés dans le sens de l'art. 17 de la loi, le droguiste peut les vendre, pour autant qu'elles soient pas uniquement utilisées en pharmacie.

Certaine liste, sans caractère officiel et sans date, insérée dans diverses publications administratives, mentionne les préparations que les droguistes ne peuvent vendre, comme étant d'intérêt purement médical, et celles qu'il leur est loisible de débiter, comme étant préparées en grand dans les fabriques ; mais ce document a été déclaré sans valeur en justice par un jugement du tribunal correctionnel de Bruxelles du 28 mars 1859, passé en force de chose jugée. C'est donc en fait que doivent être respectivement résolues chacune des difficultés qui peuvent s'élever sur cet objet.

Nous verrons dans un autre chapitre que le gouvernement, afin d'éviter, autant que possible, que certaines substances exposées en vente dans les boutiques des droguistes soient débitées à raison de leurs qualités médicamenteuses, a interdit à ces praticiens de les délivrer par doses ou parcelles, c'est-à-dire au-dessous d'une certaine quantité [1].

Sauf les réserves indiquées plus haut, il est défendu aux droguistes de poser aucun acte du ressort de la pharmacie [2] et de s'ingérer, d'ailleurs, dans la pratique des autres branches de l'art de guérir [3].

Ces praticiens, comme tous ceux qui étaient reçus par les

[1] V. ci-après n° 127.
[2] Instr. du 31 mai 1818 pour les droguistes, art. 4.
[3] Loi du 12 mars 1818, art. 19.

commissions médicales, à l'exception des oculistes et des dentistes, ne pouvaient exercer que dans le ressort de la province où ils avaient été diplômés.

En général, ils étaient admis à le faire dans toute l'étendue de ce ressort, sans distinction entre les villes et les campagnes ; aucun intérêt public n'exigeait, en effet, que ces individus, dont la profession est plutôt industrielle que médicale, fussent établis dans certaines localités plutôt que dans d'autres.

113. L'*herboriste* n'est, en réalité, qu'un droguiste qui vend en détail et à boutique ouverte, des herbes médicinales fraîches ou sèches.

La loi du 12 mars 1818 se borne à reconnaître l'existence de cette catégorie de praticiens, dont la profession n'a été définie ni réglée par aucune disposition législative ou réglementaire.

L'art. 19 de cette loi interdit, d'ailleurs, aux herboristes, comme à tout praticien soumis à un examen devant la commission provinciale, d'exercer une branche quelconque de l'art médical pour laquelle ils n'auraient pas été autorisés, et l'art. 18 de l'arrêté royal du 31 mai de la même année les oblige, au même titre, à se fixer dans le ressort de l'autorité qui les a diplômés et sous la surveillance de laquelle ils sont placés.

114. Le médecin ou le chirurgien reçu à l'étranger, mais exceptionnellement autorisé par le Roi, en vertu de l'art. 10 de la loi du 12 mars 1818, à exercer dans le royaume des Pays-Bas, était généralement admis à jouir, dans la pratique de son art, de toutes les prérogatives respectivement accordées aux docteurs en médecine ou en chirurgie diplômés dans les universités des provinces méridionales.

Cependant, comme les autorisations royales en cette matière étaient des actes de pure faveur, elles pouvaient être subordonnées à toutes conditions et restrictions jugées utiles, soit à raison de la nature des titres des praticiens diplômés hors du pays, soit à raison de la spécialité de leurs connaissances.

Quant aux docteurs en médecine reçus comme tels dans une université étrangère et admis, après examen, par nos facultés académiques, en vertu des art. 8 et 9 de la loi de 1818, à user de leur titre dans le royaume, leur profession était, de plein droit, assimilée à celle des docteurs en médecine diplômés dans nos universités nationales. C'est, en effet, dans la loi même que ces praticiens puisaient la faculté d'exercer, et non dans un titre administratif; or la loi du 12 mars, en caractérisant et en réglant la profession des différents docteurs en médecine reçus dans les formes légales, n'a point établi de distinction entre eux, selon qu'ils avaient été examinés conformément au règlement universitaire du 25 septembre 1816, ou conformément aux art. 8 et 9 de la loi du 12 mars 1818.

115. L'arrêté royal du 23 novembre 1823, qui autorise certains officiers de santé militaires à exercer au civil, sans nouvel examen, la profession de médecin ou de chirurgien, prend soin de déterminer dans quelles limites cette faculté leur est accordée.

Il dispose, en effet, que les officiers de santé de 1re classe pourront pratiquer la médecine dans les villes, que les chirurgiens-majors exerceront la chirurgie dans les mêmes localités, enfin que les officiers de 2e ou de 3e classe s'établiront comme chirurgiens dans le plat-pays seulement.

La profession des premiers est donc celle des docteurs en médecine, dont nous avons indiqué la nature.

La profession des seconds est celle des docteurs en chirurgie ou des chirurgiens de ville.

Les troisièmes, enfin, doivent être assimilés aux chirurgiens de campagne.

L'analogie qui existe entre la profession de certains des praticiens que nous venons de citer et celle des chirurgiens de ville ou de campagne, n'est cependant pas absolue, en ce sens que ces derniers ne pouvaient exercer, aux termes de l'art. 18 de l'arrêté royal du 31 mai 1818, que dans le ressort de la commission médicale qui les avait reçus, tandis que les chirurgiens-majors et les officiers de santé militaires de 2e et de 3e classe, n'ayant point été soumis à semblable réserve, ont été implicitement autorisés à pratiquer dans tout le royaume.

De ce que l'arrêté de 1823 a permis aux officiers de santé de 1re classe et aux chirurgiens-majors, de pratiquer respectivement la médecine et la chirurgie dans les villes, il ne résulte pas, selon nous, qu'il leur ait été interdit de le faire au plat pays.

Un des buts essentiels que le législateur de 1818 s'est proposé d'atteindre a été, comme nous l'avons dit, de répandre autant que possible les secours de l'art dans les campagnes, où ils faisaient précédemment défaut : c'est pourquoi la pratique des chirurgiens de campagne a été restreinte au plat-pays, tandis que les chirurgiens de ville ont obtenu, comme les docteurs, le droit d'exercer à la fois dans les localités urbaines et rurales (¹).

Or, si le droit d'exercer dans les villes emporte tacitement, d'après la loi de 1818, celui d'exercer dans les campagnes, ce principe doit être considéré comme général, et recevoir son application à l'égard de tous les praticiens auxquels le droit dont il s'agit a été accordé par les lois et arrêtés du régime précédent.

116. Les lois, arrêtés et instructions du régime néerlandais, qui ont abrogé la législation française de l'an XI tout en respectant les positions acquises des personnes diplômées sous l'empire de cette législation, règlent d'une manière générale tout ce qui concerne le mode d'exercice des différentes professions médicales, sans établir de distinction entre les praticiens, eu égard à l'époque de leur réception.

Il suit de là que les dispositions nouvelles concernant la pratique des *docteurs en médecine*, des *docteurs en chirurgie*, des *pharmaciens*, des *sages-femmes* et des *herboristes*, sont applicables à ceux qui ont obtenu les mêmes titres en conformité des lois de ventôse ou de germinal.

L'introduction de ces dispositions a-t-elle eu pour résultat d'assimiler d'une manière complète les anciennes professions recon-

(¹) V. ci-dessus, n° 106.

nues par le législateur français, aux professions analogues introduites par le législateur des Pays-Bas?

Cette question peut être résolue sans inconvénient d'une manière affirmative pour tous les praticiens qui viennent d'être cités,
sauf pour les *docteurs en chirurgie* :

Ceux qui possédaient ce titre en vertu de la loi du 19 ventôse
an XI, pratiquaient autrefois les accouchements; les docteurs en
chirurgie reçus conformément à la loi du 12 mars 1818, ne peuvent, au contraire, exercer cet art. sauf dans certains cas excep-
tionnels que la loi énumère.

Résulte-t-il de cette dernière considération que les docteurs en
chirurgie diplômés selon les lois françaises se sont vus privés, en
1818, de la faculté de procéder aux opérations obstétricales?

Évidemment non : la loi du 12 mars n'établit aucune incompatibilité absolue entre l'exercice de la chirurgie et celui de l'art des
accouchements (¹, elle se borne à interdire, en principe, la pratique cumulative de ces deux branches scientifiques, à ceux qui ont
obtenu *séparément* les diplômes qui s'y rattachent ²); aucune disposition législative ou réglementaire ne défend à ceux qui sont autorisés, *en vertu d'un seul et même titre*, à exercer deux professions
médicales quelconques, d'user des droits que ce titre leur accorde (³).

Or. comme. sous l'empire des lois françaises, l'obstétrique faisait
partie intégrante de la science chirurgicale, comme le diplôme unique de docteur en chirurgie conférait au titulaire la faculté d'exercer l'art des accouchements, cette faculté lui a été nécessairement
conservée.

Une autre distinction doit encore être établie entre les droits
respectifs des deux catégories de docteurs en chirurgie auxquels nous
venons de faire allusion : ceux qui ont été diplômés selon les règles
tracées par l'arrêté académique de 1816 peuvent. comme nous l'avons

---

(¹) V. loi du 12 mars 1818, art. 13.
(²) V. id., art. 12.
(³) V. ci-après n° 159.

dit ailleurs (¹), pratiquer aussi, dans certains cas, la médecine interne, tandis que ce droit n'a point été reconnu aux docteurs en chirurgie du régime précédent, lesquels n'étaient point tenus, comme ces derniers, de s'être fait préalablement recevoir docteurs en médecine.

L'art. 12 de la loi n'accorde, en effet, la faculté d'exercer à la fois au plat pays les professions de médecin et de chirurgien, qu'à ceux qui ont obtenu *séparément* ces deux titres.

Les lois et arrêtés de 1818, qui ont interdit dans l'avenir toute nouvelle réception d'*officiers de santé,* ne font aucune mention des praticiens qui continueraient à exercer comme tels en vertu d'un ancien diplôme.

Doit-on en conclure que leurs attributions primitives ont été maintenues absolument intactes, et qu'ils ne sont soumis à aucune des instructions concernant l'art de guérir, rendues sous le gouvernement des Pays-Bas?

Selon nous, il faut distinguer :

D'après les lois de l'an XI, les officiers de santé pouvaient, comme les docteurs en médecine, exercer la médecine interne et livrer, dans certaines localités, des remèdes à leurs malades ; ils pouvaient, en outre, exercer la chirurgie et l'art des accouchements, sauf à n'agir, dans les grandes opérations. que sous la surveillance et l'inspection d'un docteur en chirurgie.

Le législateur de 1818 leur ayant conservé le droit d'user de leur titre, et n'ayant interdit l'exercice cumulatif de la médecine, de la chirurgie et de l'art des accouchements qu'à ceux qui ont obtenu *séparément* les diplômes donnant respectivement le droit de pratiquer ces diverses branches de l'art de guérir, les officiers de santé ont gardé la faculté qui leur avait été primitivement laissée, d'exercer à la fois les trois branches en vertu d'un diplôme unique.

Mais, quant au mode d'exercice de leurs attributions, nous le croyons réglé par les instructions de 1818.

(¹) V. ci-dessus nᵒ 102.

Il nous paraît juste d'admettre qu'en ce qui concerne le droit
de pratiquer la médecine interne et de fournir des médicaments
aux malades, la profession de l'officier de santé soit soumise aux
dispositions qui règlent les droits analogues des nouveaux docteurs en médecine; il est rationnel, en effet, que les mesures générales relatives à la pratique de la médecine interne dans le royaume
des Pays-Bas s'appliquent à tous ceux qui exercent cet art, quel
que soit leur titre. Le législateur français, au point de vue qui nous
occupe, avait entièrement assimilé les droits des officiers de santé
à ceux des anciens docteurs en médecine; or ces derniers étant soumis depuis 1818 à des règles nouvelles, ces règles doivent, logi-
quement, être observées par les officiers de santé.

En ce qui concerne le droit d'exercer la chirurgie, la profession
de l'officier de santé présente la plus parfaite analogie avec celle du
chirurgien de campagne, dont l'institution date de la loi de 1818;
aussi croyons-nous que les dispositions qui tracent les limites dans
lesquelles ce dernier peut s'adonner à la petite chirurgie, sont entièrement applicables à l'officier de santé, lequel conserve, au surplus, sous
les mêmes réserves, la faculté de procéder aux opérations obstétricales.

Les officiers de santé ne pouvaient autrefois pratiquer leur art
que dans la circonscription du département dans lequel ils avaient
été diplômés par le jury, mais étaient libres de s'établir indistinctement dans les villes et dans les campagnes.

L'art. 24 de l'arrêté royal du 31 mai 1818, concernant la surveillance médicale, leur interdit également de s'établir dans une
autre province que celle du lieu de leur réception, mais ajoute, de
plus, que « les officiers de santé ne pourront, à l'avenir, en cas de
« changement de domicile, s'établir que dans les communes rurales
« ou dans les villes où il n'existe point de commission médi-
« cale. »

Cette disposition, rendue dans l'intérêt des habitants du plat
pays, où le nombre des praticiens était insuffisant, a apporté, il
faut le reconnaître, une grave atteinte à la liberté dont jouissaient

précédemment les officiers de santé, quant au choix d'une résidence.

Nous ferons observer, à ce propos, que la législation hollandaise n'a point restreint au ressort d'une seule province la pratique des pharmaciens, des sages-femmes ou des herboristes reçus sous le régime précédent, et primitivement autorisés à exercer leur art dans toute l'étendue du territoire national.

117. Aux termes des instructions du 31 mai 1818 relatives à la chirurgie, aux accouchements et à la pharmacie, les individus autorisés, comme il est dit dans un précédent chapitre, à aider les différents praticiens dans l'exercice de leur art, en qualité d'*assistants* ou d'*élèves*, doivent se conformer aux conditions suivantes, qui déterminent la nature de leur profession :

Les aides ou assistants des chirurgiens peuvent, sous les ordres et la responsabilité de ces derniers, faire, même en dehors de leur présence, les opérations de peu d'importance ; mais la présence du maître est obligatoire s'il s'agit d'actes chirurgicaux qui présentent une certaine gravité. En aucun cas les élèves des chirurgiens de campagne ne peuvent procéder au traitement des maladies internes ([1]).

Les élèves attachés aux accoucheurs et aux sages-femmes ont aussi la faculté, moyennant la permission de ceux-ci, mais sous leur surveillance et leur responsabilité, d'opérer les accouchements ordinaires ([2]).

Quant aux apprentis ou garçons de boutique des pharmaciens, ils peuvent, aux mêmes conditions, préparer les médicaments et les ordonnances. Les instructions spécifient les actes du domaine de l'art pharmaceutique que le pharmacien seul peut poser, à l'exclusion de ses élèves ([3]).

([1]) Instr. pour les chir. de ville du 31 mai 1818, art. 17. — Id. pour les chir. de camp., art. 30.

([2]) Instr. du 31 mai 1818 pour les accouch., art. 15. — Id. pour les sages-femmes, art. 12.

([3]) Instr. du 31 mai 1818 pour les apoth., art. 4, 6, 9, 10, 11, 12 et 16.

118. Les lois de ventôse et de germinal an XI n'interdisaient pas aux personnes qui possédaient plusieurs diplômes médicaux, d'en faire un usage simultané.

Cette interdiction, au moins dans certaines conditions, est, au contraire, inscrite dans la loi du 12 mars 1818, dont les art. 12 et 13 sont ainsi conçus :

Art. 12. « Les docteurs en médecine qui ont obtenu séparément
« les titres de docteurs en chirurgie, dans l'art des accouchements
« ou dans la pharmacie, ou qui ont été examinés et admis par une
« commission médicale provinciale, comme chirurgiens, accou-
« cheurs ou apothicaires, sont autorisés à exercer partout séparé-
« ment la médecine, l'art des accouchements ou la pharmacie,
« mais ils n'auront pas la faculté d'exercer, si ce n'est en consulta-
« tion, ces diverses branches de l'art de guérir cumulativement,
« ailleurs qu'au plat-pays et dans les villes où il n'y a point de
« commission médicale locale.

Art. 13. « Sont exceptés des dispositions de l'article précédent,
« ceux auxquels la faculté qu'il refuse aura été, dans des cas par-
« ticuliers, accordée par Nous ; pourront, néanmoins, sans cette
« autorisation spéciale, être exercés partout cumulativement, la
« chirurgie et l'art des accouchements. »

Ces articles règlent, comme on le voit, la liberté qui était re-
connue par l'arrêté royal du 25 septembre 1816, aux docteurs reçus dans les quatre branches, de les exercer partout simultanément, sauf les restrictions faites ou à faire par les règlements de police sur la matière (¹).

Le principe qui a dicté les art. 12 et 13 de la loi du 12 mars 1818 est celui-ci :

La division des professions est favorable au développement et au perfectionnement de la science : il convient donc de reconnaître à des praticiens distincts, la faculté d'exercer respectivement chacune des différentes branches de l'art de guérir, quelque étendues, quel-

______

(¹) V. ci-dessus nᵒ 67.

que variées que soient, du reste, leurs connaissances. L'affinité toute spéciale qui existe entre la chirurgie et l'art des accouchements justifie seule une exception à cette règle générale.

Cependant, l'insuffisance bien constatée du nombre des praticiens établis dans les communes rurales et dans certaines petites villes, et la nécessité morale de pourvoir à cette lacune par tous les moyens possibles, doit atténuer, en fait, la rigueur du principe posé.

En reconnaissant d'une manière générale à tous les hommes de l'art qui voudront se fixer dans ces localités, le droit d'y faire, le cas échéant, un usage simultané de leurs différents diplômes, on nuira, sans doute, aux intérêts bien entendus de la science, mais on pourvoira à des besoins pressants qu'il est du devoir du législateur de satisfaire en premier lieu.

Si, enfin, des circonstances particulières exigeaient exceptionnellement l'adoption de mesures analogues dans certaines villes plus ou moins importantes, il serait juste d'en tenir compte, mais à la suite d'un examen particulier, et en vertu d'une disposition spéciale pour chaque cas.

Telles sont, d'après nous, les considérations qui ont dû motiver l'adoption des articles de la loi de 1818 dont il est fait mention plus haut. Si tel est, en effet, le but des dispositions de ces articles, il semble rationnel d'admettre que l'interdiction qu'ils prévoient ne s'applique pas exclusivement aux docteurs qui auraient obtenu séparément un ou plusieurs diplômes en chirurgie, en obstétrique et en pharmacie, mais à tout praticien qui posséderait à la fois différents titres, ne fût-il point docteur en médecine, par exemple au chirurgien ou à l'accoucheur muni d'un diplôme d'apothicaire.

Il est vrai que les instructions relatives à la profession du pharmacien exigent de lui qu'il exerce sur son officine une surveillance permanente plus ou moins incompatible avec l'exercice d'une autre profession, mais ces instructions sont également applicables aux docteurs en pharmacie, qui sont cependant expressément autorisés à cumuler leur pratique avec celle de la médecine et de la chirurgie au plat pays : or les droits des apothicaires sont les mêmes que ceux des docteurs en pharmacie; la nature de leur titre et la délimitation du ressort dans lequel ils sont admis à s'établir sont les seuls points qui les distinguent.

Nous avons dit que les lois et arrêtés de 1818, dans ceux de leurs articles qui déterminent la nature des professions médicales et en règlent l'exercice, sont de droit applicables aux praticiens diplômés sous le régime français, notamment aux docteurs en médecine ou en chirurgie, aux officiers de santé et aux pharmaciens.

Il en résulte que les règles tracées par les art. 12 et 13 précités de la loi du 12 mars doivent être observées par ces praticiens, quelle que différente que fût la législation antérieure, quant au point qui nous occupe.

Ainsi, les anciens docteurs qui avaient obtenu séparément, conformément aux lois de l'époque, les diplômes de docteur en médecine et de docteur en chirurgie, ont dû cesser, à dater de 1818, d'exercer simultanément les deux branches, au moins dans les villes. Toutefois le gouvernement des Pays-Bas, prenant en considération le préjudice qu'ils éprouveraient de ce chef, et voulant respecter leurs positions acquises, a usé, à l'égard de tous les docteurs dont il s'agit, du droit qui lui était réservé par l'art. 13 de la loi de 1818, en leur permettant de pratiquer à la fois, dans tout le royaume, comme par le passé, la médecine et la chirurgie.

Les rapports plus ou moins directs qui existent, d'une part entre la profession du dentiste ou de l'oculiste et celle du chirurgien, d'une autre part entre celle de la sage-femme et celle de l'accoucheur, ceux qui existent, enfin, entre la profession du droguiste ou de l'herboriste et celle de l'apothicaire, nous portent à croire que toutes ces professions sont, au point de vue de l'exercice simultané, soumises aux règles tracées par les art. 12 et 13 de la loi.

CHAPITRE V.

DE LA RÉGLEMENTATION DES PROFESSIONS MÉDICALES.

119. Nous venons d'énumérer les actes médicaux que les différents praticiens sont respectivement autorisés à poser, selon la nature de leur titre.

Il nous reste à mentionner les conditions auxquelles l'accomplissement de ces actes a été subordonné par voie de police.

Ces conditions sont inscrites, les unes dans la loi du 12 mars 1818 ou dans celle du 12 juillet 1821, les autres dans l'arrêté royal du 31 mai 1818 concernant la surveillance médicale ou dans celui du 28 avril 1821 sur l'introduction de la *Pharmacopée Belgique,* enfin, et particulièrement, dans les instructions pratiques approuvées par arrêtés du 31 mai 1818.

Les dispositions que nous venons de citer, et surtout les instructions mentionnées en dernier lieu, comprennent un certain nombre d'articles qui n'ont pas immédiatement pour but de prévenir les dangers plus ou moins inhérents à l'exercice des différentes professions médicales ; les articles auxquels nous faisons allusion ont pour objet : les uns, de faciliter l'exercice de la surveillance judiciaire, administrative ou disciplinaire, en appelant les hommes de l'art à participer, dans de certaines limites, à cette surveillance ; les autres, de prévenir toute difficulté entre ces derniers et les particuliers, au sujet de l'évaluation de leurs soins, de la détermination du montant de leurs honoraires.

Ainsi, les médecins et chirurgiens sont tenus de signaler aux officiers du ministère public les faits qui seraient parvenus à leur connaissance dans l'exercice de leurs fonctions, et qui sembleraient de nature à provoquer une instruction judiciaire (¹).

(¹) Instr. du 31 mai 1818 pour les doct., art. 17. — Id. pour les chir. de ville, art. 13. — Id. pour les chir. de camp., art. 27.

L'accoucheur doit dénoncer à la commission médicale les sages-femmes qui auraient négligé ou refusé de les appeler en temps utile auprès des femmes en couches dont la situation présentait quelque danger (¹) ; le médecin doit également signaler à la commission les pharmaciens qui auraient délivré des médicaments gâtés, faibles, mal préparés ou contraires aux recettes (²) ; enfin tout chirurgien, accoucheur ou sage-femme qui apprendrait que l'un de ses élèves, aides ou assistants a posé à son insu certains actes médicaux qui lui sont interdits par les instructions, est tenu de faire la même dénonciation, et de renvoyer le coupable sans attestation de bonne conduite (³).

Dans le but d'éclairer les commissions de surveillance sur la nature, l'importance et le nombre des maladies ou autres faits analogues, les médecins et chirurgiens sont obligés de tenir un registre de vaccinations, et de produire, chaque trimestre, un relevé des individus qu'ils ont traités de la petite vérole, en indiquant le nombre de ceux qui ont succombé à cette maladie ou qui en ont conservé des inconvénients (4)

Les accoucheurs et les sages-femmes, de leur côté, doivent transmettre, chaque année, aux commissions médicales, un rapport sur les accouchements laborieux ou difficiles qu'ils ont opérés (5).

Il est fait un devoir aux chirurgiens de campagne de tenir, pendant les trois premières années de leur pratique, au moins, des notes exactes sur les maladies de quelque importance qu'ils ont traitées, et de transmettre, tous les six mois, ces notes à la commis-

---

(¹) Instr. pour les accouch., art. 8.

(²) Instr. pour les doct., art. 12.

(³) Instr. pour les chir. de ville, art. 18 — Id. pour les chir. de camp., art. 34. — Id. pour les accouch., art. 16. — Id. pour les sages-femmes, art. 13.

(4) Instr. pour les doct., art. 4, 5 et 6. — Id. pour les chir. de ville, art. 9, 10 et 11. — Id. pour les chir. de camp., art. 9, 10 et 11.

(5) Instr. pour les accouch., art. 10. — Id. pour les sages-femmes, art. 8.

sion provinciale, en les accompagnant, autant que possible, de motifs raisonnés ([1]).

Cette dernière obligation, d'un caractère tout spécial, avait pour objet de permettre aux commissions médicales de signaler aux chirurgiens du plat pays les erreurs qu'ils auraient pu commettre, et de les mettre en état d'acquérir plus d'instruction et de connaissances pratiques.

Les chirurgiens, accoucheurs et sages-femmes qui, à raison d'un acte grave qu'ils auraient accompli, soit que cet acte ressortît ou non à la pratique de leur profession, auraient lieu de craindre un reproche ou des poursuites disciplinaires, doivent porter immédiatement le fait à la connaissance de la commission médicale, en y joignant les explications ou pièces justificatives nécessaires pour mettre leur responsabilité à couvert ([2]).

Enfin, en cas d'apparition d'une maladie épidémique ou contagieuse, les gens de l'art qui la traitent sont obligés d'en informer sur le champ l'autorité administrative ([3]).

Plusieurs autres articles des lois et instructions précités ont pour but, comme nous l'avons dit plus haut, de sauvegarder, jusqu'à un certain point, les intérêts pécuniaires des malades.

Ainsi le médecin et le pharmacien ne peuvent contracter entr'eux, pour la fourniture des médicaments, aucune convention, aucun engagement direct ou indirect tendant à se procurer quelque gain ou profit au préjudice des tiers ([4]).

Tout docteur, chirurgien, accoucheur ou sage-femme, en cas de différend sur le montant de ses honoraires, avec les personnes auxquelles il a donné ses soins, doit se conformer aux tarifs dres-

---

([1]) Instr. pour les chir. de camp., art. 24 et 25.

([2]) Instr. pour les chir. de ville, art. 7 et 8. — Id. pour les chir. de camp., art. 7 et 8 — Id. pour les accouch., art. 11. — Id. pour les sages-femmes, art. 6.

([3]) Arr. roy. du 31 mai 1818, art. 11.

([4]) Loi du 12 mars 1818, art. 20 et 21 — V. ci-après n° 134.

sés par les commissions médicales provinciales sous l'approbation des États-Députés ([1]).

Quant aux mesures de police proprement dites qui règlent l'exercice des différentes professions, nous les passerons successivement en revue dans les numéros qui suivent.

120. *Les docteurs en médecine* peuvent, comme on le sait ([2]), exercer la médecine interne dans toute son étendue, et ont, en outre, la faculté de fournir des remèdes à leurs malades au plat-pays et dans les villes y assimilées.

Là se bornent les droits que le législateur a attribués à leur titre, sans préjudice à la faveur exceptionnelle qui leur est accordée de procéder à l'inoculation de la vaccine et de la petite vérole, et de donner à leurs patients les remèdes syphilitiques nécessaires, à charge de les avoir fait préparer dans une pharmacie, faveur qui n'a été subordonnée à aucune condition particulière.

Nous indiquerons plus loin les règles auxquelles les médecins du plat-pays doivent se conformer pour la tenue de leurs officines privées, la préparation des médicaments, etc., règles qui sont également applicables aux officines des chirurgiens de campagne ([3]).

Les seules conditions à observer par les docteurs, en ce qui concerne la pratique de la médecine interne, ont pour objet le mode de rédaction des ordonnances et la surveillance des remèdes fournis par le pharmacien, savoir :

A. « Les docteurs en médecine sont tenus d'écrire lisiblement
« leurs recettes, à l'encre et en langue latine, de spécifier en toutes
« lettres les médicaments et les quantités, d'y ajouter les jour,
« mois et an de la remise, le nom des malades ou, (dans le cas où
« l'on désirerait le secret), une marque distinctive, la manière de

---

([1]) Instr. pour les doct., art. 15 et 16. — Id. pour les chir. de ville, art. 14. — Id. pour les chir. de camp., art. 26. — Id. pour les accouch., art. 12. — Id. pour les sages-femmes, art. 9. — V. ci-après n° 131.

([2]) V. ci-dessus n° 101.

([3]) V. ci-après n° 126.

« prendre ou d'appliquer le médicament, et, enfin, leur signature
« ou leur paraphe (¹). »

« En prescrivant des préparations magistrales de médicaments,
« autres que celles que l'on trouve dans la pharmacopée reconnue
« par le gouvernement, ils sont tenus, pour prévenir les méprises,
« de désigner le dispensaire ou la pharmacopée qui comprend ces
« médicaments (²). »

Le but évident de ces mesures, qui s'appliquent indistinctement
aux docteurs dont les recettes sont composées dans une pharmacie
et à ceux qui livrent eux-mêmes les remèdes qu'ils ordonnent, est
d'empêcher qu'aucune erreur puisse se commettre dans la préparation des *recipe*.

B. « Les docteurs en médecine sont tenus de veiller à la bonne
« qualité et préparation des médicaments fournis à leurs malades
« par l'apothicaire ; s'ils en trouvent qui soient mal préparés, con-
« traires à la recette, faibles ou gâtés, ils doivent y apposer leur
« cachet ordinaire et inviter les malades à ne les remettre qu'à ceux
« qui viendraient les chercher au nom de la commission médicale
« de leur ressort (³). »

121. *Les docteurs en chirurgie* et les *chirurgiens de ville* exerçaient,
comme il est dit plus haut (⁴), la même profession.

Ceux de ces praticiens qui étaient établis dans une localité où siégeait une commission médicale locale, étaient libres d'y pratiquer l'art
chirurgical dans toute son étendue, mais ne pouvaient y exercer la
médecine interne, l'art des accouchements, ni la pharmacie (sauf
la fourniture des remèdes *ad usum extemporaneum*).

La même observation s'applique au chirurgien de ville qui résidait
au plat-pays ; mais le docteur en chirurgie y jouissait, en outre, du
droit d'exercer la médecine interne, en sa qualité de docteur en

____

(¹) Instr. pour les doct., art. 13.
(²) Id.　　　　　　art. 14.
(³) Id.　　　　　　art. 12.
(⁴) V. ci-dessus n° 106.

médecine ; les règles auxquelles l'usage de ce droit était subordonné, sont celles que nous avons mentionnées au n° précédent.

Quant à celles qui déterminent les conditions auxquelles doivent se conformer les praticiens qui nous occupent, en ce qui concerne la partie chirurgicale de leur art, elles sont énumérées dans l'instruction pour les chirurgiens de ville en date du 31 mai 1818, rendue applicable aux docteurs en chirurgie par l'art. 18 de l'instruction de même date relative à l'exercice de la profession de docteur.

Ces conditions sont les suivantes :

A. « Si, pour traiter ou guérir quelque défaut extérieur, il de-
« vient nécessaire d'appliquer des remèdes internes, le chirurgien
« est obligé, s'il n'est pas docteur en chirurgie, d'appeler le secours
« d'un docteur en médecine légalement admis pour le traitement
« interne [1]. »

Cette disposition restreint quelque peu, comme on le voit, le droit que les instructions de 1818 avaient reconnu, en principe, à tout chirurgien, de traiter les maux dérivant d'accidents ou causes extérieures ; elle tend à prévenir les dangers auxquels les malades auraient été exposés, s'il avait été permis à tout autre qu'à un médecin de recommander l'emploi de remèdes susceptibles de produire des effets internes, et, par suite, de provoquer certains maux, certaines lésions, dont les médecins seuls peuvent entreprendre la guérison.

Quant aux docteurs en chirurgie, qui, avant de recevoir leur diplôme, ont dû faire preuve de connaissances solides, non seulement dans la science qu'ils exercent, mais même dans la médecine, la réserve précitée n'avait pour eux aucune raison d'être.

B. « Nul chirurgien ne peut entreprendre, qu'en présence et, au
« besoin, avec l'aide d'un ou de plusieurs chirurgiens ou docteurs
« en chirurgie, une opération chirurgicale importante mettant la
« vie en danger, telle que le trépan, la taille, l'amputation et autres
« de cette nature [2].

[1] Instr. pour les chir. de ville, art. 4.
[2]   Id.   art. 6.

La gravité que présentent ces opérations qui, même convenablement exécutées, peuvent compromettre la vie du patient, explique cette mesure de précaution, qui prévient, autant que possible, toute erreur comme toute faiblesse de la part de l'opérateur, et donne ainsi au malade les garanties qu'exige sa position.

Cependant, prévoyant les cas d'urgence où les règles de prudence ordinaire ne sauraient être régulièrement observées, les instructions ajoutent que « si un secours immédiat est nécessaire, et « si le chirurgien ne peut trouver assez promptement un con- « frère habile à l'aider, il pourra entreprendre seul lesdites opéra- « tions ([1]). »

C. « Le chirurgien doit rédiger ses prescriptions d'après les « règles de l'art, et les laisser aux patients pour que le remède puisse « être préparé dans une officine ([2]). »

Les règles à suivre par les chirurgiens dans la rédaction de leurs ordonnances, sont celles que doivent observer les médecins en pareille circonstance.

L'obligation qui leur est imposée de remettre les *recipe* aux malades, tend à prévenir toute immixtion du chirurgien dans l'art pharmaceutique, comme tout accord entre ce praticien et un apothicaire pour la vente des médicaments que ce dernier prépare et débite. Cette obligation ne s'applique naturellement pas aux remèdes *ad usum extemporaneum* que les chirurgiens peuvent toujours donner à leurs malades, ni à ceux que prescrivent les docteurs en chirurgie ayant officine dans les communes rurales et préparant eux-mêmes les médicaments ([3]).

D. « Le chirurgien doit se tenir à même de représenter, en tout « temps et en bon état, une collection des instruments de chirurgie « les plus usités, excepté dans les villes où il existe des dépôts pu- « blics de ces instruments à l'usage des chirurgiens, formés, soit

---

([1]) Instr. pour les chir. de ville, art. 7.
([2])　　　　Id.　　　　　art. 5.
([3]) V. ci-dessus nos 102 et 106.

« par un fonds public, soit par des contributions particulières
« payées par eux (¹). »

122. *Les chirurgiens de campagne* peuvent exercer à la fois, mais
dans des limites assez restreintes, la médecine interne, la chirurgie
et la pharmacie (²).

En ce qui concerne la médecine interne, l'art. 4 déjà cité de leurs
instructions dispose que : « lorsqu'un chirurgien de campagne se
« fixera dans une commune où se seraient déjà établis deux ou plu-
« sieurs docteurs en médecine, il devra s'y borner au premier traite-
« ment des maladies internes, et sera, de plus, obligé d'appeler l'as-
« sistance d'un docteur en médecine, si la maladie est ou devenait
« dangereuse ; il devra agir de même pour le traitement des ma-
« ladies de langueur. »

En ce qui concerne la chirurgie, les art. 6 et 7 des mêmes instructions leur défendent d'entreprendre des opérations importantes, si
ce n'est dans les cas d'urgence.

Enfin, en ce qui concerne la pharmacie, ils peuvent avoir une
officine fermée et y préparer, non seulement leurs propres ordonnances, mais même celles des médecins et chirurgiens qui leur seraient adressées à cet effet, à la condition, toutefois, que plusieurs
apothicaires ne fussent pas déjà établis dans la localité qu'ils habitent, au moment où ils y ont pris résidence.

Les mesures de police auxquelles l'usage de ces droits distincts est
subordonné sont prévues par l'instruction spéciale pour les chirurgiens de campagne en date du 31 mai 1818.

Nous énumérerons ultérieurement celles qui ont pour objet la
partie pharmaceutique de leur profession (³).

Quant aux conditions auxquelles ils doivent se conformer dans la
pratique médicale ou chirurgicale, ce sont ces suivantes :

A. « Les chirurgiens de campagne sont tenus d'écrire lisible-

(¹) Instr. pour les chir. de ville, art. 12.
(²) V. ci-dessus n° 105.
(³) V. ci-après n° 126.

« ment, à l'encre et en forme de *recipe*, les remèdes qu'ils délivrent
« à leurs malades, et d'exprimer clairement, en toutes lettres, les
« médicaments et les quantités, en y joignant la date, les noms des
« patients et la manière de s'en servir (¹). »

Cette obligation, qui semble inutile au premier abord, puisque
le chirurgien du plat pays prépare et fournit lui-même les remèdes
qu'il ordonne, est nécessaire au point de vue de la surveillance
qu'exercent les commissions médicales sur toutes substances composées et délivrées dans les officines, surveillance dont un des effets est
de permettre auxdites commissions de s'assurer que les auteurs des
prescriptions n'ont commis aucune erreur passible de peines disciplinaires ou autres.

B. « Ils ne peuvent entreprendre des opérations chirurgicales
« importantes mettant la vie en danger, telles que l'herniotomie, la
« taille, le trépan, l'amputation et autres semblables ; s'ils jugent
« ces opérations nécessaires à la conservation de la vie de leurs pa-
« tients, ils doivent invoquer, sans le moindre délai, les lumières et,
« au besoin, l'assistance d'un docteur en chirurgie ou d'un chirur-
« gien admis à exercer dans une ville (²). »

L'avis d'un de ces derniers praticiens est donc indispensable
chaque fois qu'un chirurgien du plat pays juge l'opération utile ; ce
dernier ne peut agir sous sa responsabilité que dans le cas exceptionnel où « un secours immédiat serait nécessaire, et où on ne pour-
« rait l'invoquer ou l'obtenir assez promptement (³). »

C. « Les chirurgiens de campagne doivent se tenir à même de
« représenter, en tout temps et en bon état, les instruments de chi-
« rurgie et les appareils dont la liste leur est remise par la commis-
« sion médicale provinciale. (⁴) »

123. L'instruction du 31 mai 1818, relative aux *accoucheurs*

(¹) Instr. pour les chir. de camp., art. 20.
(²)   Id.   art. 6.
(³)   Id.   art. 7.
(⁴)   Id.   art. 12.

et rendue applicable aux *docteurs en accouchements* par l'art. 18 d'une autre instruction de même date concernant les docteurs en général, règle l'exercice de ces deux professions parfaitement identiques.

Les art. 6 et 7 des dites instructions contiennent, à l'adresse des praticiens dont il s'agit, les conseils ci-après, qui ne nous semblent pas pouvoir être considérés comme des mesures de police proprement dites sanctionnées, comme telles, par les lois pénales (¹) :

Art. 6. « Lorsqu'un accoucheur sera appelé près des femmes « enceintes ou en travail d'enfant, il ne pourra leur refuser son as- « sistance, ni les inquiéter d'aucune manière par des paroles, des « discours, des questions indiscrètes ou inconvenantes (principale- « ment près des personnes non mariées), par des préparatifs super- « flus, ou en imposant des conditions pour le payement du salaire, « en les menaçant de les abandonner, ou de toute autre manière, « mais il devra les traiter avec douceur et prudence. »

Art. 7. « Il est obligé de laisser toujours chez lui l'indication du « lieu où il pourra être trouvé, et d'avoir soin qu'en cas d'empê- « chement légitime, il puisse être convenablement remplacé s'il « est appelé. »

Les seules mesures de police proprement dites qui règlementent la profession des hommes de l'art qui se livrent à l'art obstétrical, sont celles-ci :

A. Lorsque, dans des cas d'urgence, l'accoucheur devra prescrire quelque remède, il sera obligé de laisser copie du recipe dans la maison de la femme (²).

On sait que, sauf les cas d'absolue nécessité, l'accoucheur ne peut prescrire des médicaments ; en obligeant celui qui ferait une prescription, à en laisser un double entre les mains des parents ou

---

(¹) Un jugement du trib. correct. de Tongres du 28 juin 1844 a décidé que l'accoucheur qui refuse ses soins à une femme en travail, mérite le blâme le plus sévère, mais n'est passible d'aucune peine. (Dalloz, Répert. de législ. de doct. et de jurispr., tome XXXI, v° médecine, p. 537).

(²) Instr. pour les accouch., art. 5.

amis de la femme à laquelle il prête son ministère, on a voulu faciliter les poursuites à intenter contre l'accoucheur qui ordonnerait un remède sans que la nécessité en soit bien démontrée.

La disposition précitée n'est point applicable aux docteurs en accouchements des communes rurales, si, en vertu du privilége que leur accorde l'art. 12 de la loi du 12 mars 1818, ils exercent à la fois l'art des accouchements et la médecine.

B. « L'accoucheur est tenu d'avoir toujours prêts et en bon état, « les instruments dont la liste lui a été remise par la commission « médicale provinciale [1].

124. L'exercice de la profession de *sage-femme* se borne, comme on le sait [2], à la pratique des accouchements naturels ou de ceux que l'on peut opérer avec la main sans le secours d'aucun instrument.

Les instructions du 31 mai 1818 concernant cette profession, contiennent, à l'adresse des sages-femmes, les mêmes conseils que ceux adressés aux accoucheurs par les art 6 et 7 précités de leurs instructions [3].

Les mesures de police qui règlent la pratique de leur art sont les suivantes :

A. « Dans tous les accouchements qui, par quelque cause que « ce soit, deviendraient difficiles ou dangereux, la sage-femme « sera tenue d'appeler au plus tôt à son aide un docteur en l'art « des accouchements ou un accoucheur, et si l'on ne pouvait les « trouver assez promptement, elle devra demander l'assistance « d'une autre sage-femme [4]. »

Sous aucun prétexte, dans le cas proposé, la sage-femme ne peut agir seule en appliquant les instruments, l'auteur des instructions ayant vu plus de danger dans une semblable tolérance que dans une interdiction absolue.

[1] Instr. pour les accouch., art. 9.
[2] V. ci-dessus, n° 111.
[3] V. le n° précédent et les instr. pour les sages-femmes, art. 4 et 7.
[4] id. art. 5

125. Les mesures de police qui règlent la profession des *apothicaires*, sont inscrites dans l'instruction du 31 mai 1818 qui les concerne, et qui s'applique également, par les motifs indiqués plus haut, aux *docteurs en pharmacie*. L'arrêté royal du 21 octobre 1819 sur l'usage des poids médicaux et celui du 28 avril 1821 sur l'introduction de la *Pharmacopée belgique*, contiennent aussi certaines dispositions de même nature qui intéressent à la fois les deux catégories de praticiens que nous venons de citer, désignés sous la dénomination générale de pharmaciens.

De ces arrêtés et instructions, il résulte ce qui suit :

A. Les pharmaciens établis dans une ville où siége une Commission médicale locale, doivent avoir, en leur officine, tous les médicaments énoncés dans la *Pharmacopée belgique* (¹).

Cette obligation assez onéreuse se justifie par la nécessité : dans les centres importants de population, il importait que les pharmacies fussent approvisionnées de manière à subvenir à tous les besoins.

Quant aux pharmaciens établis dans les autres villes ou dans le plat-pays, ils ne doivent posséder qu'une série de médicaments déterminée, dans chaque province, par la commission médicale du ressort (²).

B. Les pharmaciens ne peuvent tenir que des médicaments d'une bonne qualité, telle que l'indique la *Pharmacopée belgique;* tout remède composé sera exactement préparé conformément aux règles de ce *codex* (³).

C. Les médicaments devront être désignés clairement et exactement sur les pots, bocaux, boîtes, etc., qui les contiennent, lesquels seront revêtus d'une étiquette portant, à la fois, les dénominations anciennes de chaque remède, ainsi que les dénominations nouvelles, telles qu'elles se trouvent exprimées dans la *Pharmacopée belgique*(4).

(¹) Arr. roy. du 28 avril 1821, art. 4.
(²)　　id.　　　　　　id.
(³)　　id.　　　　　　art. 2. — Instr. pour les apoth., art. 3 et 4.
(⁴) Arr. roy. du 28 avril 1821, art. 5. — Instr. pour les apoth., art. 5.

« Les pharmaciens sont tenus de conserver dans un lieu sûr et
« fermé, dont ils auront seuls la clef, les poisons et narcotiques,
« tels que l'arsenic blanc (mort aux rats), l'arsenic noir, vulgaire-
« ment cobalt (mort aux mouches), le muriate de mercure, vulgai-
« rement sublimé corrosif et l'opium (¹).

D. Indépendamment d'un exemplaire de la *Pharmacopée belgique*, les pharmaciens doivent avoir des balances et des poids
médicaux exacts, conformes aux indications des arrêtés royaux
du 30 novembre 1817 et du 21 octobre 1819 ; il leur est interdit
de conserver dans leurs magasins l'ancien poids médical supprimé
depuis le 1ᵉʳ janvier 1821 (²).

L'arrêté royal précité du 21 octobre 1819, art. 2, dispose que
« tous les poids médicaux seront en cuivre ; la livre et ses multi-
« ples auront la forme d'une demi-sphère surmontée d'un bouton ;
« sur ces pièces seront gravées ou frappées les lettres LIBR. MEDIC.
« suivies d'un chiffre indiquant le nombre de livres que chaque poids
« contiendra. — Quant aux sous-multiples de la livre médicale,
« ils garderont la forme de bloc ou de plaque carrée précédemment
« en usage dans les pharmacies. »

Le même arrêté ajoute, par son art. 3, que « chaque pharmacien
« sera tenu de posséder une série de poids médicaux consistant en :

« *a*. Une livre médicale, dont il sera loisible à chacun de se
« procurer autant de multiples qu'il jugera à propos.

« *b*. Une pièce de 6 onces.

«   Une id. de 3 id.

«   Deux id. 1 id.

« sur lesquelles pièces seront frappées les lettres UNC, avec
« un chiffre indiquant le nombre d'onces que chaque pièce con-
« tiendra.

« *c*. Une pièce de 4 drachmes.

«   Une id. 2 id.

(¹) Instr. pour les apoth., art. 6.
( ) Arr. roy. du 28 avril 1821, art. 3. — Instr. pour les apoth., art. 8.

« Une id. 1 id.

« Deux id. 1/2 id.

« sur lesquelles pièces seront frappées les lettres DR, avec un
« chiffre indiquant le nombre de drachmes contenues dans chaque
« pièce.

« *d*. Une pièce de 2 scrupules.

« Une id. 1 id.

« Une id. 1/2 id.

« sur lesquelles pièces seront frappées les lettres SCR, avec un
« chiffre indiquant le nombre de scrupules contenus dans chaque
« pièce.

« *e*. Des pièces de 1, 2, 3, 4 et 5 grains, sur lesquelles la lettre
« G sera frappée autant de fois que chaque pièce contiendra de
« grains, et, en outre, des pièces de 1/4, 1/2, 3/4 de grains, mar-
« quées 0, 00, 000.

« Il est permis à chacun de se pourvoir de pièces d'autant de
« grains, scrupules ou drachmes entiers qu'il voudra. »

Les appareils et ustensiles dont les pharmaciens font usage doivent être maintenus constamment en bon état ([1]).

E. Les pharmaciens ne peuvent délivrer les poisons et narcotiques que sur l'ordre écrit et signé d'un docteur en médecine, d'un
chirurgien ou d'un accoucheur, d'un apothicaire ou de personnes
connues, et pour autant seulement que ces substances doivent
être employées à un usage connu ([2]).

« *F*. S'ils découvraient ou soupçonnaient qu'un docteur en mé-
« decine ou un chirurgien se fût trompé dans sa prescription, par
« une faute d'écriture ou autrement, ils seraient obligés de se
« rendre en personne auprès de ce praticien pour connaître ses
« intentions, sans pouvoir changer de leur propre mouvement
« l'erreur qu'ils auraient soupçonnée ([3]).

([1]) Instr. pour les apoth., art. 8.
([2]) Loi du 12 mars 1818, art. 16. — Instr. pour les apoth., art. 7.
([3]) Instr. pour les apoth, art. 10.

« *G*. Les pharmaciens prépareront eux-mêmes ou feront préparer
« sous leur surveillance et responsabilité, les ordonnances des
« docteurs en médecine, les prescriptions chirurgicales des chirur-
« giens et les compositions chimiques et pharmaceutiques ; ils se
« garderont de donner une préparation pour une autre, quand
« même il n'en résulterait aucun inconvénient ([1]). »

La question de savoir si les pharmaciens peuvent acheter leurs
médicaments tout préparés dans le commerce, par exemple chez
les marchands de drogues ou les fabricants de produits chimiques,
est controversée ([2]).

L'affirmative paraît cependant résulter du passage suivant de la
préface de la nouvelle *Pharmacopée officielle* dont il sera parlé au
titre suivant : « Les pharmaciens ayant renoncé à préparer eux-
« mêmes certains médicaments composés, parce qu'ils se les pro-
« curent à des prix plus avantageux dans les fabriques de produits
« chimiques, il nous a paru que nous pouvions nous borner à
« décrire sommairement les procédés de préparation de la plupart
« de ces produits, sauf à indiquer, avec les soins nécessaires, les
« moyens de s'assurer de leur pureté ou de leur bonne prépara-
« tion. »

La Pharmacopée ayant été rédigée dans le sens indiqué et ayant
reçu la sanction royale, il semble que la déclaration que nous venons
de rapporter peut être considérée comme une solution définitive de
la question posée.

Il importe de remarquer, toutefois, que les préparations exclusivement et même particulièrement médicamenteuses, ne peuvent
être vendues, même en gros, que par des personnes autorisées ([3]).

H. Ils se serviront uniquement, dans la préparation des ordon-

---

([1]) Instr. pour les apoth., art. 4.

([2]) *Contrà*. Liége, 19 avril 1845 (*Pasicr.* 1845. 2. 167).—Bruxelles, 17 juill.
1847 (*P.* 1848. 2. 36) et 11 déc. 1858 (*P.* 1859. 2. 155). — V. pour *l'affirm.*
un jug. du trib. de Liége, cité à la page 167 du 2e vol. de la *Pasicr.* ann.
1845. .

([3]) V. ci-dessus nos 69 et 112, et ci-après no 134.

nances et des compositions pharmaceutiques, du nouveau poids médical, ainsi que de l'aréomètre et de l'hygromètre des Pays-Bas. Pour les achats ou ventes en gros, ils emploieront, au contraire, les poids ordinaires du commerce [1].

I. « Les pharmaciens écriront clairement sur l'étiquette des mé-
« dicaments qu'ils préparent, le nom de celui qui doit les employer,
« la date, la manière de les prendre, et ils y joindront, de plus,
« leur signature [2]. »

Ils veilleront à ce que le papier, la boîte ou le bocal dans lesquels ils délivrent des poisons ou des narcotiques soient convenablement fermés et cachetés, et que le nom de ces substances y soit clairement indiqué, ainsi que ces mots : *poison violent* [3].

K. « Les pharmaciens sont tenus de transcrire journellement,
« ou de faire copier clairement et exactement par ordre de date,
« sur un registre à ce destiné, les *recipe* préparés à leur pharma-
« cie [4]. »

Ils garderont, pour leur responsabilité, les ordres écrits sur le vu desquels ils ont délivré des poisons ou narcotiques [5].

« Ils conserveront pendant dix années consécutives les *recipe*
« originaux qu'ils auront préparés, enliassés convenablement par
« ordre de date. Ils sont tenus, pendant cette période de temps,
« d'en donner copie littérale et exacte à ceux qui les auront prescrits
« ou pour qui ils auront été prescrits, lorsqu'ils le désireront [6], »
ainsi qu'à la commission médicale provinciale ou locale du ressort, lorsqu'elle jugera nécessaire d'en requérir la communication [7].

L. « Les pharmaciens ou, en leur absence, leurs garçons de
« boutique ou élèves, sont tenus de permettre librement en tout

---

[1] Arr. roy. des 21 octobre 1819, art. 4, et 28 avril 1821, art. 3.
[2] Instr. pour les apoth., art. 11.
[3]   id.   art. 6.
[4]   id.   art. 12.
[5]   id.   art 7 et loi du 12 mars 1818, art. 16.
[6]   id.   art. 13.
[7]   id.   art. 14.

« temps aux délégués des commissions médicales, la visite de leurs
« officines, magasins, caves et laboratoires, et ce, aussi souvent que
« ceux-ci le jugeraient nécessaire, et ils ne pourront se soustraire
« à ces visites, sous quelque prétexte que ce soit ('). »

Telles sont les dispositions nombreuses qui, sous le régime des
Pays-Bas, réglaient l'exercice de la profession des docteurs en pharmacie et des apothicaires. Le but de chacune d'elles étant aisé à
comprendre, il nous a paru superflu de l'indiquer sous chaque
article.

Nous avons déjà fait observer, dans un précédent chapitre, que la
législation de 1818 n'a point subordonné, comme celle de l'an XI,
la livraison des médicaments par le pharmacien, à une prescription
médicale ou chirurgicale (²).

Le débit des remèdes secrets dans les officines est également libre
depuis l'introduction de la nouvelle loi hollandaise (³).

On doit entendre par *remède secret* officinal, d'après la jurisprudence du pays : tout remède dont le nom n'indique pas suffisamment la nature et la composition ; tout remède dont la formule n'a
été publiée ni décrite ou enseignée d'une manière catégorique, soit
dans la Pharmacopée du pays ou dans des pharmacopées étrangères, soit dans des ouvrages de médecine ou de pharmacie ; enfin,
tout remède qui n'est pas d'une nature telle, qu'elle soit généralement connue dans toutes les officines (⁴).

En présence du doute qui a longtemps existé sur la question de
savoir si le débit des remèdes secrets était licite, et des poursuites

---

(¹) Instr. pour les apoth., art. 9. — Loi du 12 juill. 1821, art. 2.

(²) V. ci-dessus n° 104.

(³) Cass. 10 déc. 1855 (*Pasicr.* 1856. 1. 7.) — Bruxelles, 6 janv. 1855
(*P.* 1855. 2. 94).

(⁴) Bruxelles, 20 janv. 1838 (*Pasicr.* 1838. 2. 161), 16 juin 1838 (*P.* 1838.
2. 158 et 160), 19 juill. 1838 (*P.* 1838 2. 207), 7 nov. 1840 (*P.* 1841. 2.
171).—Jug. du trib. de Bruxelles des 9 déc. 1837 (*P.* 1838. 2. 159), 8 août 1846
(*P.* 1848. 2. 37), 24 déc. 1852 (*P.* 1855. 2. 91), 1ᵉʳ avril 1854 (*P.* 1855. 2.
224 et 225). — Jug. du trib. d'Anvers du 29 juin 1840 *P.* 1841. 2. 172).

auxquelles ce débit a donné lieu, les tribunaux ont eu fréquemment à examiner jusqu'à quel point certains remèdes pouvaient être considérés comme secrets (¹).

126. Les mesures de police qui règlent l'usage du droit accordé aux *chirurgiens de campagne*, de tenir une *officine fermée*, de préparer les *recipe* des autres praticiens et de fournir des médicaments à leurs malades, sont prévues par les instructions du 31 mai 1818 sur l'exercice de leur profession, et par les arrêtés royaux précités des 21 octobre 1819 et 28 avril 1821.

Quant aux *docteurs en médecine* du plat pays, auxquels la loi du 12 mars 1818 permet également de tenir une officine pour la composition des remèdes qu'ils sont autorisés à donner à leurs clients, sans leur permettre, toutefois, de préparer les ordonnances de leurs confrères, l'art. 8 de leurs instructions dispose que : « ils sont « soumis, pour tout ce qui concerne leur approvisionnement de « médicaments, leurs préparations et compositions, ainsi que pour « la visite de ces objets, aux dispositions faites pour les chirurgiens « des communes rurales. »

Ces dispositions sont, à quelques modifications près, les mêmes que pour les pharmaciens, ainsi qu'on en jugera par l'exposé suivant :

A. Conformément à ce qui est dit au nº précédent quant aux pharmaciens du plat pays, les médecins et chirurgiens de campagne doivent avoir, dans leur officine, tous les médicaments dont l'énumération est faite dans des listes spéciales dressées par les commissions médicales provinciales (²).

Cette obligation, qui s'explique aisément pour les chirurgiens ruraux, puisqu'ils préparent les recettes d'autres praticiens, se justifie, en ce qui concerne les docteurs, qui ne jouissent pas de la

(¹) V., outre les arrêts et jugements cités à la note précédente : Bruxelles, 9 août 1838 (*P*. 1838. 2. 225), 17 juill. 1847 (*P*. 1848. 2. 36), 14 avril 1855 (*P*. 1855. 2. 224, 225 et 228), 19 juill. 1856 (*P*. 1856. 2. 435).

(²) Arr. roy. du 28 avril 1821, art. 4. — Instr. pour les chir. de camp., art. 13. — Id. pour les doct., art. 8.

même faculté, par cette considération que l'insuffisance de leur approvisionnement de remèdes engagerait peut-être certains d'entre eux à prescrire aux malades des médicaments autres que ceux dont l'emploi leur est réellement nécessaire, et compromettrait ainsi les intérêts de la santé publique.

B. Les dispositions du n° précédent, litt. *B*, relatives à la qualité et au mode de préparation des remèdes, sont applicables aux médecins et chirurgiens de campagne [1].

C. Les dispositions du même n°, litt. *C*, relatives à la tenue régulière des officines et à la conservation des substances dangereuses, concernent également les praticiens qui nous occupent [2].

D. Même observation quant au litt. *D* du même n° [3]; toutefois, l'art. 3 de l'arrêté royal du 21 octobre 1819, qui impose aux pharmaciens l'obligation de posséder une série déterminée de poids médicaux, n'a point été rendue applicable aux médecins et chirurgiens de campagne.

E. Les mesures de précaution exigées des pharmaciens pour la délivrance des poisons et des narcotiques, doivent être observées, sans distinction, par tous ceux qui sont autorisés à vendre ces substances, et, conséquemment, par les docteurs et chirurgiens du plat pays [4].

F. Les dispositions mentionnées sous la lettre *F* du n° précédent, concernant la vérification des ordonnances suspectées de contenir des indications erronées, sont naturellement étrangères aux docteurs en médecine établis à la campagne, puisqu'ils ne peuvent préparer que leurs propres *recipe;* ces dispositions n'ont point été, au surplus, rendues applicables aux chirurgiens tenant officine.

[1] Arr. roy. du 28 avril 1821, art. 2. — Instr. pour les chir. de camp., art. 14.

[2] Arr. roy. du 28 avril 1821, art. 5. — Instr. pour les chir. de camp., art. 1, 15 et 16.

[3] Arr. roy. du 28 avril 1821, art. 3 et du 21 oct. 1819, art. 1 et 2. — Instr. pour les chir. de camp., art. 18.

[4] Loi du 12 mars 1818, art. 16.—Instr. pour les chir. de camp., art. 17.

G. Le législateur n'a point expressément fait un devoir aux médecins et chirurgiens de campagne, comme il l'a fait aux pharmaciens, de préparer eux-mêmes les ordonnances ou de les faire préparer, sous leur surveillance, par des aides ou assistants dûment autorisés ; mais cette obligation résulte implicitement de l'art. 18 de la loi du 12 mars, qui interdit à toute personne non qualifiée d'exercer la pharmacie ; le praticien de campagne qui confierait à une personne ignorante le soin de préparer une prescription ou une composition médicinale, encourrait personnellement, du chef de complicité, les peines prévues par l'article qui vient d'être cité [1].

H. Les dispositions mentionnées au n° précédent, litt. *H*, concernant le devoir qui est imposé aux pharmaciens de se servir exclusivement, pour l'usage médical, du nouveau poids pharmaceutique ainsi que de l'aréomètre et de l'hygromètre des Pays-Bas, ont été rendues applicables à tous les praticiens autorisés à délivrer des médicaments [2].

I. Les médecins et chirurgiens de campagne doivent observer, pour la remise des médicaments et des substances dangereuses, les mêmes mesures de précaution que les pharmaciens [3] ; ils ne sont toutefois point tenus, comme ces derniers, d'apposer leur signature sur les étiquettes des remèdes qu'ils délivrent et qu'ils remettent ordinairement eux-mêmes aux malades.

K. Les règles relatives à la transcription et à la conservation des *recipe* préparés dans les pharmacies, sont applicables à ceux qui sont préparés dans les officines des médecins et des chirurgiens de campagne [4].

L. Ces praticiens ne peuvent, sous aucun prétexte, se soustraire à la visite de leur officine par les délégués des commissions médicales [5].

---

[1] V. ci-après n° 134.

[2] Arr. roy. des 21 octobre 1819, art. 1 et 28 avril 1821, art. 3.

[3] Instr. pour les chir. de camp., art. 16 et 23.

[4] Loi du 12 mars 1818, art. 16. – Instr. pour les chir. de camp., art. 17, 21 et 22.

[5] Loi du 12 juillet 1821, art. 2.

Ils doivent exhiber tout ce que ceux-ci pourraient exiger afin de s'assurer jusqu'à quel point les médecins et chirurgiens du plat pays se conforment, dans l'exercice de leur profession, aux règles de l'art, et observent les dispositions des instructions qui les concernent ([1]).

127. Les dispositions de police qui règlent la profession du *droguiste*, dont nous avons déterminé ailleurs la nature ([2]), sont les suivantes :

A. Tous les articles dont les droguistes tiennent magasin et qui servent pour l'usage médical, tant ceux dont ils se fournissent en gros, que ceux qu'ils achètent à d'autres droguistes, doivent être d'une bonne qualité, telle qu'elle est indiquée dans la *Pharmacopée belgique* ([3]).

B. Les pots, bouteilles, boîtes, etc., servant à renfermer ces articles, devront, indépendamment de leurs dénominations anciennes, porter également, sur leurs étiquettes, les dénominations nouvelles telles qu'elles se trouvent exprimées dans la *Pharmacopée belgique* ([4]).

C. Parmi les substances simples que les droguistes peuvent vendre, il en est qu'il leur est interdit de débiter au-dessous d'une quantité déterminée ([5]).

La liste de ces substances, insérée dans un arrêté ministériel du 1er mars 1829, est la suivante :

« *a*. Gommes résines : *euphorbium gutta opium scammonium*
« (de chaque 3 onces des Pays-Bas).

« *b*. Semences : *cataputia minor, stramonium, hyosciamus niger,*
« *sabadilla staphisagria* (de chaque trois onces des Pays-Bas).

« *c*. Fruits : *coculus indicus* (cinq onces des Pays-Bas). *colocyn-*

([1]) Instr. pour les chir. de camp., art. 19.
([2]) V. ci-dessus n° 112.
([3]) Instr. pour les drog., art. 5. — Arr. roy. du 28 avril 1821, art. 2.
([4]) Arr. roy. du 28 avril 1821, art. 5.
([5]) Instr. pour les drog., art. 3. — V. ci-dessus n° 112.

« *this*, *nux vomica* (de chaque trois onces des Pays-Pays), *capita*
« *papaveris* (cinquante pièces)

« *d*. Racines : *belladona*, *jalappa*, *helleborus*, *scilla* (de chaque
« une once et demie des Pays-Bas).

« *e*. Herbes : *aconitum*, *belladona*, *cicuta major*, *stramonium*,
« *digitalis flore-purpureo*, *hyosciamus niger*, *sabina* (de chaque six
« onces des Pays-Bas, fraîches ; trois onces des Pays-Bas, sèches).

« *f*. Substances animales : *cantharides* (une once et demie des
« Pays-Bas).

« *g*. Substances chimiques et minérales : *arsenicum album*, *ar-*
« *senicum nigrum*, VULGÒ *cobalt*, *auripigmentum*, *murias hydrar-*
« *gyri*, VULGÒ *mercurius, sublimatus corrosivus*, *oxydum hydrargyri*
« *nitratum*, VULGÒ *mercurius præcipitatus ruber* (de chaque six onces
« des Pays-Bas).

Nous avons dit dans un autre chapitre (¹) que certaine liste, long-temps considérée comme officielle, mais dont l'illégalité a été récemment reconnue par les tribunaux, avait mentionné les compositions chimiques et les préparations pharmaceutiques que les droguistes ne peuvent vendre, comme étant exclusivement d'intérêt médical ; cette même liste indiquait aussi celles de ces substances qui, à raison de leur intérêt pour les arts et l'industrie, pouvaient être débitées dans les boutiques de drogues, soit en toute proportion, soit au-dessus d'une quantité déterminée.

Ainsi, parmi les compositions chimiques préparées en grand dans les fabriques, les droguistes pouvaient vendre, au minimum, un huitième de livre d'esprit volatil de corne de cerf, d'acide tartareux, de sel de corne de cerf et de verre d'antimoine.

Ils ne pouvaient vendre, en quantité inférieure à une demi livre des Pays-Bas, les compositions suivantes : *crocus metallorum*, magnésie carbonatée, sels de Sedlitz, d'Epsom, de Glauber, sel en petits cristaux, sels polychreste et de soude, vinaigre distillé

La liste précitée n'étant point officielle, ces réserves ne sont pas

(¹) V. ci-dessus n° 142.

obligatoires pour les droguistes, qui sont libres, par conséquent, de vendre en toute quantité les compositions chimiques en usage dans les arts et préparées dans des fabriques industrielles.

D. En ce qui concerne la tenue ainsi que la vente des substances narcotiques et vénéneuses, les droguistes sont soumis aux mêmes obligations que les pharmaciens et les chirurgiens de campagne ([1]).

E. « Les droguistes doivent admettre, en tout temps, les com- « missaires des commissions médicales, soit provinciales, soit com- « munales, qui se rendent chez eux pour l'inspection de leurs « boutiques, et leur donner tous les renseignements que ceux-ci « pourraient exiger, sans pouvoir se soustraire à ces inspections « sous aucun prétexte ni subterfuge ([2]). »

128. — Aucune des instructions de 1818 ne réglemente l'exercice de la profession de l'*oculiste*, du *dentiste*, ni de l'*herbo- riste*. En résulte-t-il que la pratique de ces différentes professions soit entièrement libre ?

En ce qui concerne les *oculistes*, nous avons prouvé ([3]) que ces praticiens sont, en réalité, des chirurgiens qui, après avoir obtenu un diplôme de docteur en chirurgie, de chirurgien de ville ou d'officier de santé, se sont munis, en outre, d'un diplôme spécial attestant, à la vérité, leur aptitude à traiter les maladies particulières propres aux organes de la vue, mais ne leur conférant aucun droit nouveau. Les oculistes sont donc soumis, dans l'exercice de leur art, aux mesures de police qui règlent l'usage de leur premier diplôme, quelle qu'en soit la nature.

Quant aux *dentistes*, la question est plus délicate ; ils exercent, à la vérité, une branche de la chirurgie, mais ne doivent être ni doc- teurs, ni chirurgiens de ville ou de campagne, pour pouvoir prati- quer. Aussi croyons-nous que, à charge de se renfermer strictement

---

([1]) Instr. pour les drog., art. 8 et 9. — Loi du 12 mars 1818, art. 16. — V. ci-dessus nos 125 et 126.

([2]) Instr. pour les drog., art. 7. — Loi du 12 juill. 1821., art. 2.

([3]) V. ci-dessus nos 90 et 108.

dans les limites de leurs fonctions, de ne commettre aucune faute grave qui les rende passibles d'une action disciplinaire, ni même aucune erreur susceptible d'engager leur responsabilité vis à vis du juge, ils peuvent agir librement, sans être tenus à aucune obligation spéciale.

Quant aux *herboristes*, ces praticiens sont de véritables droguistes dont l'industrie se borne à la vente en détail et à boutique ouverte de quelques-unes, seulement, des substances dont le débit caractérise la profession de droguiste.

Aussi sommes-nous fondés à croire que toutes les mesures de police qui s'appliquent à l'exercice de ladite profession, s'appliquent également aux herboristes.

CHAPITRE VI.

DE LA SURVEILLANCE MÉDICALE

129. On sait que, dans les anciennes provinces belgiques, il existait certains colléges, exclusivement composés de praticiens, exerçant, par délégation de la commune, un droit de police et de surveillance sur tout ce qui intéressait la santé publique et la pratique de l'art de guérir [*].

Les colléges médicaux, supprimés par les lois révolutionnaires de France, furent rétablis par le législateur des Pays-Bas, sous la dénomination de *Commissions médicales*, mais moyennant différentes modifications ayant pour objet : les unes, de mettre l'institution en concordance avec les principes du droit public nouveau, les autres, de maintenir à la police de l'art de guérir le caractère gouvernemental qui lui avait été attribué par la législation de l'an **XI**.

[*] **V.** ci-dessus n° **21** et suiv.

La loi du 12 mars 1818 ne se borne pas à accorder au chef de l'État le droit d'instituer des commissions de surveillance médicale, elle pose en principe que ces commissions *devront* être organisées et que leur action s'étendra sur tous les points du territoire, laissant, du reste, au gouvernement, la latitude de fixer l'étendue du ressort de chacune d'elles, eu égard aux besoins des populations.

C'est ce qui résulte de l'art. 1, § 1, et de l'art 2 de cette loi, qui sont ainsi conçus :

Art. 1, § 1. « Il y aura, dans chaque province du royaume, une « ou plusieurs commissions chargées, sous le nom de commission « médicale, de l'examen et de la surveillance de tout ce qui a rap- « port à l'art de guérir. »

Art. 2. « Une province, dont l'étendue ou la population n'exigera « pas la formation d'une commission particulière, sera, d'après les « circonstances, comprise dans le ressort d'une ou de plusieurs com- « missions établies dans les provinces limitrophes. »

. La loi du 12 mars énumère ensuite, en termes généraux, les attributions des *Commissions médicales provinciales* (¹), et charge le gouvernement, par son art. 3, de « régler ultérieurement le nombre « et l'organisation de ces commissions, le mode d'après lequel elles « exerceront leurs attributions, leurs rapports, tant avec l'adminis- « tration générale qu'avec les administrations provinciales et com- « munales, la manière de couvrir leurs frais et avances, et, généra- « lement, tout ce qui est relatif à cet objet »

Cependant la législature, prévoyant le cas où l'action des com- missions provinciales ne s'exercerait qu'avec difficulté dans les grands centres de population, a laissé au Roi la faculté d'apprécier s'il ne conviendrait pas de soumettre certaines communes à une surveillance spéciale, et l'a autorisé, en conséquence, à établir des *Commissions médicales locales* « dans toutes les villes où cet établis- « sement lui paraîtrait utile », en ajoutant que ces dernières com- missions auraient pour mission « d'exercer la surveillance locale sur

(¹) Art. 4. — V. ci-après n° 131.

« toutes les branches de l'art de guérir, et concourraient à main-
« tenir et à faire observer les statuts généraux ou particuliers, faits
« ou à faire à ce sujet (¹).

130. Deux arrêtés royaux, l'un en date du 31 mai, l'autre du
11 septembre 1818, ont réglé les différents points confiés à la sagesse du gouvernement par l'art. 3 de la loi du 12 mars 1818.

En ce qui concerne le nombre des commissions médicales provinciales, l'art. 3 du second de ces arrêtés l'a fixé à neuf, en assignant
à chaque commission le ressort d'une des neuf provinces qui constituent le territoire belge, et en plaçant leur siége au chef-lieu.

Prenant toutefois en considération les différences que présentent
entr'elles nos provinces, sous le rapport de l'étendue, de la population, de la nature des localités, des facilités de communication, etc.,
le Roi des Pays-Bas a établi une distinction entre les différentes
commissions médicales, quant au nombre de leurs membres, qu'il
appartient à lui seul de fixer (²).

C'est ainsi qu'en vertu de l'arrêté du 11 septembre 1818, les commissions du Limbourg et de la Flandre orientale ont été primitivement composées de sept membres; celles des provinces de Liége,
de Luxembourg et de Namur, de huit membres; celles des provinces d'Anvers et de la Flandre occidentale, de neuf membres;
enfin, la commission du Hainaut, de dix, et celle du Brabant, de
onze membres.

L'art. 1ᵉʳ de l'arrêté royal précité du 31 mai 1818 dispose que
« les commissions provinciales seront composées d'un nombre suffi-
« sant de docteurs en médecine, de chirurgiens, d'accoucheurs et
« de pharmaciens, domiciliés dans la province pour laquelle ils
« sont nommés, et choisis parmi ceux qui ont le plus d'habileté et
« d'expérience. »

Ces commissions ayant été instituées pour seconder l'administration supérieure, en concourant, sous sa direction, à l'exécution des

(¹) Loi du 12 mars 1818, art. 1 , § 2, et art. 14.
( ) Arr. roy. du 31 mai 1818, art. 2, § 1.

lois et règlements qui intéressent l'art de guérir et l'hygiène publique, sont des corps administratifs organisés dans un intérêt public. Leurs membres sont donc des agents de l'administration, qui, à ce titre, doivent être désignés par le gouvernement (¹).

Aussi les arrêtés royaux du 31 mai et du 11 septembre 1818 réservent-ils au chef de l'État la nomination des membres des commissions provinciales.

Le choix de ceux qui ont été appelés pour la première fois en fonctions en 1818, n'a été soumis à aucune formalité spéciale d'instruction.

L'art. 2 de l'arrêté du 31 mai reconnaît également au Roi la faculté de choisir librement les nouveaux membres, dans le cas où il y aurait lieu d'en augmenter le nombre.

Mais, en cas de vacature, c'est sur la présentation des commissions elles-mêmes et sur celle des États-Députés, que les nominations doivent avoir lieu.

L'art. 3 de l'arrêté précité dispose, en effet, que : « pour pour-« voir aux places devenues vacantes, chaque commission adressera « une liste motivée de deux candidats aux États-Députés de la « province, qui la transmettront, avec leurs considérations, et après « y avoir ajouté, s'ils le trouvent à propos, un ou deux autres candidats, au Ministre de l'intérieur, qui la présentera ensuite au « Roi, à l'effet de faire un choix. »

Le mandat des membres des commissions médicales n'est point limité ; comme les autres fonctionnaires de l'ordre administratif, ils ne peuvent être révoqués qu'en vertu d'une décision de l'autorité qui les a nommés et dont ils relèvent.

Chaque commission provinciale est présidée par un de ses membres.

Les arrêtés de 1818 admettent deux catégories de présidents : les uns, *permanents*, sont choisis par le Roi (²) et continuent leurs

(¹) Exposé des motifs du nouveau projet de loi sur la police médicale, déposé le 1ᵉʳ mars 1859 à la chambre des représ., par M. le min. de l'intér.

(²) Arr. roy. du 31 mai 1818, art. 2, § 2.

fonctions jusqu'à révocation ; les autres, *temporaires*, sont désignés annuellement par le Ministre de l'intérieur (¹).

La nomination des premiers n'est soumise à aucune instruction particulière ; celle des seconds a lieu conformément à l'art. 3 précité de l'arrêté du 11 septembre 1818, moyennant cette seule différence que le contrôle accordé aux États-Députés par ledit article est conféré ici au gouverneur de la province.

Le secrétaire de chaque commission provinciale est également désigné chaque année par le ministre de l'intérieur, sur la présentation d'une liste de deux de ses membres, dressée par la commission dans sa première assemblée (²).

Aux termes de l'art. 33 de l'arrêté du 31 mai 1818, « les présidents des commissions médicales provinciales prêteront, entre les mains du gouverneur de la province, et les membres desdites commissions, entre les mains de leur président, le serment dont la formule suit : « Je promets et jure de remplir fidèlement les fonctions de membre de la commission médicale de cette province; d'observer et faire observer de tout mon pouvoir les dispositions contenues dans la loi du 12 mars 1818 et dans le règlement du 31 mai 1818, sans m'en écarter en aucune manière, ni sous quelque prétexte que ce soit; d'agir, au contraire, en toutes choses, avec impartialité et en conscience, n'ayant pour but que de concourir, autant qu'il est en moi, aux vues salutaires de la loi. — Ainsi Dieu me soit en aide. »

Selon l'art. 4 du même arrêté, les commissions provinciales doivent s'assembler au moins quatre fois l'an, et annoncer un mois d'avance la tenue de leurs assemblées ordinaires, par la voie des journaux ; lorsque des circonstances particulières l'exigent, le président peut les convoquer extraordinairement en tous temps.

Ces commissions sont placées sous la surveillance immédiate du département de l'intérieur, dont elles exécutent les ordres, et auquel

(¹) Arr. roy. du 11 septembre 1818, art. 6.
(²) Arr. minist. du 7 octobre 1818, art. 4.

elles transmettent tous les renseignements, avis et documents utiles ; chaque année, elles sont tenues d'adresser à ce département un rapport général de leurs travaux et de tout ce qui est survenu d'important relativement à la police médicale, dans l'étendue de leur province ; à ce rapport sont joints, notamment, les rapports généraux des commissions locales du ressort (¹).

Les commissions provinciales doivent également, sur la réquisition des États provinciaux et des Cours de justice, leur donner les renseignements et avis demandés dans un intérêt administratif ou judiciaire (²).

Elles correspondent, d'une autre part, avec les commissions médicales locales, dont elles sont l'intermédiaire dans leurs rapports avec le gouvernement, les consultent à l'occasion, et les éclairent lorsqu'elles y sont invitées (³).

Les frais des commissions provinciales, y compris ceux de déplacement pour la visite des officines, qui précédemment étaient acquittés par les intéressés, ont été mis à charge de l'état ; ces colléges continuent toutefois à percevoir certaines rétributions à titre de frais d'examen et de visa (⁴).

131 — Selon l'art. 4 de la loi du 12 mars 1818, les fonctions des commissions médicales provinciales consistent :

A. à décerner, après examen, les diplômes de chirurgien de ville ou de campagne, d'accoucheur, de sage-femme, d'apothicaire, d'oculiste, de dentiste, de droguiste et d'herboriste ;

B. à s'assurer de la validité des titres de ceux qui se proposent d'exercer dans leur ressort une profession médicale quelconque.

C. à veiller dans leur province à ce que la pratique de l'art de guérir ait lieu d'une manière convenable et régulière.

D. à tenir l'œil ouvert sur tout ce qui intéresse la santé des habi-

---

(¹) Arr. roy. du 31 mai 1818, art. 6 à 9.
(²)   id.   art. 7.
(³)   id.   art. 9, 36 et 37.
(⁴)   id.   art. 5, 15 et 23.

— 244 —

tants, et, spécialement, à exercer leur surveillance dans le cas où quelque maladie contagieuse ou épidémique se déclarerait dans leur ressort.

Ces attributions générales sont, comme on le voit, à peu près identiquement celles que les ordonnances des Pays-Bas autrichiens et de la principauté de Liége avaient conférées à nos anciens colléges médicaux (¹).

Nous avons déjà fait connaître, dans les chapitres précédents, les règles auxquelles les commissions provinciales doivent se conformer, quant aux examens qu'elles peuvent faire subir à certains récipiendaires, aux diplômes ou certificats qu'elles sont autorisées à délivrer, à la vérification des titres médicaux et, enfin, à la formation des listes annuelles sur lesquelles sont inscrits les noms des personnes régulièrement admises à exercer l'art de guérir dans leur province (²).

Ces différents points ont été réglés par le gouvernement en exécution de la charge légale qui lui a été imposée de déterminer le mode d'après lequel les commissions dont il s'agit doivent exercer leurs attributions.

Les détails dans lesquels nous sommes entrés à ce sujet, indiquent suffisamment la portée de la double mission confiée aux commissions médicales par les dispositions de l'art. 4 de la loi de 1818 rappelées sous les litt. *A* et *B* ci-dessus.

Les motifs qui nous ont engagés à passer sous silence les attributions des anciens colléges médicaux qui présentaient un caractère purement hygiénique, c'est-à-dire étranger à la matière qui fait l'objet du présent ouvrage, nous dispensent d'examiner les mesures réglementaires qui ont été introduites par le gouvernement en vue des attributions prévues par le litt. *D*.

Nous nous préoccuperons donc uniquement ici, de faire connaître l'application qu'a reçue la disposition de la loi de 1818 repro-

(¹) V. ci-dessus n° 24.
(²)   Id.   n° 87 et suiv., n° 100, etc.

duite sous le litt. *C* ci-dessus, qui charge les commissions médicales provinciales « de veiller, dans leur province, à ce que la pratique « des arts médicaux y soit exercée d'une manière convenable et « régulière. »

A ce point de vue, les commissions provinciales doivent :

1° S'assurer que tout individu exerçant dans le pays une branche quelconque de l'art de guérir, le fait en vertu d'un diplôme ou d'une autorisation régulière dûment vérifiée par l'autorité compétente, et que son nom figure sur les listes officielles du personnel médical (¹);

2° S'enquérir de la manière dont les praticiens dûment diplômés ou autorisés exercent leur profession; veiller à ce qu'aucun d'entr'eux ne franchisse le cercle de ses attributions, ne se dérobe aux obligations actives ou passives qui lui sont imposées par les lois et les règlements de police, et ne commette même, dans l'exercice de son art, certaines imprudences, négligences ou erreurs qui, sans être positivement réprimées par les dispositions pénales, sont cependant de nature à compromettre plus ou moins les intérêts des malades (²).

Quoique, dans la plupart des cas, le gouvernement se soit abstenu de déterminer les moyens à mettre en œuvre par les commissions médicales à l'effet de contrôler la pratique des hommes de l'art, il est cependant quelques actes de surveillance que ces commissions sont tenues d'accomplir; nous entendons faire surtout allusion ici à l'inspection périodique des officines et des dépôts de médicaments ou de drogues, dont il sera fait mention ci-après (³);

3° Examiner attentivement les griefs qui sont de leur compétence, et même citer le prévenu devant elles s'il s'agit d'une faute grave commise dans l'exercice de l'art de guérir, afin d'entendre ses explications, et de se rendre un compte exact de la nature et de l'importance du fait (⁴);

(¹) Arr. roy. du 31 mai 1818, art. 26.
(²)   id.   art. 27 et 30.
(³)   id.   art. 32.
(⁴)   id.   art. 30.

4° Adresser à certains praticiens des conseils ou observations destinés à prévenir le retour de fautes ou d'erreurs qu'un défaut d'instruction ou d'expérience suffisante les aurait exposés à commettre (¹) ; réprimander ceux qui se seraient rendus coupables d'une faute grave dans la pratique de leur art (²) ; signaler, enfin, aux officiers du ministère public, afin de poursuites judiciaires, tout individu, diplômé ou non, qui aurait, à leur connaissance, contrevenu aux dispositions législatives ou réglementaires sur la police de l'art de guérir (³).

Parmi ces différentes attributions, il en est deux qui méritent une attention toute spéciale, savoir : *la visite des officines* et *l'exercice du droit de réprimande*.

De tout temps, les lois et ordonnances sur la matière ont placé les pharmacies et les boutiques de drogues sous le régime d'une surveillance spéciale (⁴) : à la vérité, le législateur de l'an XI n'avait point assujetti au droit de *visite* les officines privées des docteurs et des officiers de santé, mais cette omission, qu'aucune considération d'utilité publique ne justifiait, a été réparée par le gouvernement hollandais qui a assimilé complètement, à ce point de vue, les dépôts de médicaments des médecins et chirurgiens de campagne et ceux des officiers de santé, aux pharmacies proprement dites et aux magasins de drogues ou d'herbes médicinales (⁵).

Ces divers établissements ont été soumis, dans chaque province, à l'inspection de la commission médicale provinciale du ressort, sauf, toutefois, ceux qui étaient situés dans une ville où siégeait une commission locale, lesquels étaient exclusivement placés, d'après l'arrêté de 1818, sous le contrôle de cette dernière commission (⁶).

(¹) Instr. pour les chir. de camp., art. 25.

(²) Arr. roy. du 31 mai 1818, art. 30.

(³) Loi du 12 mars 1818, art. 23.

(⁴) V. ci-dessus nᵒˢ 25 et 64.

(⁵) Instr. pour les doct. en méd., art. 8. — Arr. roy. du 31 mai 1818, art. 32 et 39. — Arr. roy. du 28 avril 1824, art. 6.

(⁶) Arr. roy. du 31 mai 1818, art. 32. — V. ci-après nᵒ 132.

Selon l'art. 32 du même arrêté, les visites devaient avoir lieu deux fois par année ; mais cette disposition a, sans doute, paru trop onéreuse par la suite, car l'arrêté royal du 28 avril 1821, sur l'introduction de la pharmacopée belgique, n'a plus exigé qu'une seule visite par an, laissant, du reste, aux commissions provinciales, la faculté d'en faire plusieurs, si elles le jugeaient utile.

Les visites ont lieu à des époques indéterminées et sans avis préalable (¹). Le but de cette disposition est facile à comprendre : en laissant ignorer aux intéressés le jour où leur officine sera inspectée, on les met dans la nécessité de maintenir sans cesse leurs drogues et médicaments en état d'être soumis à la vérification légale.

D'après l'art. 32 de l'arrêté royal du 31 mai 1848, « les visites « doivent être faites par deux ou plusieurs membres de la Com- « mission médicale provinciale à ce délégués ou, au besoin, par un « seul membre de la commission, ayant le titre de docteur en mé- « decine, accompagné d'un autre homme de l'art pris hors du sein « de la commission, qui lui sera adjoint par elle, mais en observant « qu'il doit être nommé chaque année d'autres membres pour faire « la visite des mêmes officines. »

En permettant à la commission de déléguer un seul de ses mem- bres pour procéder aux vérifications légales, à charge de lui adjoindre un praticien étranger à la compagnie, le gouvernement a voulu prévenir autant que possible les déplacements. En exigeant que les visiteurs soient renouvelés chaque année, il a eu surtout en vue d'éviter les abus résultant des relations d'amitié, de parenté ou d'intérêt qui peuvent exister entre les inspecteurs et ceux qui sont soumis à leur contrôle.

Les délégués des commissions provinciales doivent toujours être assistés, dans leurs tournées, d'un commissaire ou de tout autre agent de police (²).

Les praticiens tenant une officine, une boutique de drogues ou

____

(¹) Arr. roy. du 28 avril 1821, art. 6.
(²)   id.   art. 6.

un dépôt de médicaments, ne peuvent, sous aucun prétexte, se soustraire à la visite (¹).

Celle-ci pourra s'exercer, à la fois, dans les boutiques, officines, magasins, dépôts, laboratoires, caves, etc., c'est-à-dire dans toutes les parties de l'habitation où les médicaments se débitent, se préparent ou se conservent (²).

Les inspecteurs doivent examiner, autant que possible, lors de la visite, tous les médicaments, spécialement ceux dont la surveillance importe le plus (³); s'assurer que l'officine est approvisionnée et tenue conformément à la loi; porter leur attention sur les poids et mesures, sur les balances et ustensiles, sur les registres d'inscription, etc., etc. S'ils inspectent le dépôt de médicaments d'un chirurgien, ils peuvent exiger de lui la production des instruments qu'il est tenu de posséder et de maintenir en bon état de conservation (⁴).

Si les membres délégués s'aperçoivent que certains remèdes sont mauvais, falsifiés ou n'ont pas été préparés de la manière requise, ils ont le droit de les faire enlever, en permettant au propriétaire, s'il le désire, d'apposer son scellé sur la boîte, la bouteille ou tout autre récipient qui contient ces remèdes (⁵), lesquels sont soumis ensuite à l'examen de la commission médicale, etc.

Les commissions médicales provinciales n'ont point, comme nos anciens colléges médicaux, d'attributions judiciaires : les principes du droit public nouveau défèrent, en effet, au juge seul, le droit de connaître des délits et contraventions, et d'appliquer les pénalités prévues par la loi.

Ces commissions exercent, toutefois, une certaine autorité disciplinaire, en ce sens que, selon l'art. 30 de l'arrêté royal du 31 mai 1818, elles peuvent appliquer la *réprimande,* mesure essentiellement

(¹) Loi du 12 juillet 1821, art. 2.
(²) Arr. roy. du 28 avril 1821, art. 6.—Instr. pour les apoth., art. 9, etc.
(³) Arr. roy. du 28 avril 1821, art. 6.
(⁴) Instr. pour les chir. de camp., art. 12.
(⁵) Arr roy. du 28 avril 1821, art. 6.

disciplinaire de sa nature (¹), aux praticiens convaincus d'avoir commis une faute grave dans l'exercice de leur art.

Il nous semble résulter de cet article, et l'usage confirme notre interprétation, que les *fautes graves* dont il s'agit ne supposent pas nécessairement un crime, un délit, ni même une contravention ; la condamnation judiciaire qu'entraînerait nécessairement l'accomplissement de l'un ou l'autre de ces actes, rendrait même superflue, au point de vue moral, une simple réprimande administrative, et il est impossible d'admettre que le but de l'article précité ait été de reconnaître aux commissions provinciales la faculté exorbitante de taire un délit qui serait parvenu à leur connaissance, en adressant un simple avertissement comminatoire à celui qui serait convaincu d'avoir posé un acte réprimé par les lois pénales.

Nous croyons donc que les fautes graves prévues par l'art. 30 de l'arrêté de 1818 sont essentiellement distinctes des contraventions aux lois et règlements.

Mais, dans cette hypothèse, quelles sont les fautes dont la répression par voie disciplinaire est attribuée à la commission de surveillance ?

Pourrait-on considérer comme telles les actes d'indélicatesse, de charlatanisme, etc., qui, sans nuire aux intérêts de la santé publique, porteraient atteinte à la dignité professionnelle des praticiens ? — Évidemment non, car l'appréciation des actes de cette nature ne saurait appartenir qu'à une juridiction élective.

Faut-il entendre par là les erreurs scientifiques, l'application d'une méthode de traitement jugée vicieuse ou intempestive ? — Pas davantage, car ces questions sont du domaine de la liberté, et nullement du ressort de la police ou de la surveillance médicale.

Selon nous, les seules fautes graves qui puissent entraîner la réprimande, sont celles qui résulteraient d'une négligence ou d'une imprudence bien caractérisée et de nature à compromettre la vie ou la santé des malades.

(¹) V. le décret du 14 décembre 1810 relatif aux conseils disciplinaires de l'ordre des avocats, art. 25.

Aux termes de l'art. 30 de l'arrêté du 31 mai 1818, les commissions provinciales doivent, après avoir examiné la conduite d'un praticien soumis à leur juridiction disciplinaire, du chef d'une faute grave commise dans l'exercice de l'art de guérir, « adresser un rapport motivé aux États-Députés de la province, lorsqu'elles croiront « que les circonstances sont de nature à exiger des mesures ultérieures ou promptes. »

Cet article a-t-il pour but de reconnaître aux États-Députés le droit absolu de suspendre la pratique d'un homme de l'art pendant un temps plus ou moins long, en radiant son nom de la liste officielle?

La haute cour des Pays-Bas s'était prononcée pour l'affirmative le 28 septembre 1841, mais, modifiant plus tard sa jurisprudence, elle a décidé, par arrêt du 20 juin 1848, qu'aucune disposition légale ne confère aux États-Députés le pouvoir exceptionnel dont il s'agit.

Un arrêt de la cour d'appel de Bruxelles du 30 novembre 1821 [1] dispose, à la vérité, que l'autorité judiciaire ne peut connaître de la valeur des suspensions d'exercice prononcées par voie administrative; mais, d'après nous, les suspensions dont il s'agit, en tant qu'elles sont prononcées par l'autorité administrative, ne peuvent l'être que pour des cas urgents, de force majeure, alors que les mesures, prises uniquement par provision, et sans préjudice aux droits des tribunaux, se justifient par des considérations de nécessité publique.

L'énumération des différentes attributions des commissions provinciales, faite par l'art. 4 de la loi du 12 mars 1818, n'est point limitative, en ce sens que ces commissions, appelées par leurs fonctions à seconder l'autorité dans tout ce qui se rattache à l'exécution des lois et règlements sur la police de l'art de guérir, peuvent être chargées, à ce titre, de missions très-diverses C'est ainsi qu'elles doivent, d'après la législation des Pays-Bas, dresser, chaque année, la liste des praticiens autorisés à exercer dans leur ressort [2], celle

[1] *Pasicr.*, 1821. 2. 508.
[2] Arr. roy. du 31 mai 1818. art. 25.

des instruments et appareils dont la possession est requise des chirurgiens de campagne et des accoucheurs ([1]), celle des médicaments que doivent avoir en tout temps dans leur officine les pharmaciens de campagne ainsi que les médecins et chirurgiens qui tiennent un dépôt de remèdes dans les mêmes localités ([2]); c'est encore ainsi qu'elles sont chargées de formuler certains tarifs d'honoraires auxquels les praticiens doivent se soumettre ([3]) en cas de différend avec leurs malades, etc., etc.

Un arrêt de la chambre de cassation de la cour de Liége du 15 mars 1826 ([4]) a décidé que ces derniers tarifs, pour être obligatoires, ne doivent point avoir été soumis à la sanction royale par application de l'art. 146 de la loi fondamentale.

Les tarifs dont il s'agit sont, toutefois, au même titre que les listes officielles des praticiens, approuvés par les États-Députés.

Les seuls dont nous ayons pu constater l'existence dans le pays, ont été introduits : en 1819, dans la province de Namur; en 1822, dans le Hainaut; et, en 1823, dans la province de Liége.

132. Nous avons dit ci-dessus que l'art. 1er, § 2, de la loi du 12 mars 1818 a permis au Roi d'établir des *commissions médicales locales* dans toutes les villes où cet établissement lui paraîtrait utile.

L'art. 34 de l'arrêté royal du 31 mai suivant dispose, à cet égard, que « les régences des villes dans lesquelles se trouvent au moins « quatre docteurs en médecine ou en chirurgie, et où, d'ailleurs, les « circonstances locales le permettent, y établiront, après en avoir « obtenu, à cet effet, l'autorisation du Ministre de l'intérieur, des

---

([1]) Instr. pour les chir. de camp., art. 12. — Id. pour les accouch., art. 9.

([2]) Arr. roy. du 28 avril 1821, art. 4.

([3]) Instr. pour les doct. en méd., art. 16. — Id. pour les chir. de ville, art. 14. — Id. pour les chir. de camp., art. 26. — Id. pour les accouch., art. 12. — Id. pour les sages-femmes, art. 9. — V., au sujet de la régularité et de la valeur de ces tarifs : Liége, ch. de cass., 15 mars 1826 (*Pasicr.*, 1826. 2. 89). — Brux., 11 août 1845 (*P.*, 1845. 2, 300).

([4]) *Pasicr.*, 1826. 2. 89.

« commissions locales composées d'un nombre convenable de mé-
« decins, de chirurgiens, d'accoucheurs et de pharmaciens. »

Les frais de ces commissions sont à charge des communes.

Les seules villes dans lesquelles il en ait été établi sont : Alost,
Anvers, Bruxelles, Courtrai, Dinant, Lierre, Louvain, Malines,
Namur, Termonde, Tournay, Verviers et Vilvorde.

Elles ont été composées, selon l'importance des localités, de 3, 4,
5, 7 ou 9 membres.

Aux termes de l'art. 40 de l'arrêté royal du 31 mai 1848, les
présidents des commissions médicales locales prêtent entre les
mains du bourgmestre, et leurs membres entre celles du président,
le même serment qui est imposé aux commissions provinciales, et
dont nous avons donné la formule.

Les commissions locales sont placées sous la surveillance immédiate des autorités communales et sous le contrôle des commissions
provinciales, avec lesquelles elles correspondent (¹).

Elles ne peuvent délivrer aucun diplôme ni viser aucun titre
médical. Leur mission se borne, outre les attributions spéciales
qu'elles exercent en matière de police sanitaire (²), à exercer la surveillance locale sur toutes les branches de l'art de guérir, à en
encourager et améliorer la pratique (³).

A ce point de vue, les commissions locales ont, dans leur ressort,
les mêmes droits que les commissions provinciales, si ce n'est
qu'aucun pouvoir disciplinaire ne leur est reconnu.

Elles sont tenues de dresser un rapport exact du bon état, de
l'état médiocre ou du mauvais état des officines ou boutiques de
drogues qu'elles auront visitées chaque année, et de transmettre cet
état à la commission provinciale (⁴).

Les règles mentionnées plus haut, concernant l'inspection des

---

(¹) Arr. roy. du 31 mai 1848, art. 36.
(²) Id., art. 35, 37, 41 et suiv.
(³) Id., art. 35 et 38.
(⁴) Id., art. 39.

officines et dépôts de remèdes ou de drogues par les délégués de cette dernière commission, sont applicables à la visite de ces établissements par les commissions de surveillance locale (¹).

Toutefois, une commission spéciale peut toujours être chargée par le Ministre de l'intérieur de contrôler leurs opérations, en procédant à une nouvelle visite des officines et dépôts (²). Cette garantie a paru nécessaire, afin d'assurer l'exercice sincère de la surveillance des pharmacies dans les villes où la plupart des praticiens sont unis entre eux par des liens plus ou moins étroits, et où il était, par conséquent, à craindre que les visiteurs, en montrant une indulgence trop grande vis-à-vis d'un confrère, ne rendissent vaines les sages précautions du législateur relatives à la vérification des remèdes.

« Les commissions médicales locales, » dit M. Tielemans (³), « sont de véritables établissements communaux ; cependant les « autorités communales n'ont pas, en ce qui concerne leur création, « cette indépendance, cette liberté d'action que la loi leur donne « en d'autres matières ; d'une part, l'établissement des commissions « médicales locales peut être imposé aux villes qui possèdent quatre « docteurs en médecine, si d'ailleurs les circonstances locales ne « s'y opposent pas, et c'est le gouvernement qui est seul juge de « ces circonstances ; de l'autre, ces villes ne peuvent procéder de « leur propre chef à l'établissement des commissions locales, étant « subordonnées, sous ce rapport, au Ministre de l'intérieur. »

M. Tielemans estime que le gouvernement, en cas de refus d'un conseil communal d'instituer une commission locale, ou en cas de difficulté sur son organisation, peut toujours vaincre cette difficulté en organisant lui-même la commission, et en portant d'office la dépense au budget de la commune, conformément à l'art. 131, n° 11, et à l'art. 133 de la loi du 30 mars 1836.

(¹) Arr. roy. du 31 mai 1818, art. 39. — Arr. roy. du 28 avril 1821, art. 6. — Instr. pour les apoth., art. 9. — Id. pour les chir. de camp., art. 12, etc.
(²) Arr. roy. du 31 mai 1818, art. 39.
(³) *Dict. de dr. adm.*, v° *Commiss. méd.*, p. 162.

Il se fonde, à cet égard, sur ce que l'institution d'une telle commission peut être d'intérêt public, et sur ce que la loi de 1836 oblige les communes à porter annuellement à leur budget une somme suffisante pour pourvoir aux besoins de la salubrité locale.

133. Le droit accordé aux commissions provinciales et locales de rechercher et de dénoncer les contraventions en matière de police médicale, n'est nullement exclusif de celui que les lois générales, et notamment l'art. 22 du code d'instruction criminelle, reconnaissent aux officiers de police judiciaire, de constater et de poursuivre les crimes et délits de toute nature.

En imposant auxdites commissions l'obligation de *concourir* à maintenir et à faire observer les statuts généraux ou particuliers relatifs à la police médicale, l'art. 14 de la loi de 1818 n'a nullement entendu subordonner l'action du ministère public à l'intervention des commissions médicales; son seul but a été de les obliger à surveiller, de concert avec les agents de l'autorité judiciaire, l'exécution desdits statuts, de dénoncer les infractions qui parviendraient à leur connaissance, et de les aider, au besoin, de leurs lumières. En décider autrement, serait accorder aux commissions médicales une autorité exorbitante, qui pourrait avoir pour résultat funeste, si, par incurie ou mauvais vouloir, leur surveillance ne s'exerçait pas avec soin et ponctualité, de compromettre la santé publique et d'entraver le cours de la justice.

Ce point a été résolu par arrêt de la cour de Bruxelles du 7 novembre 1840 [1], confirmatif d'un jugement du tribunal d'Anvers en date du 29 juin précédent.

Il résulte, d'une autre part, d'un jugement du tribunal correctionnel de Namur en date du 24 juin 1848, confirmé le 9 novembre suivant par la cour d'appel de Liége [2], que les pharmaciens et leurs officines, quoique soumis à la surveillance des commissions médi-

[1] *Pasicr.*, 1841. 2. 171. — Jug. du trib. corr. de Marche du 17 déc. 1846 (P., 1847. 1. 464). — Arrêt de la haute cour des Pays-Bas du 18 janv. 1842.
[2] *Pasicr.*, 1849. 2. 406.

cales qui ont qualité pour constater les contraventions, sont également soumis à la visite des employés ayant qualité pour constater les contraventions au système métrique, etc.

CHAPITRE VII.

DES PÉNALITÉS.

134. L'art. 18 de la loi du 12 mars 1818 est ainsi conçu :

« Toutes personnes non qualifiées qui exerceront quelque branche « que ce soit de l'art de guérir, encourront, pour la première fois, « une amende de 25 à 100 florins, avec confiscation de leurs médi- « caments ; l'amende sera double en cas de récidive ; pour une « troisième contravention, le délinquant sera puni d'un emprison- « nement de 15 jours à 6 mois. »

Selon la jurisprudence, on doit considérer comme *non qualifiées*, aux termes de l'art. 18, non-seulement les personnes qui ne possèdent aucun titre, mais encore :

1° Celles dont le titre est irrégulier et, par conséquent, sans valeur [1], ou est étranger à l'exercice de l'art de guérir ; c'est ainsi, par exemple, que le brevet d'invention accordé à un particulier pour certains remèdes ou certains appareils chirurgicaux, ne lui donne aucun droit d'en faire un usage médical [2].

2° Celles dont le titre, quoique légal, n'a pas été visé par la commission médicale compétente [3].

Cependant, d'après plusieurs décisions judiciaires, celui qui exer-

[1] Liége, 3 mars 1859 (*Pasicr.*, 1859. 2. 234).

[2] Id., 29 janv. 1858 (*P.*, 1858. 2. 254). — Bruxelles, 11 juill. 1856 (*P.*, 1857. 2. 309).

[3] Bruxelles, 30 nov. 1821 (*Pasicr.*, 1821. 2. 508). — Haute Cour des Pays-Bas, 5 nov. 1844 et 4 janv. 1853).

cerait la médecine en vertu d'un diplôme qui n'aurait pas été soumis à la formalité du visa, ne serait point passible des pénalités prévues par l'art. 18 de la loi, mais uniquement de celles qui sanctionnent l'arrêté royal du 31 mai 1818 ([']).

3° Celles dont le diplôme a été régulièrement visé, mais qui exercent avant que leur nom ait été porté sur les listes officielles dressées annuellement dans chaque province ([²]).

Toutefois, selon certains arrêts, les personnes dont il s'agit échapperaient à toute répression ([³]); selon d'autres, les peines prévues pour infraction à l'arrêté royal du 31 mai 1818, sur la surveillance médicale, leur seraient seules applicables ([⁴]).

4° Les praticiens qui enfreignent la prohibition à eux faite par l'autorité compétente, de continuer à exercer pendant un certain temps, prohibition justifiée par leurs mauvais antécédents ([⁵]).

Aucune loi ne définissant en quoi consiste l'*exercice illégal de l'art de guérir*, c'est aux tribunaux qu'il appartient d'apprécier, dans chaque cas particulier, le sens réel de cette expression ([⁶]).

De l'ensemble des décisions judiciaires, il résulte que l'on doit envisager comme illégal, aux termes de l'art. 18 de la loi du 12 mars, tout fait qui, posé par une personne non qualifiée, peut être considéré comme une immixtion dans l'application des principes ayant pour objet la guérison de certains maux, de certaines maladies.

Les faits de cette nature sont toujours punissables, sauf les cas d'urgence et de nécessité ([⁷]), indépendamment du point de savoir :

([¹]) Bruxelles, 29 déc 1832 (*Pasicr.*, 1832. 2. 310). — Jug. du trib. correct. de Marche, du 17 déc. 1846 (*P.*, 1847. 1. 464).

([²]) Bruxelles, 1ᵉ juil. 1858 (*Pasicr.*, 1858. 2. 313).

([³]) Bruxelles, 6 juin 1837 (*Pasicr.*, 1837. 2. 122). — Gand, 15 févr. 1861 (*P.*, 1861. 2. 271). — Haute Cour des Pays-Bas, 4 oct. 1842.

([⁴]) Bruxelles, 29 déc. 1832 (*Pasicr.*, 1832. 2. 310).

([⁵]) Bruxelles, 30 nov. 1821 (*Pasicr.*, 1821. 2. 508). — Haute Cour des P.-B., 28 sept. 1841. — V. ci-dessus n° 131.

([⁶]) Gand, 26 mars 1851 (*Pasicr.*, 1852. 2. 126), 15 juin 1852 (*P.*, 1852. 2. 251.

([⁷]) Cass., 12 nov. 1851 (*Pasicr.*, 1852, 1. 7). — Liége, 2 juill. 1850 (*P.*, 1850. 2. 263), 1ᵉʳ mars 1854 (*P.*, 1854. 2. 198). — Haute cour des P.-B., 8 avril 1839.

a. Si l'inculpé a fait ou non profession de guérir, c'est-à-dire, s'il s'est ou non attribué, soit un titre, soit des connaissances qu'il ne possède pas (¹).

b. S'il est convaincu de s'être livré habituellement à la pratique de certains actes réservés aux hommes de l'art, ou s'il n'a accompli, au contraire, qu'un ou quelques-uns de ces actes seulement (²).

c. S'il a agi gratuitement ou moyennant salaire (³).

d. Si les actes posés ont produit, ou même étaient susceptibles de produire une influence quelconque sur la santé des malades (⁴).

Plusieurs arrêts décident, toutefois, que ceux de ces actes dont l'innocuité serait évidente, ne tomberaient pas sous l'application de l'article qui nous occupe (⁵).

Une loi interprétative du 27 mars 1853, rendue en exécution de l'art 23 de la loi du 4 août 1832, organique de l'ordre judiciaire, a résolu quelques-unes des difficultés que soulève l'interprétation de

(¹) Loi interprétative du 27 mars 1853. — Cass., 10 juin 1851 (*Pasicr.* 1851.1. 260), 12 nov. 1851 (*P.* 1852. 1. 7). — Gand, 17 mai 1851 (*P.* 1851. 9. 238).— Haute cour des P.-B., 8 avril 1839, 18 juin 1850, 20 juill. 1852 et 8 sept. 1857.

Contrà. Gand, 26 mars 1851 (*P.* 1852. 2 136).

(²) Bruxelles, 7 nov. 1840 (*Pasicr.* 1844. 2. 171). — Haute Cour des P.-B., 8 avril 1839, 23 sept. 1846, 18 juin 1850, 17 oct. 1854 et 8 sept. 1857. — *Contrà.* Liége, 7 avril 1853 (*P.* 1858. 2. 364).

(³) Loi interprét. du 27 mars 1853. — Cass., 10 juin 1851 (*Pasicr.* 1851. 1. 260), 12 nov. 1851 (*P.* 1852. 1. 7). — Bruxelles, 24 avril 1834 (*P.* 1834. 2. 100), 28 juill. 1848 (*P.* 1850. 2. 31). — Gand, 17 mai 1851 (*P.* 1851. 2. 238). — Liége, 6 janv. 1853 (*P.* 1858. 2. 364), 23 avril 1850 (*P.* 1853. 2. 311). — Haute Cour des P.-B., 8 avril 1839, 18 juin 1850, 20 juill. 1852 et 8 sept. 1857. — *Contrà.* Gand, 26 mars 1851 (*P.* 1852. 2. 136).

(⁴) Bruxelles, 17 juin 1826 (*Pasicr.* 1826. 2. 204), 24 avril 1834 (*P.* 1834. 2. 100), 28 juill. 1848 (*P.* 1850. 2. 31). — Liége, 24 janv. 1842 (*P.* 1842. 2 131) — Gand, 15 févr. 1860 (*P.* 1860. 2. 444).

(⁵) Cass., 9 août 1852 (*Pasicr.* 1852. 1. 464). — Gand, 15 juin 1852 (*P.* 1852 2. 251). — Liége, 6 juill. 1852 (*P.* 1858. 2, 364).

17

— 258 —

l'art. 18 de la loi du 12 mars 1818, sans définir ([¹]), toutefois, l'exercice illégal de l'art de guérir.

Il résulte des intéressantes discussions auxquelles l'examen de cette loi a donné lieu devant les chambres législatives, que certains faits déterminés, quoique ayant, en réalité, la guérison pour but, ne sont pas absolument interdits aux personnes non qualifiées.

Ces faits sont ceux que prévoit l'avis du conseil d'État de France en date du 8 vendémiaire an XIV, dont il a été parlé au titre précédent ([²]).

Chacun peut donc, dans un but d'humanité ou de bienfaisance, donner à ses semblables quelques conseils, soins, secours ou remèdes, pour autant qu'ils soient gratuits, qu'il ne s'agisse d'aucun accident qui intéresse la santé publique, et que les personnes qui se livrent à ces actes de charité ne signent ni ordonnance ni consultation.

Mais il a été bien entendu que cette faculté, pour être compatible avec le principe déposé dans l'art. 18 de la loi du 12 mars 1818, devait être subordonnée, dans l'usage, à cette double condition : d'une part, que les remèdes, soins ou secours dont il s'agit seraient purement familiers de leur nature, c'est-à-dire d'une telle simplicité que leur connaissance n'exige aucune notion scientifique ; d'une autre part, que le donateur ne ferait point de ses actes de bienfaisance une habitude professionnelle, c'est-à-dire ne s'érigerait pas en guérisseur de maux, par le fait d'une application habituelle de principes dont la connaissance demande des études auxquelles il ne s'est pas livré et une aptitude que, légalement au moins, il ne possède pas ([³]).

Celui qui, sans être qualifié, prescrit un moyen curatif pour la guérison d'un mal interne ou externe, exerce illégalement l'art de

<hr>

([¹]) Bruxelles, 26 mars 1857 (*Pasicr.*, 1857. 2. 314). — Liége, 28 janv. 1859 (*P.*, 1859. 2. 249). — *Contrà.* Liége, 27 juin 1857 (*P.* 1857. 2. 421) — Jug du trib. de Termonde, du 30 sept. 1859 (*P.*, 1860. 2. 414).

([²]) V. ci-dessus, n° 66.

([³]) Ann. parlem. de la Ch. des représ., sess. 1852-1853, p. 439 et suiv. — Id. du Sénat, p. 153 et suiv. — Liége, 6 janv. 1853 (*Pasicr.* 1858. 2. 364).

guérir : qu'il se soit trouvé ou non en contact immédiat avec le malade [1] ; que la prescription ait pour objet l'emploi d'un remède composé, d'un médicament ou d'une drogue simple, d'une substance purement hygiénique ou alimentaire [2], ou qu'elle consiste même dans le conseil de suivre certain régime ou d'accomplir certains actes déterminés [3] ; que cette prescription ait été verbale ou écrite [4], qu'elle ait été formulée d'une manière explicite ou indirecte [5], fût-ce par l'entremise d'un tiers, par exemple d'une personne magnétisée [6].

Quant à la question de savoir si l'individu magnétisé qui, dans l'état de somnambulisme, prescrit ou conseille l'usage d'un remède, contrevient à l'art. 18 de la loi, elle est très-délicate, puisqu'elle dépend de la solution d'un problème scientifique qui n'est pas définitivement résolu, savoir l'appréciation des effets réels du magnétisme animal.

Cette question a été décidée négativement par arrêt de la Haute-Cour des Pays-Bas en date du 13 mai 1850 ; mais, en général, les tribunaux évitent de la résoudre.

Cependant, s'il était prouvé que le somnambule avait su d'avance à quelles fins on voulait le magnétiser, il encourrait les pénalités prévues par l'art. 18 de la loi [7], qui doit recevoir indistinctement son application à l'auteur d'un fait délictueux et à ses complices [8].

Celui qui, sans être admis à la pratique de la chirurgie, exerce la

[1] Bruxelles, 17 juin 1826 (*Pasicr.* 1826. 2 204). — Liége, 28 janv. 1859 (*P.* 1859. 2. 249).

[2] Bruxelles, 17 juin 1826 (*Pasicr.* 1826. 2. 204), 7 nov. 1840 (*P.* 1841. 2. 171). — Liége, 24 janv. 1842 (*P.* 1842. 2. 131). — Gand, 26 juill. 1849 (*P.* 1850. 2. 173).

[3] Gand, 15 févr. 1860 (*Pasicr.* 1860. 2. 444).

[4] Liége, 6 janv. 1853 (*Pasicr.* 1858. 2. 364).

[5] Cass., 12 nov. 1851 (*P.* 1852. 1. 7). — Liége, 6 janv. 1853 (*P.* 1858. 2. 364).

[6] Haute Cour des P.-B., 5 oct. 1847.

[7] Bruxelles, 28 juill. 1848 (*Pasicr.* 1850. 2. 31).

[8] Id. et 17 juin 1826 (*Pasicr.* 1826. 2 204).

profession de pédicure, c'est-à-dire procède à l'extirpation ou à la guérison des cors, oignons et durillons des pieds, est passible des pénalités inscrites à l'art. 18 de la loi de 1818 [1].

Il en serait de même de l'orthopédiste et du bandagiste qui appliqueraient des appareils ou en conseilleraient l'usage dans un cas déterminé [2].

Le particulier qui se borne à remettre des remèdes à un malade sans indiquer le mode de leur emploi, ne contrevient point à l'art. 18 de la loi [3], mais il en serait autrement s'il faisait connaître, même indirectement, leur usage [4].

A ce point de vue, toute substance, quelle que soit sa nature, qui est offerte ou délivrée à raison des effets curatifs qu'elle est susceptible de produire, est un remède dont la délivrance est exclusivement réservée aux praticiens qualifiés [5].

Celui qui est convaincu d'avoir exercé illégalement l'art de guérir ne peut invoquer pour excuse, ni son ignorance de la loi [6], ni une longue possession connue de tous, ni sa bonne foi [7], ni une précédente décision judiciaire qui l'aurait acquitté pour des faits analogues à ceux qui font l'objet des poursuites qui lui sont intentées [8].

L'art. 17 de la loi de 1818 dispose que : « Aucun médicament com-

---

[1] Bruxelles, 6 août 1846 (*Pasicr.* 1846. 2. 226,.

[2] Liége, 29 janv. 1858 (*Pasicr.* 1858. 2. 254), 28 janv. 1859 (*P.* 1859. 2. 249).

[3] Gand, 26 mars 1851 (*Pasicr.* 1852. 2. 136). — Déclaration du min. de la justice. Séance du Sénat du 17 mars 1853.

[4] Cass., 10 juin 1851 (*Pasicr.* 1851. 1. 260), 12 nov. 1851 (*P.* 1852. 1. 7). — Liége, 6 janv. 1853 (*P.* 1858. 2. 364).

[5] Bruxelles, 17 juin 1826 (*Pasicr.* 1826. 2. 204), 7 nov. 1840 (*P.* 1841. 2. 171. — Liége, 21 janv. 1842 (*P.* 1842. 2. 131). — Gand, 26 juill. 1849 (*P.* 1849. 2. 173).

[6] Jug. du trib. de Liége cité à la page 192 du 2ᵉ vol. de la *Pasicr.* année 1845.

[7] Id. — Jug. du trib. d'Anvers du 29 juin 1840 (*Pasicr.* 1841. 2. 174). — *Contrà.* Liége, 3 mars 1859 (*P.* 1859. 2. 234).

[8] Liége, 3 mars 1859 (*Pasicr.* 1859. 2. 234).

« posé, sous quelque dénomination que ce soit, ne pourra être
« vendu ni offert en vente que par des personnes qui y sont auto-
« risées par les lois ou par le Roi, et conformément aux instructions
« à émaner à ce sujet, à peine d'une amende de 50 florins. »

Le but de cet article n'est point de punir d'une manière spéciale
certains actes du domaine de la pharmacie déjà réprimés par les
art. 18 et 19 de la loi; il prévoit uniquement *le fait* du débit ou de
la livraison des substances médicamenteuses, abstraction faite des
intentions du vendeur ([1]), et tend à empêcher que de telles substances, préparées en vue d'un usage industriel ou commercial par
des personnes étrangères à la science médicale, puissent être utilisées par les acheteurs à raison de leurs qualités pharmaceutiques.

Les substances composées auxquelles s'applique l'art. 17 de la loi
ne sont pas uniquement celles que la médecine seule utilise ([2]), mais
encore celles qui, étant d'usage mixte, présentent plutôt un intérêt
médical qu'un intérêt commercial ordinaire, et doivent être considérées, à ce titre, comme des médicaments ([3]).

Quant à celles qui ne sont employées que rarement ou accidentellement en pharmacie, tandis qu'elles sont d'un usage fréquent dans
les arts, l'industrie, l'économie domestique ou l'alimentation, l'art. 17
n'en interdit point le débit au vulgaire ([4]).

On ne peut considérer comme médicaments, dans le sens de l'article qui nous occupe, que les matières solides, liquides ou gazeuses
susceptibles d'être absorbées par le corps humain, soit intérieure-
ment, soit extérieurement ([5]); les odontalgiques exclusivement

---

( ) Liége, 18 janv. 1835 (*Pasicr.* 1835. 2. 22), 19 avril 1845 (*P.* 1845. 2.
167). — Bruxelles, 11 déc. 1858 (*P.* 1859. 2. 155). — Gand, 26 mars 1851
(*P.* 1852. 2. 136). — V. ci-dessus n° 76.

([2]) Gand, 26 juill. 1849 (*Pasicr.* 1850. 2. 124 et 173).

([3]) Bruxelles, 16 juin 1838 (*Pasicr.* 1838. 2. 161), 7 nov. 1840 (*P.* 1841. 1.
174).

([4]) Id.   id.

([5]) Id. — Jug. du trib. de Bruxelles, 8 août 1846 (*Pasicr.* 1848. 2.
36).

destinés au plombage des dents ne présentent pas ce caractère [1].

Les compositions prévues par l'art. 17 de la loi doivent s'entendre de tout mélange ou mixtion de drogues simples, opéré par trituration, infusion ou même simple réunion de liquides ou de substances sèches pulvérisées [2].

Cependant le remède simple enduit d'une couche de gomme destinée à en rendre la déglutition plus facile ou moins désagréable au goût, ne prend point par là le caractère d'une composition médicamenteuse [3].

Les tribunaux ont eu fréquemment à apprécier jusqu'à quel point certains médicaments pouvaient être considérés comme composés, dans le sens de l'art. 17 de la loi du 12 mars 1818 [4].

La pénalité comminée par cet article s'applique à la vente en gros [5] comme à la vente en détail, aux annonces par la voie des journaux comme aux offres verbales [6].

Le brevet accordé à un particulier pour la vente d'un remède n'est pas une autorisation dans le sens de l'art. 17 [7].

L'art. 19 de la loi du 12 mars 1818 est ainsi conçu : « Ceux qui « exercent une branche de l'art de guérir pour laquelle ils ne sont « pas autorisés aux termes de la loi, ou qui l'exercent d'une manière

---

[1] Bruxelles, 7 nov. 1840 (*Pasicr.* 1840. 2. 171), 17 juill. 1847 (*P.* 1848. 2. 36).

[2] Jug. du trib. d'Anvers du 29 juin 1840 (*Pasicr.* 1841. 2. 173).

[3] Bruxelles, 16 juin 1838 (*Pasicr.* 1838. 2. 160), 17 juill. 1847 (*P.* 1848. 2. 36. — Jug. du trib. de Bruxelles du 8 août 1846 (*P.* 1848. 2. 36).

[4] Bruxelles, 7 nov. 1840 (*Pasicr.* 1841. 2. 171), 17 juill. 1847 (*P.* 1848. 2. 36), 14 avril 1855 (*P.* 1855. 2. 224 et 225), id. (*P.* 1856. 2. 7), 11 juill. 1856 (*P.* 1857. 2. 309). — Liége, 19 avril 1845 (*P.* 1845. 2. 167).

[5] Liége, 19 avril 1845 (*Pasicr.* 1845. 2. 167).— Bruxelles, 11 déc. 1858 (*P.* 1859. 2. 155).— *Contrà.* Bruxelles, 17 juill. 1847 (*P.* 1848. 2. 39).

[6] Liége, 3 mai 1844 (*Pasicr.* 1844. 2. 352). —Jug. du trib. de Bruxelles du 9 déc. 1837 (*P.* 1838. 2. 159). — *Contrà.* Bruxelles, 12 juill. 1856 (*P.* 1857. 2. 209), 11 déc. 1858 (*P.* 1859. 2. 155).

[7] Bruxelles, 11 juill. 1856 (*Pasicr.* 1857. 2. 309). — Jug. du trib. de Bruxelles du 1er avril 1854 (*P.* 1855. 2. 225).

« qui n'est pas conforme à leur autorisation, encourront une amende
« de 25 florins pour la première fois, et de 50 florins pour la seconde
« fois ; en cas de nouvelle récidive, ils seront punis par la suppression
« de leur patente pour un temps qui sera fixé par le juge d'après
« les circonstances, et qui ne pourra être moindre de six semaines,
« ni excéder une année. »

Cet article est applicable, à la fois, aux praticiens qui s'immiscent
dans l'exercice d'une branche de l'art de guérir pour laquelle ils ne
sont pas diplômés, et à ceux qui méconnaissent les obligations *expressément* prévues par la loi de 1818, soit en pratiquant hors des
lieux, des cas ou des circonstances où ils ont le droit de le faire, soit
en exerçant cumulativement plusieurs branches de l'art de guérir
dont cette loi a interdit l'exercice simultané (¹).

Selon quelques décisions judiciaires, la pénalité comminée par
l'art. 19 s'appliquerait encore à toute contravention aux instructions pratiques du 31 mai 1818 (²); mais cette interprétation, admise
jusqu'en 1854 par la cour de Bruxelles, a été complètement abandonnée depuis cette époque; c'est dans la loi du 12 juillet 1821,
dont nous parlerons plus loin, et non dans celle de 1818, que les
instructions dont il s'agit trouvent une sanction.

L'art. 19 de la loi du 12 mars ayant fixé le maximum de durée de
la suppression de patente à prononcer contre les contrevenants,
cette durée ne peut être prorogée au-delà par application de l'art. 57
du code pénal (³).

Ajoutons que la plupart des arrêts qui ont interprété l'art. 18,
concernant les personnes qui exercent sans diplôme, s'appliquent
immédiatement ou indirectement à l'article qui nous occupe.

L'*art. 16 de la loi du 12 mars 1818*, relatif au mode de débit des
substances vénéneuses ou narcotiques, prononce contre les délin-

(¹) Cass., 10 déc. 1855 (*P.* 1856. 1. 7).— Bruxelles, 6 janvier 1855 (*P.* 1855.
2. 94), 14 avril 1855 (*P.* 1855. 2. 224, 225 et 228).

(²) Bruxelles, 7 nov. 1840 (*Pasicr.* 1841. 2. 471), 17 juill. 1847 (*P.* 1848.
2. 36).

(³) Liége. 9 juin 1847 (*Pasicr.* 1847. 2. 182).

quants « une amende de 100 florins, qui sera doublée à chaque
« récidive ; » et, en outre, « une peine de 25 florins » contre les
vendeurs ou fournisseurs qui ne conserveraient pas, pour couvrir
leur responsabilité, les ordonnances sur le vu desquelles ils ont
délivré les substances dont il s'agit.

D'après un arrêt de la cour de Liége du 23 novembre 1836 (¹),
cette dernière peine ne doit pas être appliquée au pharmacien qui
a conseillé lui-même l'emploi d'un poison ou narcotique et qui l'a
délivré sans ordonnance.

Les *art.* 20 *et* 21 *de la loi du* 12 *mars* 1818, qui interdisent toute
convention entre médecin et pharmacien pour la fourniture de médicaments, sanctionnent cette prohibition d'une amende de 200 florins, et ajoutent que, en cas de récidive, l'amende sera doublée et
l'exercice de sa profession interdit au coupable pendant six mois au
moins, et deux ans au plus.

Les conventions prévues par cet article étant uniquement celles
qui tendent à procurer au médecin quelque gain ou profit, on ne
peut considérer comme telles de simples relations entre praticiens,
ou de simples facultés comme, par exemple, l'autorisation donnée
par un docteur à un pharmacien de vendre certain remède dont il est
l'inventeur, aux personnes qui se présenteraient pour l'acheter (²).

L'*art.* 22 *de la loi* dispose, enfin, que « toute contravention à l'une
« ou l'autre de ses dispositions, pour laquelle il n'est point statué de
« peine déterminée, sera punie d'une amende de 10 à 100 florins. »

135. L'arrêté royal du 31 mai 1818 relatif à la surveillance de
l'art de guérir, ainsi que les instructions pratiques de même date
sur l'exercice des différentes professions, contiennent un grand
nombre de mesures de police qu'aucune pénalité ne sanctionne
d'une manière explicite.

Nous avons vu que certains arrêts ont cru pouvoir appliquer ici
les peines prévues par l'art. 19 de la loi du 12 mars 1818. Le tribunal

(¹) *Pasicr.* 1836. 2. 253.
(²) **Bruxelles**, 28 avril 1855 (*Pasicr.* 1855. 2. 219).

correctionnel de Marche. par jugement du 17 décembre 1846 (¹), a décidé, d'une autre part, que les pénalités inscrites dans la loi du 6 mars 1818, laquelle sanctionne les règlements d'administation générale dans le sens de l'art. 73 de la loi fondamentale, pouvaient être invoquées contre ceux qui contrevenaient aux arrêtés et instructions précités.

Mais ces interprétations n'ont point prévalu ; il y avait, dans l'espèce, une lacune qui n'a été comblée qu'en 1821.

L'art. 8 de l'arrêté royal du 28 avril de cette année, contenant des dispositions sur l'introduction de la *Pharmacopée belgique*, a disposé que : « Il sera statué par le Roi, de commun accord avec « les États-généraux, à l'égard des peines sur les contraventions « contenues dans le présent arrêté, ainsi que dans tout ce qui a été « précédemment prescrit par le Roi concernant la police médicale. »

Ces peines ont été établies, en effet, par la loi du 12 juillet suivant, dont l'art. 2 prononce une amende de 200 florins contre les praticiens qui se soustrairaient, sous un prétexte quelconque, à la visite de leur officine, boutique de drogues ou dépôt de médicaments, indépendamment de l'obligation d'admettre un autre jour cette visite.

L'art. 3 de la même loi applique une amende de 3 florins pour chaque médicament que lesdits praticiens ne posséderaient point, et dont la tenue leur aurait été prescrite par la loi ou l'autorité compétente.

L'art. 4 ajoute qu'il sera payé une amende de 6 florins pour chacun de ces médicaments qui serait trouvé mauvais, gâté, falsifié ou n'étant point préparé conformément à la *Pharmacopée belgique*.

« L'amende sera double en cas de récidive ; et lorsqu'il se trou- « vera que quelqu'un, qui a déjà encouru trois amendes, continue « de tenir et débiter des médicaments mauvais, gâtés, falsifiés ou « point préparés conformément à la pharmacopée susdite. son éta- « blissement sera fermé durant un terme de six semaines à six mois

(¹) *Pasicr.* 1847. 1. 464.

« consécutifs, pendant lequel il ne pourra vendre ni délivrer aucun
« médicament, sous peine d'une amende de 200 florins.

L'art. 5 dispose enfin, que « toute autre contravention sera punie
« conformément à l'art 22 de la loi du 12 mars 1818 », c'est-à-dire,
d'une amende de 10 à 100 florins, pénalité prévue par la loi générale précitée du 6 mars 1818.

Cette dernière peine est applicable, ainsi qu'il est dit plus haut,
à toute contravention commise aux arrêtés royaux et instructions
approuvés par le roi depuis 1818(·) : c'est-à-dire, à l'arrêté du 31 mai
de cette année, aux instructions de même date, à l'arrêté du 21 octobre 1819 relatif aux poids médicaux, enfin, à l'arrêté du 28 avril
1821, sauf les réserves inscrites, quant à ce dernier, dans les
art. 2, 3 et 4 précités de la loi du 12 juillet 1821.

(·) Cass., 10 déc. 1855 (*Pasicr.* 1856. 1. 7). — Bruxelles, 6 janv. 1855 (*P.*
1855. 2. 91), 14 avril 1855 (*P.* 1855 2. 224, 225 et 228).

TITRE IV.

CHAPITRE PRÉLIMINAIRE

EXPOSÉ GÉNÉRAL.

136. Un des premiers actes du gouvernement provisoire, à la suite de la révolution belge qui nous sépara violemment de la Hollande, fut de décréter la liberté entière de l'enseignement.

Les arrêtés des 12 et 16 octobre 1830, qui ont proclamé cette liberté en abrogeant les lois et autres dispositions antérieures qui y mettaient obstacle, maintinrent, toutefois, les universités de l'État jusqu'à décision du Congrès national.

Un autre arrêté du 16 décembre suivant réorganisa même provisoirement ces universités, en conservant à chacune d'elles sa faculté de médecine.

Ce dernier arrêté dispose, conformément au principe déposé dans celui du 27 mai 1830 dont il a été question au titre précédent, que les Belges qui veulent obtenir des grades universitaires peuvent se présenter aux examens devant les facultés compétentes, quel que soit, d'ailleurs, le pays et l'établissement où ils ont fait leurs études.

Une circulaire de l'administration générale de l'instruction publique, en date du 2 juillet 1833, décide, dans le même sens que l'arrêté déjà cité du 28 juin 1830 réglant l'exécution de celui du 27 mai précédent, que les élèves qui n'auront point fréquenté les cours des universités, subiront un examen, devant la faculté, sur chacune des branches d'enseignement dont la connaissance est requise pour la délivrance des diplômes.

L'arrêté royal du 16 décembre 1830 a provisoirement maintenu en vigueur le règlement académique du 25 septembre 1816, tant en ce qui concerne le mode à suivre pour l'instruction donnée dans les universités de l'État, que pour les examens et réceptions par les différentes facultés.

Parmi les quelques modifications apportées audit règlement, nous nous bornerons à mentionner celle qui rend facultatif l'usage de la thèse ou *specimen inaugurale*, précédemment obligatoire pour les docteurs en médecine.

Le 7 février 1831, fut promulguée la Constitution belge, dont l'art. 17 consacre d'une manière définitive la liberté de l'enseignement, et décide que l'instruction publique donnée aux frais de l'État sera réglée par la loi.

Un arrêté royal du 2 octobre suivant a fixé au 24 du même mois la réouverture des trois universités de Gand, de Liége et de Louvain, dont les cours avaient été suspendus depuis la révolution.

Dans le courant de l'année 1834, deux universités libres furent fondées en Belgique sous la garantie de l'art. 17 de la Constitution : l'une à Malines, par le corps épiscopal (en vertu d'un bref du pape Grégoire XVI du 13 décembre 1833), l'autre à Bruxelles, par une association particulière.

L'arrêté du 16 décembre 1830 n'avait, comme nous l'avons dit, qu'un caractère tout à fait provisoire dans l'esprit de ces auteurs; une loi réorganisant l'enseignement supérieur et les examens y relatifs devait intervenir dans le courant de l'année suivante.

Toutefois, les difficultés inhérentes à la matière en retardèrent la production jusqu'en 1835.

137. Cette loi, publiée le 27 septembre de ladite année, contient d'importantes innovations.

Elle dispose, d'abord, qu'il n'y aura plus que deux universités de l'État, celle de Liége et celle de Gand.

L'université nationale de Louvain fut donc supprimée comme telle, malgré les ardentes réclamations du conseil de régence de cette ville ; un décret du corps épiscopal, en date du 15 octobre 1835, a érigé cet établissement en université libre, destinée à remplacer celle de Malines qui cessa d'exister à partir de cette époque.

La loi du 27 septembre 1835 enleva, d'une autre part, aux facultés, pour le confier à des jurys spéciaux, le droit d'examiner les aspirants aux grades universitaires, et de leur délivrer des diplômes.

Cette disposition nouvelle était une conséquence à peu près nécessaire de la proclamation du principe de la liberté de l'enseignement : tout homme instruit pouvant se soumettre aux examens, quelle que fût la source où il avait puisé la science, il n'y aurait pas eu d'impartialité à laisser procéder à ces examens par les seuls professeurs des universités de l'État.

Il était impossible, d'une autre part, de laisser aux institutions libres le droit de décerner les diplômes, c'est-à-dire les attestations authentiques d'études suivies et de connaissances acquises ; le droit d'attester l'aptitude légale à de certaines professions ou fonctions appartient nécessairement au pouvoir politique, et ne peut être attribué à des individus ou à des établissements privés qui échappent entièrement au contrôle de l'autorité.

La loi du 27 septembre 1835, comme le règlement académique du 25 septembre 1816, a particulièrement pour objet de régler, d'une part l'enseignement universitaire donné aux frais de l'état, et d'une autre part, la collation des diplômes académiques ; quelques unes de ses dispositions règlent, en outre, le droit d'exercer certaines professions scientifiques, ainsi que nous le verrons plus loin.

Le titre I de la loi de 1835 est exclusivement relatif à l'*enseignement*.

A chacune des deux universités de Gand et de Liége sont annexées quatre facultés, dont une de médecine.

Ces facultés ont uniquement pour mission de donner l'enseignement ; elles ne peuvent décerner aucun grade légal ; il leur est loisible, toutefois, de délivrer des diplômes purement honorifiques, ne conférant pas de droit dans le pays, à charge de se conformer aux conditions réglementaires relatives à cet objet.

Aucune condition d'âge ni de capacité n'est requise des élèves qui se présentent pour suivre les leçons dans l'une ou l'autre faculté.

Un arrêté royal du 3 décembre 1835, pris pour l'exécution de la loi du 27 septembre précédent, impose aux étudiants l'obligation de fréquenter assidûment les leçons auxquelles ils se sont inscrits, mais cette obligation est purement morale et dépourvue de sanction, puisqu'aucun certificat de fréquentation n'est exigé des candidats lors des examens.

L'art. 3 de la loi énumère les matières qui doivent être enseignées dans les différentes facultés.

Selon l'art. 8, les hospices civils de Gand et de Liége serviront à l'enseignement clinique médical et chirurgical, et à l'art pratique des accouchements.

Sur ce point, un arrêté ministériel du 31 janvier 1838, réglant le service des amphithéâtres, cliniques et collections anatomiques, a disposé que nul ne peut être admis aux cours de clinique et d'accouchements, s'il n'est étudiant de l'université et candidat en médecine, et que l'on n'admettra à la salle de dissection que les élèves inscrits au cours d'anatomie ou munis d'une carte délivrée par le professeur ; cette admission ne pouvait avoir lieu qu'à l'époque où les élèves possédaient les connaissances nécessaires pour se livrer avec succès aux travaux pratiques d'anatomie.

Certain arrêté ministériel du 30 mai suivant a institué, en outre, un cours de clinique ophthalmologique à l'hôpital de Bavière, à Liége.

Les chapitres 1 et 2 du titre III de la loi du 27 septembre 1835 sont relatifs aux *grades* et à la collation des *diplômes*.

Les seuls diplômes académiques qui pourront être décernés à l'avenir, attribuant aux titulaires la faculté d'exercer l'art de guérir, sont ceux de docteur en médecine, de docteur en chirurgie et accouchements, et de docteur en accouchements.

Ces diplômes seront délivrés par des jurys spéciaux siégeant à Bruxelles et composés de sept membres, dont deux désignés annuellement par la chambre des représentants, deux par le sénat, et trois par le gouvernement ; un nombre égal de suppléants sera désigné suivant les mêmes formes.

Des jurys distincts décerneront le grade de candidat et celui de docteur, dans la faculté de médecine.

Les conditions requises des candidats qui sollicitent un diplôme, les formalités à observer dans le cours des examens, ainsi que le mode des réceptions, sont minutieusement déterminés par la loi qui nous occupe, laquelle abroge complètement l'arrêté royal du 25 septembre 1816, ainsi que celui du 16 décembre 1830 qui avait provisoirement maintenu le précédent en vigueur en attendant une loi définitive.

Deux changements importants ont été introduits par le législateur de 1835 aux dispositions antérieures qui déterminaient les titres académiques en matière médicale : le premier résulte de l'institution du grade unique de docteur en chirurgie et accouchements, substitué à l'ancien grade de *doctor chirurgiæ;* le second consiste dans la suppression du diplôme de docteur en pharmacie.

En exigeant que les praticiens qui se vouent à la pratique chirurgicale possèdent les connaissances nécessaires pour procéder aux opérations obstétricales, l'auteur de la loi nouvelle a fait un premier pas vers le retour aux principes de la législation antérieure, qui considérait l'art des accouchements comme étant entièrement du domaine de la chirurgie ; son but pratique a été, sans doute, d'augmenter autant que possible le nombre des praticiens instruits autorisés à venir en aide aux femmes en couches, nombre qui n'était pas bien considérable sous le régime précédent.

En supprimant le grade académique de docteur en pharmacie, qui n'avait, du reste, été sollicité depuis son institution que par un nombre très-restreint de praticiens, le législateur a pris en considération : d'une part, que le certificat de pharmacien délivré par les commissions médicales attribue au titulaire les mêmes droits que le diplôme de docteur en pharmacie, et, d'une autre part, que les apothicaires qui désirent obtenir un titre scientifique attestant l'étendue de leurs connaissances sur la matière, peuvent solliciter celui de docteur en sciences naturelles, introduit par la loi de 1835 et présentant une assez grande analogie avec l'ancien diplôme de docteur en pharmacie.

Ainsi que nous l'avons déjà dit plus haut, la loi de 1835 contient certains articles qui touchent plus ou moins à la pratique médicale proprement dite, en ce sens qu'ils modifient quelques unes des dispositions de la loi du 12 mars 1818.

Ces articles sont les suivants :

Art. 65. « Nul ne peut pratiquer en qualité de médecin, de chi« rurgien ou d'accoucheur, s'il n'a été reçu docteur conformément « aux dispositions du chapitre 1er du présent titre.

« Néanmoins, le gouvernement peut accorder des dispenses spé« ciales pour certaines branches de l'art de guérir, après avoir pris « l'avis du jury d'examen. »

Art. 66. « Le gouvernement peut accorder des dispenses aux « étrangers munis d'un diplôme de licencié ou de docteur, sur un « avis conforme du jury d'examen. »

Art. 67. « Toute disposition légale ou réglementaire contraire « art. 64, 65 et 66 est abrogée. »

Art. 69. « Les articles 64 et 65 ne sont pas applicables à ceux « qui exercent ou qui ont acquis le droit d'exercer une fonction ou « un état en vertu des lois et règlements en vigueur.

« Les grades de candidat conférés par les autorités existantes con« servent également leurs effets.

« Les Commissions médicales provinciales pourront accorder jus« qu'au 1er juillet 1836, conformément à la loi du 12 mars 1818, le « grade de chirurgien de ville et celui de campagne, aux élèves qui « auront trois années d'études. »

En conséquence, sont abrogés :

1° Les art. 8, 9 et 10 de la loi du 12 mars 1818, relatifs aux autorisations ou dispenses accordées à certains praticiens étrangers (¹) ;

2° L'art. 4, litt. B, de la même loi, ainsi que l'art. 13 de l'arrêté royal du 31 mai 1818, dans celles de leurs dispositions qui autorisaient les commissions médicales à délivrer des diplômes de chirurgien de ville, de campagne ou de vaisseau, et d'accoucheur (²) ;

3° L'arrêté royal du 23 novembre 1823, concernant la pratique civile des anciens officiers de santé militaires (³).

Le tout, sans préjudice au maintien des positions acquises.

Les motifs qui ont engagé le législateur à interdire toute réception ultérieure de chirurgiens et d'accoucheurs par les commissions provinciales, peuvent se résumer ainsi :

Ces praticiens, moins instruits que les docteurs en chirurgie et en accouchements, ont, cependant, les mêmes droits qu'eux ; n'ayant pas à recouvrer dans la pratique les dépenses qu'ont dû supporter les docteurs pour obtenir, après de longues études, un diplôme académique, ils font à ceux-ci une sérieuse concurrence, en exigeant des honoraires moins élevés ; cette concurrence n'est pas seulement préjudiciable aux docteurs, mais encore nuisible aux intérêts bien entendus des malades, qui trouveront évidemment des secours plus efficaces auprès des hommes qui ont fait de la science une étude approfondie, qu'auprès de ceux qui n'ont eu à subir, pour obtenir un diplôme, que des examens peu rigoureux. Que des facilités de toute nature aient été accordées aux personnes qui se proposaient d'exercer l'art de guérir, à une époque où les praticiens faisaient défaut dans le pays, cela se conçoit ; mais lorsqu'au contraire le nombre des docteurs, déjà suffisant pour les besoins des populations, tend chaque année à s'accroître, il importe, dans l'intérêt de la santé publique, de restituer à la science tous ses droits, et de se montrer exigeant vis-à-

(¹) V. ci-dessus n° 78.

(²)   Id.   n° 77.

(³)   Id.   n° 80. — Circ. minist. du 24 avril 1856.

vis de ceux qui disposent, en quelque sorte, de la vie de leurs semblable .

Outre ces considérations, on a dit, en provoquant la suppression des chirurgiens de campagne, que la santé des habitants du plat-pays exige la même sollicitude que celle des citadins, et se trouve pourtant abandonnée à la merci d'une classe de praticiens qui, bien que dépourvus de connaissances solides, exercent à la fois la médecine et la chirurgie, alors que les docteurs eux-mêmes ne jouissent pas d'un semblable privilége ; que rien ne justifie une tolérance aussi exorbitante, aussi dangereuse, puisque les circonstances exceptionnelles et, en quelque sorte, de force majeure qui, en 1803 et en 1818, avaient motivé l'institution des officiers de santé et des chirurgiens du plat-pays, ont disparu, etc., etc.

« Tous les amis des sciences » a dit l'honorable M. Rodenbach, dans la séance de la chambre des représentants du 22 août 1835, « tous les hommes éclairés qui ont été à même d'apprécier les « graves inconvénients qui résultent de ces espèces d'institutions, « donneront leur approbation à cette suppression. En effet, élever « au grade de docteur ceux qui en sont dignes, et interdire l'exer- « cice de l'art de guérir à ceux qui l'avilissent ou qui, par une « instruction insuffisante, sont souvent un fléau pour la société, « est une mesure réclamée depuis longtemps, non-seulement en « Belgique, mais même en France. Ce principe n'est plus suscep- « tible de controverse. »

La disposition transitoire inscrite à l'article 69, § 3, précité de la loi, au profit des élèves qui ont commencé depuis trois ans leurs études, est basée sur des motifs d'équité aisés à apprécier.

Cette disposition exceptionnelle, uniquement applicable aux réceptions des chirurgiens, ne peut-être étendue à celles des accoucheurs ([1]).

Toutefois le gouvernement, considérant que depuis 1818 on a toujours considéré le diplôme d'accoucheur comme une suite de

______

([1]) Circ. minist. du 31 janvier 1836.

celui de chirurgien de ville ou de campagne, a permis aux commissions médicales de continuer à accorder à ceux qui possédaient l'un ou l'autre de ces derniers titres, celui d'accoucheur (¹), mais seulement jusqu'à l'expiration du délai fatal mentionné à l'art. 69, § 3, précité (²).

On sait qu'aux termes des art. 18 et 24 de l'arrêté royal du 31 mai 1818, tout chirurgien, accoucheur ou officier de santé qui désirait aller se fixer dans une province autre que celle où il avait été diplômé, pouvait être tenu de subir un examen nouveau ou supplémentaire devant la commission du lieu où il voulait s'établir. La loi du 27 septembre 1835 n'a point abrogé cette disposition spéciale, mais a implicitement enlevé aux commissions médicales, par les considérations mentionnées ci-dessus, le droit de procéder à l'examen dont il vient d'être parlé. Afin de combler cette lacune, et d'appliquer au cas proposé les principes déposés dans la nouvelle loi, les instructions ministérielles ont décidé que lorsqu'une commission provinciale reconnaîtra la nécessité de faire constater les connaissances réelles d'un chirurgien, accoucheur ou officier de santé qui, reçu dans une autre province, témoignerait le désir de venir exercer dans son ressort, l'intéressé sera renvoyé à cette fin devant le jury (³).

La loi de 1835 n'a, au surplus, modifié en rien les dispositions antérieures de la loi du 12 mars 1818, en ce qui concerne la réception des sages-femmes, des dentistes, des oculistes, des pharmaciens, des droguistes et des herboristes (⁴), la surveillance médicale et l'exercice des différentes professions.

138. Aucune mesure législative ou réglementaire bien importante, au point de vue des questions qui nous occupent, n'est inter-

---

(¹) Circ. minist. du 24 février 1836.

(²)   id.   du 9 mai 1849.

(³)   id.   du 28 janvier 1850 (Bull. du min. de l'int., IV, p. 24).— Circ. minist. du 15 mars 1851 (Bull. du min. de l'int., V, p. 120).

(⁴) Circ. minist. du 31 janvier 1836. — Jugᵗ du trib. de Liége (*Pasicr.* 1845. 2. 192). — V. ci-après n° 144.

venue dans l'intervalle de la publication de la loi du 27 septembre 1835 à celle de la loi du 15 juillet 1849, qui rapporte la précédente et dont nous allons nous occuper.

Nous nous bornerons à mentionner une loi du 8 avril 1844, modifiant quelque peu le système admis par le législateur de 1835, quant à la désignation des membres des jurys d'examen, dans le but de prévenir la permanence des mêmes examinateurs et d'assurer une représentation à peu près égale aux divers établissements d'enseignement supérieur ; ainsi qu'une loi spéciale du 25 mai 1847, donnant une légère extension au droit que l'art. 66 de la loi du 27 septembre 1835 reconnaissait au gouvernement, d'accorder certaines dispenses à des praticiens diplômés hors du pays (¹).

L'exposé des motifs de la loi précitée du 15 juillet 1849 n'indique que très-brièvement les considérations qui ont engagé le gouvernement à proposer la révision de la législation de 1835. La nécessité de relever les études académiques de l'abaissement où elles étaient tombées par suite de la trop grande simplification des examens et de la réduction trop sensible du nombre des matières dont la connaissance était exigée des récipiendaires, ainsi que l'utilité d'une réorganisation des jurys, dans le but de donner à l'élément professoral une part d'autorité plus grande dans les examens, ont été les causes déterminantes de cette révision.

Le titre I de la loi de 1849, comme le titre correspondant de la loi de 1835, dont il reproduit la plupart des articles et auquel il n'apporte aucune modification assez importante pour être rappelée ici, est relatif à l'enseignement donné dans les universités de l'État.

Un arrêté royal en date du 9 décembre suivant en a réglé l'exécution.

Le titre III a pour objet les grades académiques et la délivrance des diplômes.

Les seuls diplômes professionnels dont il autorise la collation dans l'avenir, en matière de sciences médicales, sont : le diplôme

______

(¹) V. ci-après n° 147.

unique de docteur en médecine, chirurgie et accouchements, et celui
de pharmacien.

Les jurys d'examen, inaugurés en 1835, sont maintenus en principe, mais le gouvernement est autorisé à procéder seul à leur formation, ainsi qu'à prendre les mesures réglementaires que leur
organisation nécessite.

Toutefois, chaque jury doit être composé de manière que les professeurs de l'enseignement dirigé ou subsidié par l'État, et ceux de
l'enseignement privé, y soient appelés en nombre égal. Le président du jury est choisi en dehors du corps enseignant.

L'organisation des jurys, prévue par l'art. 40 de la loi précitée,
a fait successivement l'objet des arrêtés royaux en date du 10 août
1849 et du 24 juillet 1850, dont nous croyons superflu de rappeler
les dispositions, et qui déterminent, concurremment avec plusieurs articles de la loi nouvelle, les conditions d'admission aux
examens, les matières sur lesquelles les récipiendaires seront interrogés, ainsi que le mode à suivre par les jurys lors des examens et
réceptions.

Conformément aux principes déposés dans les art. 65, 66, 67 et
69, § 1, de la loi de 1835, celle de 1849 dispose que, sans préjudice aux droits acquis en vertu de la législation précédente, et à la
faculté qui est réservée au chef de l'État d'accorder, dans certains
cas déterminés, des dispenses spéciales, nul ne pourra pratiquer en
qualité de médecin, de chirurgien ou d'accoucheur, sans avoir été
reçu docteur, d'après les règles et suivant les formalités nouvelle-
ment introduites.

La loi du 15 juillet ajoute que le grade de docteur devra également
être pris, à l'avenir, par les personnes qui se proposent d'exercer
en qualité d'oculistes, et que le diplôme de pharmacien sera délivré
par les jurys.

En résumé, la loi du 15 juillet 1849 a abrogé celle du 25 septembre 1835 dans son ensemble, ainsi que la loi spéciale précitée
du 8 avril 1844 qui avait modifié, dans certains de ses détails, le
mode antérieur de composition des jurys.

Elle a abrégé, d'une autre part, la disposition de l'art. 4, litt. B, de la loi de 1818, qui attribuait aux commissions médicales provinciales la réception des pharmaciens et des oculistes (¹) ; on sait que déjà la loi de 1835 avait rapporté certaines autres dispositions du même article, ainsi que l'arrêté du 23 novembre 1823 relatif à la pratique civile des médecins militaires.

Les modifications les plus essentielles introduites en 1849, au point de vue de la législation médicale, sont : d'une part, l'institution du diplôme unique de docteur en médecine, en chirurgie et accouchements, exigé de tout médecin, chirurgien, accoucheur ou oculiste, et, d'une autre part, le droit accordé aux jurys, à l'exclusion des commissions médicales, de recevoir les pharmaciens.

Nous exposerons rapidement les considérations qui ont motivé ces innovations :

D'après la loi de 1835, comme d'après le règlement universitaire du 25 septembre 1816, celui qui se proposait d'exercer exclusivement la médecine interne, n'était point tenu de faire des études approfondies en chirurgie et en obstétrique ; celui qui voulait s'adonner à la pratique de l'art des accouchements ne devait pas nécessairement posséder le diplôme de chirurgien. Le législateur de 1849 a vu là un danger : considérant que l'art de guérir est un, que la médecine, la chirurgie et l'obstétrique se prêtent un mutuel appui, que ces trois branches d'un même tronc ont entr'elles des rapports inséparables, que leur étude isolée tend à des résultats incomplets, il a exigé qu'à l'avenir tout médecin, tout chirurgien ou accoucheur fût indistinctement tenu de prouver qu'il possède des connaissances étendues dans les trois branches.

En imposant la même obligation aux oculistes, et en confiant leur réception aux jurys, l'auteur de la loi de 1849 a eu en vue de supprimer leur profession distincte comme n'ayant aucune raison d'être, puisque l'oculistique n'est, en réalité, qu'une fraction de l'art chirurgical ; d'ailleurs les commissions médicales ayant perdu, depuis

______

(¹) V. ci-dessus n° 77.

1835, la faculté de recevoir encore des chirurgiens, il était irrationnel de leur maintenir celle de délivrer des certificats d'oculistes, lesquels ne pouvaient être légalement accordés qu'à des praticiens préalablement diplômés en chirurgie (¹).

Déjà, dans le cours de la discussion de la loi du 27 septembre 1835, certains membres de la législature avaient exprimé le désir de voir maintenir le degré de docteur en pharmacie reconnu par la législation hollandaise : le même vœu fut émis en 1842 par l'Académie royale de médecine.

La loi nouvelle, en remettant aux jurys le soin de délivrer le diplôme de pharmacien, a voulu satisfaire, au moins en partie, à ces réclamations, et témoigner de sa déférence pour un art dont la connaissance exige des études sérieuses.

Mais le grade de docteur en pharmacie n'a point été rétabli ; on a dit, sur ce point : que le domaine des connaissances nécessaires aux pharmaciens n'est pas plus étendu, relativement, que celui des notaires ; que leurs études sont moins longues et moins compliquées que celles que l'on exige des docteurs en médecine, en chirurgie et accouchements ; enfin, que le but essentiel de l'Académie, en proposant la restauration du doctorat, étant d'ouvrir aux pharmaciens instruits la carrière professionnelle qui, dans les universités, n'est accessible qu'aux docteurs, ce but peut toujours être atteint par les pharmaciens, soit en se faisant recevoir docteurs en sciences naturelles, ou en obtenant une dispense du gouvernement.

Une circulaire ministérielle du 20 février 1851 (²) a décidé que le pharmacien reçu par une commission médicale et qui se propose de s'établir dans le ressort d'une autre commission, doit, au cas où cette dernière, usant des droits qui lui sont attribués par l'art. 18 de l'arrêté royal du 31 mai 1818, exigerait qu'il subit un nouvel examen, se présenter à cet effet devant le jury de pharmacie.

A dater de la publication de la loi de 1849, les seuls praticiens

---

(¹) V. ci-dessus nᵒ 94.
(²) Bull. du min. de l'int., V. p 120. — V. ci-dessus nᵒ 137

qui ont pu encore être reçus par les commissions médicales provinciales sont : les sages-femmes, les dentistes, les droguistes et les herboristes (¹).

139. L'organisation des jurys d'examen, réglée par la loi du 15 juillet 1849, n'était que provisoire et devait être révisée au bout de trois ans.

Ce délai fut toutefois prorogé, par différentes lois successives, jusqu'à la publication de celle du 1ᵉʳ mai 1857, qui rapporte explicitement, par son article final, le titre III de celle de 1849, mais ne touche en rien à l'organisation de l'enseignement supérieur, qui est restée soumise au régime précédent.

La seule disposition de nature à nous intéresser, qui ait été rendue pendant la période de 1849 à 1857, est la loi spéciale du 12 avril 1852, étendant quelque peu la latitude accordée au Roi, par la législation antérieure, d'accorder des dispenses à des praticiens qui ne possédaient point les titres requis pour pouvoir exercer l'art de guérir dans notre pays (²).

La loi du 1ᵉʳ mai 1857 confirme au gouvernement le droit de procéder à la formation des jurys d'examen selon le principe introduit dans la loi de 1849, mais à la condition d'observer les règles générales qui ont été suivies pour son exécution ; ces règles, tracées par les arrêtés royaux des 10 août 1849 et 24 juillet 1850 dont nous avons parlé plus haut, ont donc acquis force de loi.

Elles ont été reproduites dans un arrêté royal du 10 juin 1857, qui détermine la nouvelle organisation des jurys.

La loi nouvelle maintient toutes les dispositions précédentes concernant les titres requis pour l'exercice des professions qui se rattachent à l'art de guérir.

Conformément à la loi du 15 juillet 1849, elle dispose que nul ne peut exercer en qualité de médecin, de chirurgien, d'accoucheur ou d'oculiste, s'il n'a été reçu docteur dans les trois branches, et en

---

(¹) V. ci-après nᵒ 141.
(²)   Id.   nᵒ 147.

qualité de pharmacien, s'il n'a été diplômé comme tel par le jury [1].

Cette loi maintient également les droits des personnes qui exercent ou ont acquis le droit de pratiquer en Belgique sous l'empire des lois et règlements antérieurement en vigueur [2], et conserve au Roi le droit d'accorder des dispenses aux personnes non diplômées selon les règles légales, en énumérant tous les cas dans lesquels ce droit peut être exercé [3], savoir : non-seulement ceux qui étaient prévus par la loi générale du 15 juillet 1849, mais encore par les lois spéciales des 25 mai 1847 et 12 avril 1852 dont nous avons parlé plus haut.

L'art. 52 de la loi nouvelle fait revivre enfin, dans de certaines limites, l'ancien arrêté du 23 novembre 1823 abrogé, comme on le sait, par la loi du 27 septembre 1835 [4], en disposant que le bénéfice dudit arrêté continuera d'être appliqué aux médecins militaires entrés au service avant la promulgation de la loi de 1835 [5].

L'article suivant rapporte en partie les articles 18 et 24 de l'arrêté royal du 31 mai 1818, qui autorisaient les commissions médicales à soumettre certains praticiens à un examen nouveau, au cas où ils exprimeraient le désir de s'établir dans une autre province que celle où ils avaient été primitivement autorisés à exercer [6]. Cet article est ainsi conçu :

« Les chirurgiens, les officiers de santé, les accoucheurs et les « pharmaciens autorisés à exercer dans la circonscription d'une province, peuvent pratiquer dans toute l'étendue du royaume, en se « conformant à leurs titres. »

Afin d'éviter toute méprise sur le sens de cet article, dont la rédaction laisse à désirer, nous croyons utile de rappeler les considérations qui en ont motivé l'adoption.

[1] V. ci-après n° 146.
[2]   id.   n° 148.
[3]   id.   n° 147.
[4] V. ci-dessus n° 137.
[5] V. ci-après n° 149.
[6] V. ci-dessus n°s 105 à 107, 110 à 113

L'honorable M. Laubry, auteur dudit article introduit sous forme d'amendement dans la loi, s'est exprimé, à ce sujet, dans les termes suivants (¹) :

« Les chirurgiens, les accoucheurs et les pharmaciens qui ont « été admis par les commissions médicales, sous l'empire de la loi « du 12 mars 1818, ne peuvent pratiquer que dans l'étendue de la « province où ils ont été diplômés.

« S'ils désirent transférer leur domicile dans une autre province, « ils doivent, dans les trois mois, faire viser leur diplôme par la « commission médicale dans le ressort de laquelle ils sont venus se « fixer, et, s'ils en sont requis, subir un nouvel examen.

« Par suite des changements apportés à cette législation par la loi « organique de l'enseignement supérieur, les commissions médi- « cales n'ayant plus qualité pour faire subir l'examen prévu par « l'art. 18 de l'arrêté royal du 31 mai 1818, il s'est agi de savoir « si, par exemple, un pharmacien de la province du Hainaut vou- « lant s'établir dans le Brabant, et la commission médicale du lieu « où il veut établir son domicile refusant de viser son diplôme, il est « tenu de subir un examen devant le jury.

« Le gouvernement, consulté sur cette question, l'a résolue affir- « mativement. »

Après avoir donné lecture de la circulaire ministérielle du 20 février 1851 à laquelle nous avons fait allusion plus haut (²), l'orateur ajouta :

« J'ai beaucoup de peine à m'expliquer comment on peut trouver « une présomption d'incapacité dans le fait du refus de visa par « la commission médicale, puisque celle-ci n'a plus qualité et n'a « pas fait subir d'examen.

« Il me semble que, loin qu'il existe une présomption d'incapa- « cité, c'est la présomption contraire qu'il faut admettre, puisque le « pharmacien est porteur d'un diplôme qui constate qu'il a fait

(¹) Ann. parl. de la Ch. des Représ., session 1856-1857, p. 839.
(²) V. ci-dessus n° 138.

« preuve les connaissances exigées par le programme d'examen ; et
« les commissions médicales, qui ont la conscience de leur devoir, et
« qui comprenaient la mission délicate dont elles étaient investies,
« n'ont reçu que des personnes capables ; toute supposition con-
« traire n'est pas admissible.

« L'art. 18 de l'arrêté du 31 mai 1818 a été l'objet de réclama-
« tions.

« On se demande, en effet, pourquoi des pharmaciens ou chirur-
« giens qui habitent une province où ils exercent honorablement et,
« je dirai même, avec distinction, ne peuvent s'établir dans une
« autre sans être soumis à des formalités inutiles, à des embarras.

« Vous croyez peut-être qu'il y avait différence dans le programme
« et les règlements relatifs aux examens de province à province ?
« Nullement, les mêmes connaissances étaient exigées partout.

« Aujourd'hui, par suite des changements apportés à cette légis-
« lation par la loi organique sur l'enseignement supérieur, s'il plaît
« à une commission médicale de refuser de viser leur diplôme, les
« personnes admises, sous l'empire de la loi de 1818, à exercer une
« des branches de l'art de guérir, sont tenues à un examen devant
« le jury, alors que, sous la législation où elles ont été admises, elles
« n'étaient tenues, si elles en étaient requises, qu'à un examen som-
« maire devant la commission médicale.

« Les astreindre à un examen devant le jury, alors que depuis 15
« à 40 ans elles ont été diplômées, c'est les empêcher, pour la plu-
« part, de jamais pouvoir changer de province.

« Il y a des localités qui n'ont pas de chirurgiens, de pharmaciens.
« et qui seraient fort heureuses d'y voir arriver de ces praticiens qui
« pourraient leur rendre de grands services. »

On le voit donc, l'art. 53 de la loi de 1857 a eu pour unique but
de permettre aux chirurgiens, accoucheurs, officiers de santé et
pharmaciens diplômés dans une province, d'aller s'établir et exercer
dans une autre, sans subir un examen nouveau.

À l'égard de ces praticiens, les art. 18 et 24 de l'arrêté royal du
31 mai 1818 ont été modifiés ; mais il n'en est pas de même, notons-

le bien, quant aux sages-femmes, aux droguistes et aux herboristes. dont la loi de 1857 ne fait aucune mention, et auxquels, par conséquent, les articles précités de l'arrêté de 1818 demeurent applicables.

Quant aux dentistes, dont la profession est également étrangère à la loi nouvelle, ils ont toujours joui, selon l'art. 19 de l'arrêté du 31 mai, du droit d'exercer librement leur art dans tout le pays [1]. L'art. 53 précité de la loi du 1er mai 1857, en statuant, dans sa partie finale, que les intéressés continueront à se conformer à leur titre, c'est-à-dire, ainsi que cela a été entendu dans la discussion [2], non seulement à leur diplôme, mais encore à toutes les dispositions législatives et réglementaires sous l'empire desquelles ce diplôme a été délivré, prouve suffisamment que, dans l'intention du législateur, le praticien qui se fixe dans une nouvelle province n'y jouit d'aucun autre droit que de ceux dont il pouvait user au lieu de sa première résidence.

« Il doit être bien entendu, » dit le ministre de l'intérieur dans la séance de la Chambre des Représentants du 13 février 1857 [3], « que « le praticien qui s'établira dans une autre province que celle pour la- « quelle il a été commissionné, devra s'y renfermer dans les limites « de son diplôme ; c'est-à-dire que le chirurgien de campagne, par « exemple, ne pourra pas, en se rendant dans une autre province, « y devenir chirurgien de ville, etc. »

La loi du 1er mai 1857, votée pour 3 ans seulement, a été prorogée jusqu'en 1862 par la loi du 27 mars 1861, laquelle dispose, en outre, que le système d'examen établi en 1857 sera révisé avant la 2e session de 1862.

140. Les lois de 1835, de 1849 et de 1857 que nous venons d'examiner, ont eu particulièrement pour objet, au point de vue médical, de régler les conditions moyennant lesquelles il est loisible d'exercer l'art de guérir ; ces lois ne touchent à aucun des points qui

---

[1] V. ci-dessus n° 109.
[2] Ann. parl. de la Ch. des Repr. session 1856-1857, p. 839 et 904.
[3] Id., p. 839.

se rattachent à la surveillance médicale ou au mode d'exercice des professions.

Les seules dispositions législatives et réglementaires qui aient été rendues sur ces matières depuis 1830, et qui modifient les règles générales tracées par la législation précédente, sont : un arrêté royal du 31 décembre 1850, une loi du 9 juillet 1858 et deux autres arrêtés royaux, l'un du 28 décembre 1859, l'autre du 4 juillet 1860.

L'arrêté du 31 décembre 1850 (¹) a apporté certain changement au mode d'organisation des commissions médicales provinciales réglé par arrêté du 31 mai 1818 : d'une part, en réduisant à deux le nombre des sessions annuelles desdites commissions qui était précédemment de quatre, et en confiant au gouverneur de la province le soin de régler l'époque et la durée desdites sessions ordinaires, ainsi que des réunions extraordinaires ; d'une autre part, en instituant auprès de chaque commission provinciale un comité central chargé, dans l'intervalle des sessions, de l'examen des affaires urgentes et de celles pour lesquelles il ne serait pas jugé nécessaire de consulter la commission entière (²).

Ces modifications ont eu surtout pour but, ainsi qu'il résulte des considérants de l'arrêté, de renfermer les dépenses relatives au service des commissions médicales dans les limites du crédit alloué pour ces dépenses au budget du département de l'intérieur.

141. Dans le cours de l'année 1833, une commission avait été instituée par le gouvernement afin de procéder à la révision de l'ancienne pharmacopée, introduite, comme on le sait, dans le royaume des Pays-Bas, par l'arrêté royal du 28 avril 1821 et par la loi du 12 juillet suivant (³).

Les progrès réalisés depuis plus de dix ans dans le domaine des sciences, de la chimie, de la médecine et de la pharmacie, avaient fait sentir la nécessité d'une révision du *codex*.

(¹) Bull. du min. de l'int., IV, p. 648.
(²) V. ci-après n° 167.
(³) V. ci-dessus n° 73.

Le laborieux travail de cette commission fut soumis à l'Académie royale de médecine, qui, dans le cours du mois de mars 1850, délégua quatre de ses membres pour revoir et compléter le nouveau recueil.

Une loi du 9 juillet 1858 a enfin confié au Roi la mission de déterminer les mesures jugées nécessaires pour la rédaction et la publication de la nouvelle *Pharmacopée officielle,* ainsi que pour les modifications à y apporter par la suite.

Cette loi renferme, au point de vue de la police médicale, différentes mesures très importantes.

Elle renouvelle d'abord, moyennant certaines modifications, l'injonction précédemment faite par l'arrêté du 28 avril 1821, aux pharmaciens et autres personnes autorisées à délivrer des médicaments, d'avoir en tout temps dans leur officine un certain nombre de remèdes de bonne qualité, préparés et conservés d'après des règles déterminées [1] ; elle confirme et amplifie l'obligation imposée par la loi du 12 juillet 1821, aux praticiens dont il s'agit, de rendre leurs officines accessibles aux délégués des commissions médicales chargés de les visiter [2] ; elle substitue enfin des pénalités nouvelles à celles qui étaient prévues par cette dernière loi, en réprimant, non seulement les contraventions à ses propres articles, mais encore les infractions aux arrêtés d'exécution à intervenir [3].

La loi du 9 juillet 1858, en statuant ainsi sur chacun des points prévus par la loi de 1821 et sur plusieurs de ceux dont il était fait mention dans l'arrêté du 28 avril de la même année, a abrogé complètement la dite loi, et partiellement l'arrêté de 1821.

Il est cependant une disposition spéciale de la loi hollandaise du 12 juillet qui nous paraît être restée en vigueur.

Nous avons établi plus haut que son article final, en punissant toute contravention conformément à l'art. 22 de la loi du 12 mars

[1] V. ci-après n° 166.
[2] id. id.
[3] id. n° 168.

1818, a eu en vue, non-seulement les contraventions aux dispositions introduites en 1821, mais encore, à celles de tous les arrêtés et instructions antérieures concernant la police médicale (¹).

Or, si l'on considère que la loi de 1858 n'abroge pas *expressément* celle de 1821, mais *implicitement* seulement, en réglant les mêmes objets; si l'on considère, d'une autre part, que les pénalités inscrites dans la loi nouvelle s'appliquent exclusivement aux faits prévus par la législation de 1821, on admettra, sans doute, que si l'article final précité de la loi du 12 juillet a été tacitement abrogé en tant qu'il réprimait les faits dont il s'agit, il continue, d'une autre part, à sanctionner les dispositions de police médicale antérieures à 1821, c'est-à-dire, notamment, l'arrêté et les instructions du 31 mai 1818, sur la surveillance de l'art de guérir et l'exercice des différentes professions médicales.

La loi du 9 juillet 1858 est relative encore à d'autres points étrangers à la législation de 1821.

Certaine loi du 1ᵉʳ octobre 1855, rapportant celle du 21 août 1816 (²), avait introduit dans le royaume un système de poids et mesures nouveau, et en avait réglé l'usage.

Cette loi n'était pas applicable, à l'époque de sa publication, aux poids pharmaceutiques, lesquels, ainsi qu'il résulte de l'art. 17 d'un arrêté royal en date du 4 octobre 1855 rendu pour l'exécution de la loi précitée, « demeuraient soumis, jusqu'à disposition nouvelle, « au régime des arrêtés royaux du 30 novembre 1817 et du 21 oc« tobre 1819 » dont nous avons parlé plus haut (³).

Cependant, les avantages d'une uniformité absolue dans le mode de pesage ayant été ultérieurement démontrés, ainsi que le peu d'inconvénients qu'offrirait l'application du nouveau système à la vente des substances pharmaceutiques, l'art. 5, § 3, de la loi du 9 juillet 1858 a rendu décidément les dispositions de celle du 1ᵉʳ oc

---

(¹) V. ci-dessus nº 135.

(²)   id.   nº 68.

(³)   id.   nᵒˢ 68 et 73.

tobre 1855 applicables à la prescription et au débit des médicaments (¹), abrogeant ainsi l'arrêté précité du 30 novembre 1817 qui conservait aux poids médicaux leurs anciens noms et mode de subdivisions scientifiques, et permettant au gouvernement de réviser l'arrêté du 21 octobre 1819 qui réglait l'exécution du précédent.

Une autre loi du 17 mars 1856, destinée à réprimer les falsifications de comestibles, boissons, denrées et substances alimentaires, était également étrangère, dans l'origine, à la falsification des remèdes.

Cette distinction a été supprimée par le législateur de 1858, qui a rendu les dispositions de ladite loi de 1856 également applicables à la sophistication des médicaments et des substances médicamenteuses (²).

Le but de cette innovation a été ainsi exposé dans le rapport de la section centrale (³) : « La falsification est plus dangereuse en matière pharmaceutique qu'en matière commerciale ordinaire ; il importe à la santé publique que les médicaments ne subissent pas une altération pouvant donner lieu aux plus graves inconvénients. Il n'existe aucun motif sérieux qui doive empêcher le législateur de sanctionner, par des pénalités efficaces, des prescriptions dont l'importance, dans l'intérêt général, ne saurait être contestée ; il est essentiel de prévenir immédiatement des faits dangereux qui sont de nature à léser les plus graves intérêts. »

142. Le 28 décembre 1859, a paru un arrêté royal destiné à régler l'exécution de la loi du 9 juillet 1858, en ce qui concerne l'introduction de la nouvelle *Pharmacopée officielle* et la tenue des médicaments.

Son art. 1er approuve définitivement ladite pharmacopée, et la substitue ainsi à l'ancien *codex* publié en 1821. Ses autres articles reproduisent ou modifient celles des dispositions de l'arrêté royal du 28 avril 1824 qui n'avaient point été déjà rapportées par la loi

(¹) V. ci-après nᵒˢ 165, 166 et 168.
(²) V. ci-après nᵒ 168.
(³) Ann. parl. de la Ch. des Repres., session 1856-1857, p. 1573.

du 9 juillet, et prescrivent, d'une autre part, différentes mesures à observer, tant par les praticiens qui formulent des ordonnances, que par ceux qui les préparent, dans le but d'éviter toute erreur, spécialement en ce qui concerne l'usage des nouveaux poids décimaux ([1]).

L'arrêté de 1859 a donc complété l'abrogation de celui du 28 avril 1821, et ajouté des obligations nouvelles à celles qui étaient déjà imposées aux hommes de l'art par les instructions du 31 mai 1818.

Son art. 8 rapporte implicitement, d'une autre part, l'art. 39 de l'arrêté royal du 31 mai 1818 sur la surveillance de l'art de guérir, en reconnaissant aux seules commissions médicales provinciales, à l'exclusion des commissions locales, le droit de procéder à la visite des officines ([2]).

143. Un autre arrêté royal du 4 juillet 1860 a eu particulièrement pour objet de régler l'application du système décimal métrique des poids et mesures à la prescription et au débit des médicaments, quant aux points relatifs à cette matière qui n'avaient pas été prévus par l'arrêté précité du 28 décembre 1859, et se trouvaient encore provisoirement fixés par celui du 21 octobre 1819 concernant l'ancien poids médical ([3]).

Ce dernier arrêté se trouve ainsi complètement abrogé par celui auquel nous faisons allusion, lequel indique la composition et la forme des nouveaux poids pharmaceutiques, mentionne les poids et balances qui doivent se trouver dans toute officine, proscrit expressément ceux qui étaient précédemment en usage, appelle les commissions médicales à surveiller l'exécution des mesures de police qu'il introduit, et décide, d'une manière générale, que les dispositions en vigueur concernant la composition, la forme, le poinçonnage, la vérification et la surveillance des poids et instruments de pesage destinés aux transactions commerciales, sont rendues appli-

([1]) V. ci-après nos 165 et 166
([2])   id.   no 167.
([3]) V. ci-dessus nos 73, 125 et 126.

cables, sauf quelques exceptions spécialement indiquées, aux poids et aux balances employées dans les officines pharmaceutiques (¹).

144. En résumé, tout ce qui concerne les examens et les réceptions des personnes qui se destinent à exercer l'art de guérir, tout ce qui a pour objet la police ou la surveillance médicale, est exclusivement réglé aujourd'hui par la loi du 1ᵉʳ mai 1857, par celle du 9 juillet 1858 ainsi que par les arrêtés royaux d'exécution du 28 décembre 1859 et du 4 juillet 1860, par l'arrêté spécial du 31 décembre 1850, enfin, par ceux des articles de la loi du 12 mars 1818, ainsi que des arrêtés et instructions du 31 mai de ladite année, qui n'ont point été expressément ou tacitement abrogés (²) par les lois et arrêtés du royaume de Belgique que nous venons de rappeler.

Nous avons vu, en effet, que la législation française concernant l'art de guérir a été rapportée par les lois hollandaises (³), que le règlement académique du 25 septembre 1816 a été abrogé par la loi sur l'enseignement supérieur et les jurys d'examen du 27 septembre 1835 (⁴), que les arrêtés royaux du 30 novembre 1817 et du 21 octobre 1819, sur l'usage des poids pharmaceutiques, ont été abrogés par la loi du 9 juillet 1858 et par l'arrêté du 4 juillet 1860 (⁵), enfin, que l'arrêté du 28 avril 1821 et la loi du 12 juillet suivant, l'ont été par la même loi du 9 juillet 1858 et par l'arrêté du 28 décembre 1859 (⁶).

Quant aux différentes lois rendues depuis 1830, et qui ont trait aux examens, réceptions et admissions des hommes de l'art dont la profession est subordonnée à l'existence d'un diplôme conféré par le jury, c'est-à-dire, les lois générales du 27 septembre 1835 et du 15 juillet 1849, ainsi que les lois particulières relatives au même objet du 25 mai 1847 et du 12 avril 1852, elles sont également sans

---

(¹) V. ci-après nᵒˢ 166, 167.
(²) V. ci-dessus nᵒˢ 137 à 143.
(³)   Id.   nᵒ 70.
(⁴)   Id.   nᵒ 137.
(⁵)   Id.   nᵒˢ 141 et 143.
(⁶)   Id.   nᵒˢ 141 et 142.

force aujourd'hui, la loi du 1er mai 1857 réglant seule cette matière (¹).

CHAPITRE I.

DE L'OBLIGATION ACTUELLEMENT IMPOSÉE AUX PRATICIENS DE POSSÉDER CERTAINS TITRES DE CAPACITÉ.

145. L'art. 18 de la loi du 12 mars 1818, qui interdit aux personnes non qualifiées d'exercer aucune des branches de l'art de guérir, est toujours en vigueur.

Nous avons indiqué le sens et la portée que la jurisprudence attribue aux dispositions de cet article (²).

Les seuls individus qui, aux termes de nos lois actuelles, sont réputés *qualifiés*, et admis, comme tels, à exercer l'une ou l'autre des différentes professions médicales, sont :

1° Les docteurs en médecine, en chirurgie et accouchements, ainsi que les pharmaciens, reçus par les jurys prévus par la loi du 1er mai 1857 ; les sages-femmes, les dentistes, droguistes et herboristes diplômés par les commissions médicales provinciales, en conformité de la loi du 12 mars 1818.

2° Les personnes auxquelles le chef de l'État a accordé une dispense spéciale, dans les différents cas prévus par la susdite loi de 1857.

3° Les médecins militaires autorisés à pratiquer au civil, par application de l'art. 52 de la même loi.

Enfin, 4° toute personne munie d'un titre régulier quelconque,

(¹) V. ci-dessus nᵒˢ 138 et 139.
(²)   Id.   nᵒ 134

conféré sous l'empire des lois de notre pays qui sont aujourd'hui abrogées.

146. Aux termes de l'art. 36, § 1, de la loi du 1er mai 1857, nul ne peut exercer en qualité de médecin, de chirurgien, d'accoucheur ou d'oculiste, s'il n'a été reçu docteur conformément aux dispositions de ladite loi, c'est-à-dire, s'il n'a reçu du jury, selon les formes légales, le diplôme unique de *docteur en médecine, en chirurgie et accouchements.*

Nous avons établi dans le chapitre précédent (¹), que l'obligation de posséder un diplôme de docteur, déjà imposée, par les lois du 27 septembre 1835 et du 15 juillet 1849, aux personnes qui désiraient exercer la chirurgie, l'oculistique ou l'art obstétrical, a eu pour effet de supprimer dans l'avenir toute réception nouvelle de chirurgiens de ville ou de campagne, d'oculistes et d'accoucheurs.

Les commissions médicales ont toutefois conservé, comme précédemment, la faculté de recevoir les *dentistes* et les *sages-femmes*, dont les professions toutes spéciales ne doivent point être confondues avec celles des chirurgiens et des accoucheurs.

C'est ce qui résulte, non-seulement des explications échangées à ce sujet dans le cours de la discussion législative de la loi de 1835, mais encore de cette considération, que la loi de 1849, en citant nominativement les oculistes parmi les praticiens dont la profession sera désormais subordonnée à un diplôme de docteur, a, par cela même, reconnu que cette obligation ne résultait pas implicitement de la loi de 1835 qui l'imposait déjà aux chirurgiens; or, si cette dernière loi était inapplicable aux oculistes, elle devait l'être également aux dentistes et aux sages-femmes, dont il n'est fait mention, d'ailleurs, ni dans la loi de 1849, ni dans celle de 1857.

« La loi de 1818 », disait le ministre de l'intérieur dans la séance de la chambre des représentants du 22 août 1835, « autorise les « professions d'accoucheur et de sage-femme; si vous supprimez

(¹) V. ci-dessus n°s 137 et 138.

« l'accoucheur qui n'a pas de diplôme de docteur, et que vous ne
« parliez pas de la sage-femme, la loi de 1818 restera en vigueur
« pour ce qui la concerne » (¹).

Ce raisonnement s'applique naturellement aussi aux dentistes,
dont la profession est distincte de celle des chirurgiens.

L'art. 26, § 4, de la loi du 1ᵉʳ mai 1857 dispose, d'une autre part,
conformément à la loi antérieure du 15 juillet 1849, que « nul ne
« peut exercer la profession de pharmacien, s'il n'a été reçu en
« cette qualité par le jury, suivant les formalités légales. »

Cet article est évidemment inapplicable, par les motifs que nous
venons d'exposer, aux *droguistes* et aux *herboristes*, dont les réceptions restent soumises aux dispositions du régime précédent.

En résumé donc, les diplômes qui peuvent encore être délivrés
aujourd'hui, et en vertu desquels il est permis d'exercer une profession médicale, sont au nombre de six, savoir : le diplôme de
docteur et celui de pharmacien, délivrés par les jurys conformément à la loi de 1857, ainsi que les certificats de sage-femme, de
dentiste, de droguiste et d'herboriste, que les commissions médicales peuvent toujours conférer, en vertu de l'art. 4, litt. B, de la loi
du 12 mars 1818.

Nous avons cité plus haut (²) un arrêté ministériel du 7 octobre
de cette dernière année, qui permettait aux présidents des commissions médicales provinciales d'accorder à certains praticiens qui
désiraient subir l'examen, des autorisations provisoires d'exercer,
valables jusqu'à la plus prochaine assemblée desdites commissions.

Les motifs qui ont dicté cette mesure subsistant toujours, et la
Cour de cassation elle-même (³) ayant reconnu la légalité des autorisations temporaires dont il s'agit, nous croyons que celles-ci peuvent toujours être accordées aux intéressés, conformément aux
instructions ministérielles.

(¹) Circ. minist. du 31 janvier 1836.
(²) V. ci-dessus nº 77.
(³)   id.

147. On sait (¹) que l'art. 10 de la loi du 12 mars 1818 avait réservé au chef de l'État le pouvoir d'accorder à des médecins ou chirurgiens renommés, sans distinction entre les indigènes et les étrangers, la faculté d'exercer la médecine ou la chirurgie en vertu d'un diplôme obtenu hors du pays, sans exiger d'eux un nouvel examen.

Cette disposition a été successivement remplacée, dans les lois de 1835, de 1849 et de 1857 (²), par la suivante : « Le gouverne-« ment peut accorder des dispenses aux étrangers munis d'un « diplôme de licencié, de docteur ou de pharmacien, sur un avis « conforme du jury d'examen. »

Si l'on compare cette rédaction avec celle de l'art. 10 de la loi de 1818, on constate :

1° Que les étrangers de naissance peuvent seuls profiter du bénéfice dont il s'agit, conformément au principe qui se trouvait inscrit à l'art. 4 de la loi du 19 ventôse an XI (³).

2° Que la renommée d'un praticien étranger n'est plus une condition nécessaire de son admission, mais qu'une garantie plus sérieuse, plus précise de ses capacités est nécessaire, savoir : l'avis favorable du jury d'examen.

En subordonnant la décision royale à cet avis, le législateur a eu en vue d'abriter la responsabilité du chef de l'État sous l'autorité d'un corps scientifique compétent, comme de prévenir les abus qui pourraient résulter de l'extrême facilité avec laquelle les diplômes sont délivrés chez certaines nations.

3° Que les personnes étrangères diplômées pour l'exercice de l'art des accouchements ou de la pharmacie, peuvent obtenir la dispense qui n'était précédemment accordée qu'aux médecins et chirurgiens seulement ; mais que, d'une autre part, les docteurs, licenciés ou

(¹) V. ci-dessus n° 78.

(²) La loi de 1835 n'étendait pas encore aux pharmaciens, le privilège inscrit pour la première fois en leur faveur dans celle du 15 juillet 1849.

(³) V. ci-dessus n° 40.

pharmaciens sont seuls admis à solliciter cette dispense, qui a été récemment refusée, pour ce motif, à un officier de santé français qui demandait l'autorisation d'exercer la médecine dans quelques communes belges voisines de la frontière (¹).

Nous avons dit que la disposition que nous venons d'analyser est inapplicable aux belges diplômés hors du pays.

Il est, cependant, certaines circonstances exceptionnelles dans lesquelles nos compatriotes peuvent en invoquer le bénéfice.

Le § 3 de l'art. 37 de la loi du 1ᵉʳ mai 1857, reproduisant la teneur d'une loi spéciale déjà citée du 25 mai 1847, assimile, en effet, aux docteurs, licenciés et pharmaciens étrangers, « les belges « qui auront obtenu l'un ou l'autre de ces titres à l'université de « Bologne (Italie), où ils auront fait leurs études aux frais de la fon- « dation Jacobs instituée près de cette université. »

Les explications suivantes, fournies devant la législature en 1857 (²), indiquent le sens de cet article:

« Il existe à l'université de Bologne une fondation faite par un « bruxellois nommé Jacobs, qui alloue des bourses à quatre ou six « jeunes gens de Bruxelles, et, à leur défaut, de Louvain, d'Anvers, « ou de Bois-le-Duc. Les jeunes gens qui y ont étudié pendant « quatre ans reviennent ensuite en Belgique ; s'ils n'avaient pu y « tirer parti de l'instruction qu'ils ont reçue à Bologne, la fondation « Jacobs eût été perdue pour nos nationaux ; le but de la disposi- « tion précitée a donc été d'éviter cet inconvénient. Pour la méde- « cine, l'université de Bologne a une réputation universelle : c'est « une partie pour laquelle, de l'avis des hommes compétents, l'en- « seignement présente une véritable supériorité.

« La loi du 25 mai 1847 ne donnant au gouvernement qu'une « simple faculté, il est clair que si l'enseignement de l'université de « Bologne n'atteignait plus le but proposé, le gouvernement n'accor-

---

.( ) Rapp. minist. sur l'enseign. sup. pendant les années 1856. 1857 et 1858. Bruxelles, 1860, p. CLXI.

(·) *Mon. belge*, 1856-1857, pag. 668.

« derait plus de dispense: la loi peut donc être utile sans jamais être
« dangereuse. »

Le § 2 du même art. 37 de la loi du 1er mai 1857 dispose encore,
conformément à une loi spéciale du 12 avril 1852, que le gouvernement peut, sur un avis conforme du jury d'examen, accorder des
dispenses « aux belges qui auront obtenu à l'étranger le diplôme de
« licencié, de docteur ou de pharmacien, et qui auront justifié de
« l'impossibilité où ils se sont trouvés de faire leurs études en Bel-
« gique. »

Le motif qui a dicté cet article est aisé à saisir : si des circonstances de force majeure empêchent un Belge de suivre les cours de
nos universités nationales et de se faire recevoir par nos jurys, ce
fait, indépendant de sa volonté, ne peut avoir équitablement pour
conséquence de le priver d'user, dans sa patrie, d'une faculté que
nos lois n'interdisent pas, d'une manière absolue, aux étrangers
eux-mêmes ; il était donc juste d'assimiler à ces derniers, ceux de
nos nationaux qui se trouvaient dans le cas que nous venons de citer.

Par exception aux principes qui viennent d'être exposés, et d'où
il résulte que nul ne peut exercer l'art de guérir en Belgique sans
avoir reçu un diplôme ou, tout au moins, une dispense royale
accordée sur l'avis conforme du jury d'examen, l'art. 36, §§ 2 et 3,
de la loi de 1857 dispose, conformément aux lois antérieures de
1835 et de 1849, que « le gouvernement peut accorder des dis-
« penses spéciales pour certaines branches de l'art de guérir, après
« avoir pris l'avis du jury d'examen.

« La dispense spécifie la branche, et ne peut s'appliquer qu'à ce
« qui y sera expressément désigné »

Le but de cet article, qui donne au chef de l'État le pouvoir absolu d'admettre à la pratique de l'art de guérir qui bon lui semble,
docteur ou non, belge ou étranger, et qui ne subordonne pas
même son acquiescement à un avis favorable du jury d'examen, a
été de permettre au gouvernement de tenir compte, dans des circonstances tout exceptionnelles, des découvertes importantes que
des personnes non qualifiées pouvaient éventuellement faire dans le

domaine de la science, d'empêcher que ces découvertes, si leur utilité est bien démontrée, soient perdues pour l'humanité, et de tolérer, au moins, qu'il puisse en être fait application.

L'extrait suivant du rapport de la section centrale de la Chambre des Représentants sur le projet de loi publié le 15 juillet 1849, semble prouver que la disposition dont il s'agit peut même être invoquée pour l'exercice de la pharmacie, quoique le contraire semble résulter de la contexture de la loi :

« La section centrale a prévu le cas, rare sans doute, mais qui s'est
« déjà présenté, où un remède ignoré et que les faits ont proclamé
« efficace d'une manière incontestable, aurait été découvert par un
« praticien dépourvu de science médicale ; elle a pensé que ce serait
« nuire à la société que de rendre impossible l'application d'un tel
« remède en en rendant trop absolue l'application par les personnes
« qualifiées. »

148. L'art. 55 de la loi du 1er mai 1857, ainsi que les lois précédentes des 27 septembre 1835 et 15 juillet 1849, ont maintenu formellement les positions acquises de ceux qui exerçaient ou avaient acquis le droit d'exercer un état quelconque dans le pays en vertu des lois et règlements précédemment en vigueur.

Cette disposition, basée sur le principe équitable de la non-rétroactivité des lois, permet à tout praticien, quel que soit son titre, l'époque à laquelle il l'a obtenu, et l'autorité qui le lui a délivré, d'en user comme il le faisait ou avait le droit de le faire lors de sa réception ou de son admission à la pratique médicale.

149. Nous avons mentionné au chapitre précédent (¹) certain arrêté royal du 23 novembre 1823 autorisant, sans nouvel examen, les officiers de santé militaires qui, après vingt années de service ou plus, avaient obtenu la pension ou quitté le service pour une cause honorable, à exercer au civil la profession de médecin ou de chirurgien, selon les cas, moyennant des réserves déterminées.

Nous avons ajouté ailleurs que cet arrêté a été abrogé par la loi du

---

(¹) V. ci-dessus nᵒˢ 80.

27 septembre 1835 (¹); de sorte que, à dater de la publication de la-dite loi, les anciens médecins militaires qui, à cette époque, ne réunissaient pas toutes les considérations requises pour invoquer l'arrêté de 1823 se sont vus privés des avantages qu'il consacrait en leur faveur.

C'est dans le but de les leur restituer, que l'honorable M. de Theux a proposé à la législature, dans la séance de la Chambre des Représentants du 13 février 1857, d'insérer dans la loi un article ainsi conçu :

« Le bénéfice de l'arrêté royal du 23 novembre 1823 continuera « d'être appliqué aux médecins militaires entrés au service avant « la promulgation de la loi de 1835. »

« Il n'existe plus que trois médecins militaires de cette catégorie; » dit M. de Theux à l'appui de sa proposition, « je pense que la « Chambre peut maintenir leurs droits. Il n'y a aucun inconvénient « à en résulter : vingt années de pratique au service militaire sont « une garantie de leur aptitude à pratiquer la médecine. Au moins, « ne faut-il pas toucher à un droit acquis : les personnes qui ont été « pendant si longtemps en fonctions ne peuvent plus se soumettre « aux examens. »

La disposition précitée, admise par la législature, figure à l'art. 52 de la loi, parmi les dispositions transitoires.

CHAPITRE II.

DES CONDITIONS DE CAPACITÉ ACTUELLEMENT REQUISES POUR LA DÉLIVRANCE DES TITRES MÉDICAUX.

150. Ainsi que nous venons de le dire, les seuls titres médicaux qui peuvent être conférés en Belgique d'après les lois actuellement

(¹) V. ci-dessus n° 137.

en vigueur, sont : d'une part, le diplôme unique de docteur en médecine, en chirurgie et accouchements et celui de pharmacien, accordés tous deux par les jurys que la loi de 1857 institue ; d'une autre part, les certificats de sage-femme, de dentiste, de droguiste et d'herboriste, décernés, comme précédemment, par les commissions médicales provinciales ; enfin, en troisième lieu, les autorisations ou dispenses accordées par le gouvernement dans des cas déterminés.

Cependant, l'art. 49 de la loi du 1er mai 1857 dispose, par mesure transitoire, que « les docteurs en médecine, reçus conformément « à la loi du 27 septembre 1835, sont autorisés à acquérir, en con- « formité de la même loi, les diplômes spéciaux de docteur en chi- « rurgie et de docteur en accouchements. »

Cette disposition, qui se trouvait déjà inscrite dans la loi du 15 juillet 1849, est une application logique du principe nouveau, que tout bon praticien doit posséder des connaissances complètes dans les trois branches essentielles de l'art de guérir ; ce principe, en effet, n'eût reçu qu'une exécution incomplète, si l'on n'avait facilité aux anciens praticiens diplômés en médecine seulement, les moyens d'obtenir les grades en chirurgie et en accouchements, c'est-à-dire, si on ne les avait dispensés de remplir une partie des formalités ordinaires d'examen exigées de ceux qui n'ont encore aucun titre professionnel.

Nous indiquerons plus loin les conditions à remplir par les personnes qui veulent profiter du bénéfice de l'art. 49 précité de la loi du 1er mai 1857, conditions prévues par l'art. 50, 4°, de la loi du 27 septembre 1835, pour la délivrance des diplômes spéciaux de docteur en chirurgie ou en accouchements.

Quant aux formalités qui étaient exigées par cette dernière loi pour l'admission des docteurs en médecine (¹), nous nous abstiendrons de les énumérer, notre but n'étant pas d'entrer dans le détail de toutes les mesures législatives qui ont réglé successivement le mode des réceptions, mais bien de faire connaître quelles étaient,

____

(¹) Loi du 27 sept. 1835, art. 50.

sous chaque régime, à une époque déterminée, les conditions de capacité requises pour la délivrance des titres médicaux.

Par les mêmes considérations, nous croyons superflu de mentionner celles de ces conditions qui étaient inscrites dans la loi du 15 juillet 1849 abrogée par celle du 1er mai 1857, en ce qui concerne la délivrance des titres de docteur et de pharmacien ([1]).

C'est cette dernière loi seulement, aujourd'hui en vigueur, que nous examinerons dans les numéros qui suivent.

151. Pour pouvoir se présenter aux examens du *doctorat en médecine, en chirurgie et en accouchements*, qui sont actuellement au nombre de trois, et doivent être subis successivement par les récipiendaires dans l'ordre que l'art 13 de la loi du 1er mai 1857 détermine, il faut :

1° Produire des certificats constatant que l'on a suivi un cours sérieux de pathologie générale et d'anatomie pathologique, ou, à leur défaut, subir un interrogatoire particulier sur ces matières.

2° Être candidat en médecine.

Le système qui consiste à dispenser de tout examen sur certaines branches d'enseignement, les élèves qui prouvent avoir fréquenté des leçons régulières, n'est pas nouveau ; il remonte au régime hollandais.

Nous avons vu, en effet ([2]), que le règlement académique du 25 septembre 1816 obligeait les candidats en médecine qui se présentaient à l'examen du doctorat, à fournir la preuve qu'ils avaient suivi avec succès les leçons de la faculté sur la diététique, la médecine légale et l'instruction clinique ; des conditions analogues étaient exigées pour l'obtention des différents grades préparatoires.

Nous avons dit, d'une autre part ([3]), que la fréquentation des cours académiques a été rendue facultative par un arrêté royal du 27 mai 1830, et qu'un autre arrêté du 28 juin suivant a réglé l'exécution du précédent ; ce dernier arrêté, tout en maintenant aux

([1]) Loi du 15 juill. 1849, art. 40 et 65.
([2]) V. ci-dessus n° 83.
([3]) Id. n° 75.

certificats universitaires leur valeur, a disposé que les élèves qui n'en seraient pas munis, suppléeraient à ce défaut par un examen spécial devant la faculté.

C'est ce système que le législateur de 1857 a remis en vigueur, en le conciliant, toutefois, avec le principe constitutionnel de la liberté absolue d'enseignement, c'est-à-dire, en attribuant à tout certificat émané d'une personne estimable et instruite, la même valeur qu'aux attestations des professeurs de l'État, et en confiant aux jurys le soin de procéder aux examens spéciaux dont il a été fait mention.

Les différentes considérations qui ont motivé le retour aux anciens principes abandonnés depuis 1835, sont les suivantes : les examens prévus par les lois de 1835 et de 1849 étaient trop surchargés ; l'élève, pourchassé par la crainte du cercle encyclopédique qu'il devait parcourir, n'étudiait point d'une manière sérieuse ; d'une autre part, à raison du temps minime consacré à l'examen sur certaines matières d'un ordre relativement inférieur, les élèves désertaient les leçons des professeurs qui enseignaient ces matières: de là, abaissement du niveau des études, triomphe de la mémoire au préjudice du jugement, et, par suite, danger pour la société dont les intérêts les plus éminents, ceux de la santé, par exemple, étaient confiés à des personnes privées d'une instruction solide, etc., etc

Le législateur a cru remédier efficacement à ces inconvénients en considérant la fréquentation de certains cours par les élèves, comme une garantie suffisante de leurs connaissances dans les matières qui y sont enseignées. L'expérience ne tardera pas à faire connaître si ce système, adopté à titre d'essai seulement, répond bien à l'attente de ceux qui l'ont préconisé.

L'art. 34 de la loi de 1857 détermine la durée légale des cours dits *à certificats* dont il vient d'être question.

Conformément aux lois belges antérieures et au règlement académique de 1816, la loi nouvelle exige, comme il est dit ci-dessus. que le diplôme de *candidat en médecine* ait été préalablement obtenu des élèves qui aspirent à recevoir celui de docteur.

L'art. 54 dispose, toutefois, que « les brevets, diplômes et certi-
« ficats de médecin militaire, d'officier de santé, de chirurgien de
« ville et de campagne, délivrés en Belgique en conformité des lois
« en vigueur avant le 1er juillet 1835, sont assimilés aux diplômes
« de candidat en médecine, pour le cas où les titulaires voudraient
« acquérir le grade de docteur. »

Cette disposition, empruntée à la loi du 15 juillet 1849, a eu pour
but de faire cesser la position fâcheuse dans laquelle se trouvaient
les praticiens auxquels elle s'applique, lesquels devaient précédemment, pour se faire recevoir docteurs, subir un nombre considérable
d'examens. A l'appui de son adoption on a fait observer qu'elle ne
pouvait donner lieu, dans la pratique, à aucun inconvénient, le diplôme de docteur étant une garantie suffisante de capacité, et que,
si l'on avait maintenu la rigueur de la loi à l'égard des praticiens
dont il est question, en fait, on leur eût fermé à tout jamais la carrière, ou eût mis obstacle au progrès de leur instruction.

Aux termes de l'art 13 de la loi du 1er mai 1857, l'examen de
candidat en médecine comprend :

1° *Matières d'examen :* l'anatomie humaine (générale et descriptive),
les démonstrations anatomiques, la physiologie humaine et la phar-
macologie, y compris les éléments de pharmacie.

2° *Matière à certificat :* les éléments d'anatomie comparée.

Le grade de candidat en médecine ne peut, selon l'art. 3, § 2, de
la loi, être conféré qu'aux *candidats en sciences naturelles.*

Pour obtenir ce degré, il fallait avoir subi un examen (¹) sur les
sciences qui suivent :

1 °*Matières d'examen :* les éléments de chimie inorganique et
organique, la physique expérimentale, les éléments de botanique
et la physiologie des plantes.

2° *Matières à certificat :* la zoologie, la minéralogie et la psycho-
logie.

Selon l'art. 2 d'une loi spéciale récente, en date du 27 mars 1861,

____

(¹) Loi du 1er mai 1857, art. 10.

les *gradués en lettres* seuls peuvent être reçus candidats en sciences
Cette loi indique les matières dont la connaissance est requise des
élèves pour l'obtention de ce titre préparatoire ; nous croyons superflu de les mentionner, parce qu'elles n'ont aucun rapport immédiat avec l'art de guérir, quoique indispensables à tout homme qui
se destine à exercer une profession scientifique.

Ajoutons que la loi de 1857 ne fixe aucun intervalle à observer
pour la collation des différents grades, au moins en ce qui concerne
les études médicales.

A la vérité, son art. 29 exigeait qu'une année entière s'écoulât
entre l'époque de la présentation des certificats d'études moyennes précédemment exigés des élèves qui désiraient être reçus candidats en sciences, et l'examen à la suite duquel ce dernier grade
était conféré ; mais cette disposition a été implicitement abrogée par
la susdite loi du 27 mai 1861, qui crée, comme nous l'avons vu, le
titre nouveau de *gradué en lettres* destiné, jusqu'à un certain point,
à remplacer celui d'*élève universitaire*, institué par la loi du 15 juillet
1849 et supprimé plus tard par celle du 14 mai 1855.

Nous avons mentionné les conditions requises des candidats qui
se présentent devant le jury chargé des examens du doctorat en
médecine, chirurgie et accouchements; il nous reste à indiquer les
matières de ces examens.

Le premier comprend (¹) :

1° *Matières d'examen :* la thérapeutique générale y compris la
pharmaco-dynamique, la pathologie et la thérapeutique spéciales
des malades internes.

2° *Matières à certificat :* la pathologie générale et l'anatomie pathologique, ainsi qu'il est déjà dit plus haut.

Le second examen de doctorat ne peut être subi, en général, que
par ceux qui ont déjà passé le premier. Toutefois, l'art. 50 de la loi
de 1857, d'accord avec une loi spéciale antérieure du 22 avril 1850,
assimile aux certificats du premier examen de docteur en médecine,

---

(¹) Loi du 1ᵉʳ mai 1857, art. 13, 2°.

chirurgie et accouchements délivrés conformément aux lois de 1849 ou de 1857, les certificats du premier examen de docteur en médecine obtenus conformément à la loi du 27 septembre 1835, à raison de leur analogie, et dans le but de permettre aux personnes qui avaient obtenu ces derniers titres, de compléter leurs études.

Le deuxième examen de doctorat comprend aujourd'hui (¹) :

1° *Matières d'examen* : la pathologie chirurgicale et la théorie des accouchements.

2° *Matières à certificat* : l'hygiène publique et privée et la médecine légale.

Le troisième et dernier examen, à la suite duquel le diplôme professionnel est conféré, comprend, enfin, la clinique interne, la clinique externe, ainsi que la pratique des accouchements et des opérations chirurgicales (²).

Aux termes de l'art. 3, § 4, de la loi du 1ᵉʳ mai 1857, « nul n'est admis au grade de docteur en médecine, s'il ne prouve qu'il a fréquenté avec assiduité et succès, pendant deux ans au moins, la clinique interne, externe et des accouchements. »

Cette disposition, dont le but est d'obliger les récipiendaires à acquérir par l'expérience certaines connaissances pratiques indispensables à l'exercice de la profession médicale, a été introduite, pour la première fois, dans la loi du 25 septembre 1835, et a donné lieu à certaines critiques lors de sa présentation à la Chambre des Représentants.

L'honorable abbé de Foere la considérait, dans ses résultats, comme destructive de la liberté d'enseignement ; il a fait remarquer qu'en général, le cours de clinique est donné, dans les universités, par le professeur qui est, en même temps, médecin de l'hôpital, et que celui-ci, pouvant interdire à d'autres praticiens de donner des leçons de clinique dans cet établissement, les professeurs des institutions libres se trouveraient dans l'impossibilité d'ouvrir le cours dont l'article proposé rend la fréquentation obligatoire pour les élèves.

(¹) Loi du 1ᵉʳ mai 1857, art. 13, 3°.
(²)   id.   art. 13, 4°.

L'honorable M. Jullien a répondu, à ce sujet, que les hôpitaux sont placés sous la surveillance des administrations des hospices, lesquelles sont, à leur tour, sous la surveillance immédiate des administrations communales : que si les élèves qui voulaient suivre des cours de clinique à l'hôpital subissaient un refus de la part des médecins qui y sont attachés, ils pourraient s'adresser à l'administration des hospices, et si celle-ci ne faisait pas droit à leur réclamation, recourir en dernier ressort à l'administration municipale, qui ne manquerait pas de mettre ordre à ces abus. Il a ajouté qu'au surplus, si des difficultés s'élevaient, le gouvernement ne manquerait pas de les résoudre.

L'art. 51, § final, de la loi dispense les médecins militaires, les officiers de santé, ainsi que les chirurgiens de ville et de campagne qui, usant du privilège inscrit au § 1er du même article, solliciteraient le diplôme de docteur en médecine, en chirurgie et en accouchements, de l'obligation prévue par l'art. 4, § 3, que nous venons d'examiner ; aucun doute ne pouvait exister, en effet, sur les connaissances pratiques de ces hommes de l'art, qu'il eût été trop rigoureux d'astreindre à suivre pendant deux années les cours de clinique destinés aux candidats en médecine.

152. Nous avons dit [1], que le législateur de 1857, comme celui de 1849, tout en posant en principe que le titre de docteur en médecine, en chirurgie et en accouchements sera seul délivré à l'avenir aux personnes qui veulent exercer l'une de ces trois branches de l'art de guérir, a exceptionnellement réservé aux *docteurs en médecine reçus sous l'empire de la loi de 1835*, la faculté d'acquérir séparément les grades spéciaux de *docteur en chirurgie* et de *docteur en accouchements*, conformément aux règles tracées par cette dernière loi.

Ces règles sont les suivantes :

« Pour réunir au grade de docteur en médecine celui de docteur « en chirurgie et accouchements, le postulant est requis de subir « un examen spécial et pratique sur les opérations chirurgicales et « les accouchements.

[1] V. ci-dessus n° 150.

« Le docteur en médecine peut obtenir séparément le grade de
« docteur en accouchements, en subissant l'examen spécial et pra-
« tique sur les accouchements »

153. Pour pouvoir se présenter à l'examen de *pharmacien* il faut,
selon l'art. 4 de la loi du 1er mai 1857 :

1° Être candidat en pharmacie ;

2° Justifier, au moyen de certificats approuvés par une des commissions médicales provinciales, de deux années de stage officinal à
partir de l'époque où le grade de candidat a été décerné.

Ces deux conditions étaient requises déjà par le législateur de
1849, qui a, le premier, confié aux jurys la réception des pharmaciens.

La seconde se justifie par cette considération que ce n'est pas au
sein des universités qu'il est possible de former un pharmacien ma-
nipulateur et d'apprendre à connaître les qualités des drogues ni
leurs falsifications, conditions indispensables à l'exercice de la profession pharmaceutique.

Par exception à la règle qui veut que les *candidats en pharmacie*
puissent seuls être admis à solliciter le diplôme de pharmacien,
l'art. 14, § final, de la loi de 1857 accorde la même faculté aux *candidats en sciences naturelles*, en exigeant d'eux aussi la preuve d'un stage
officinal de deux années, mais en modifiant, comme il sera dit ci-
après, l'ordre des matières d'examen.

Nous avons déjà indiqué les conditions requises pour l'obtention
du degré de candidat en sciences naturelles (¹).

L'art. 57 de la loi qui nous occupe dispose, en outre, que « les
« élèves pharmaciens régulièrement inscrits en cette qualité avant
« le 30 juillet 1849, peuvent réclamer les bénéfices de l'art. 2 de la
« loi du 4 mars 1851. »

Voici le but et la signification de cette mesure transitoire :

Le législateur de 1849, en enlevant aux commissions médicales,
pour l'attribuer aux jurys, le droit de recevoir à l'avenir les phar-

(¹) V. le n° précédent.

maciens, et en instituant le degré préparatoire de candidat de pharmacie, a reconnu la nécessité de sauvegarder les intérêts des personnes qui avaient déjà commencé leurs études pharmaceutiques dans le but d'obtenir le diplôme selon les règles tracées par les lois et instructions du régime précédent.

Aussi l'art. 15 de la loi du 15 juillet 1849 disposait-il que « les « élèves pharmaciens actuellement inscrits en cette qualité par « les commissions médicales provinciales, sont autorisés à subir, « jusqu'au 1er janvier 1851, les examens de pharmacien devant le « jury, conformément aux dispositions rendues en vertu de la loi « du 12 mars 1818. »

Un arrêté royal du 8 septembre 1849 a rappelé ces dispositions en les régularisant ; il divise les examens dont il s'agit en deux épreuves; la première comprenant le latin, la botanique descriptive, l'histoire des drogues et des médicaments, leurs altérations et leurs falsifications; la seconde ayant pour objet : la chimie, la pharmacie théorique et pratique, et, en outre, deux préparations pharmaceutiques et une ou deux opérations chimiques.

Le 4 mars 1851, une loi spéciale a dispensé du grade de candidat en pharmacie, ceux des élèves dont il vient d'être fait mention qui auraient satisfait à la première des deux épreuves prévues par l'arrêté royal du 8 septembre 1849, et les a admis à subir immédiatement l'examen de pharmacien, en introduisant toutefois, dans la composition de cet examen, certains changements que nous mentionnerons ci-après. Cette même loi du 4 mars 1851 dispense les élèves auxquels elle s'applique, du stage officinal requis des candidats en pharmacie ou en sciences naturelles qui sollicitent le diplôme de pharmacien.

Ces indications expliquent le sens de l'art. 57 précité de la loi du 1er mai 1857, qui maintient en faveur des anciens élèves en pharmacie la tolérance dont il vient d'être question.

Selon l'art. 14 de la loi, l'examen du candidat en pharmacie comprend : « les éléments de physique, la botanique descriptive et « la physiologie végétale, la chimie inorganique et organique en

« rapport avec les sciences médicales, et les éléments de minéra-
« logie. »

La loi du 27 mars 1861, dont il a déjà été parlé plus haut [1],
dispose que nul ne sera admis à l'examen de candidat en pharmacie,
s'il n'a obtenu le titre préparatoire de *gradué en lettres* ou subi avec
succès un examen qui en tient lieu [2].

Cette disposition fait revivre, dans de certaines limites, l'obligation qui était imposée aux candidats en pharmacie par la loi de
1857, d'avoir fait des études humanitaires complètes, et qui avait
été tacitement retirée par la loi du 14 mars 1855 [3], puisque celle-ci
a supprimé le jury chargé précédemment de constater, à ce point
de vue, les connaissances des récipiendaires.

Selon l'art. 14 de la loi du 1er mai 1857, l'examen à subir par le
candidat en pharmacie qui veut être reçu pharmacien comprend :
« l'histoire des drogues et des médicaments, leurs altérations et
« falsifications, les doses *maxima* auxquelles on peut les administrer,
« la pharmacie théorique et pratique.

« Il comprend, en outre, deux préparations pharmaceutiques ,
« deux opérations chimiques, une opération toxicologique et une
« opération propre à découvrir la falsification des médicaments. »

Le § final dudit article soumet aux mêmes épreuves le candidat
en sciences naturelles, mais en exigeant qu'il soit interrogé, de plus,
sur la chimie organique et inorganique, dont la connaissance n'est
point requise pour la délivrance de son diplôme préparatoire.

Quant aux élèves en pharmacie admis à profiter du bénéfice exceptionnel de l'art. 57 précité de la loi de 1857, celle du 4 mars 1851,
auquel ledit article se réfère, dispose que, « dans les matières de
« l'examen de pharmacie, l'histoire des drogues et médicaments,
« leurs altérations et leurs falsifications est remplacée, pour cette caté-
« gorie de récipiendaires, par la chimie organique et inorganique. »

( ) V. ci-dessus nos 139 et 151.
[2] Loi du 27 mars 1861, art. 2 à 5.
[3] Circ. minlle du 23 avril 1855.

Ces élèves, en effet, ont déjà été interrogés, dans le cours de la première épreuve qu'ils ont subie conformément à l'arrêté royal du 8 septembre 1849, sur la première des deux matières précitées, tandis qu'ils ne l'ont point été sur la seconde.

154. Quant aux *sages-femmes*, aux *dentistes*, aux *droguistes* et aux *herboristes*, que les commissions médicales provinciales reçoivent encore aujourd'hui comme en 1818, les conditions exigées pour leur admission sont celles qui l'étaient déjà sous le régime précédent (¹), le législateur belge n'ayant point innové en ce qui les concerne.

155. Les conditions requises pour la délivrance des autorisations que le gouvernement peut accorder, aux termes de l'art. 36, §§ 2 et 3, et de l'art. 37 de la loi du 1er mai 1857, à des personnes qui n'ont point été légalement diplômées dans notre pays, varient selon les qualités des intéressés.

S'il s'agit d'une de ces dispenses exceptionnelles données en vertu du premier des deux articles précités, à l'inventeur d'un remède ou de tout autre mode curatif dont l'expérience semble avoir démontré l'efficacité, le chef de l'État peut l'accorder purement et simplement après avoir soumis la question à l'avis du jury d'examen, mais sans être lié par cet avis.

S'il s'agit, au contraire, d'autoriser un étranger muni d'un diplôme de licencié, de docteur ou de pharmacien, ou bien un Belge ayant obtenu ces mêmes diplômes hors du pays par suite de l'impossibilité dans laquelle il s'est trouvé de faire ses études en Belgique, l'autorisation royale est subordonnée à un avis favorable du jury.

Nous avons déjà fait connaître les motifs de cette distinction, c'est-à-dire, du plus ou moins de latitude laissée au gouvernement selon les cas (²).

Le jury, appelé à se prononcer sur une demande de la nature de celles auxquelles il vient d'être fait allusion, peut, afin de s'éclairer sur le mérite de l'intéressé, le soumettre à un examen, mais cette

(¹) V. ci-dessus nᵒˢ 91, 93, 94 et 95.
(²) Id.   nᵒ 147.

formalité, qui n'est pas obligatoire, n'est point soumise d'ailleurs aux règles ordinaires.

Parmi les dispositions qui fixent la marche à suivre par le jury dans le cas proposé, nous citerons le passage suivant du rapport formulé par la commission qui a élaboré le projet de loi adopté le 25 septembre 1835 : « Le jury pourra soumettre l'étranger aux « épreuves imposées aux Belges ou à l'une d'elles, s'il conserve « des doutes sur ses connaissances ; mais si sa réputation est soli- « dement établie, il ne lui fera point l'affront de l'interroger, et « n'hésitera pas à donner un avis favorable. Un étranger distingué, « que des malheurs ont forcé de se réfugier en Belgique, pourra y « exercer une profession honorable qui lui permettra de n'être à « charge à personne, et même de se rendre utile à la nouvelle patrie « qui lui a offert un asile. »

Une circulaire ministérielle du 28 mars 1837 (¹) dispose également que, ce que les jurys ont à apprécier, c'est la capacité du requérant ; qu'en conséquence, si les pièces par lui fournies ne procurent pas au jury assez d'éléments pour former son opinion, il pourra appeler devant lui le postulant dans une séance à huis-clos, et là, usant de son pouvoir discrétionnaire, s'assurer, par tous les moyens qu'il jugera convenables, de l'aptitude du récipiendaire à exercer l'état pour lequel il réclame une dispense.

S'il s'agit, enfin, d'une dispense à accorder par le gouvernement à un Belge diplômé à l'université de Bologne, dans le cas prévu par l'art. 37, § 3, de la loi du 1ᵉʳ mai 1857 et par la loi spéciale du 25 mai 1847, non-seulement le gouvernement ne donnera l'autorisation que sur l'avis favorable du jury de doctorat, mais celui-ci devra nécessairement faire subir au récipiendaire un examen spécial sur les matières prescrites par ladite loi de 1857, qui ne font pas partie de l'enseignement à l'université de Bologne (²).

(¹) V. rapp. minis. sur l'état de l'enseign. sup. présenté aux Chambres législ. le 6 avril 1843. Introd., tome I, p. CXCIV.

(²) Loi du 1ᵉʳ mai 1857, art. 37, § 4.

CHAPITRE III.

DE LA PATENTE ET DU VISA DES TITRES.

156. Sous le régime précédent, les personnes diplômées ou autorisées en vue de l'exercice d'une des branches de l'art de guérir, avaient, comme on le sait, trois formalités à remplir avant de pouvoir pratiquer, savoir : se munir d'une *patente* et en acquitter le droit, prêter le serment professionnel, et soumettre leurs titres au visa des commissions médicales compétentes.

La première de ces formalités subsiste encore : tout ce qui concerne les droits de patente à payer par les praticiens est soumis aux dispositions déjà citées des lois du 21 mai 1819 et du 6 avril 1823, et à celles de la loi du 22 janvier 1849, qui ne modifie du reste en rien les principes généraux sur la matière (¹).

157. L'art. 127 de la Constitution belge dispose que « aucun « serment ne peut être imposé qu'en vertu d'une loi qui en déter- « mine la formule. »

Son art. 138 ajoute : « A compter du jour où la Constitution « sera exécutoire, toutes les lois, décrets, arrêtés, règlements et « autres actes qui y sont contraires, sont abrogés. »

Or, les dispositions qui obligeaient autrefois les docteurs, les chirurgiens, les accoucheurs, les sage-femmes et les pharmaciens, à prêter le serment d'exercer leur art régulièrement et en conscience, et qui déterminaient la formule de ce serment, n'avaient aucun caractère législatif.

Ce n'est point la loi du 12 mars 1818 qui prescrivait l'accomplissement de cette formalité, mais uniquement les instructions du 31 mai 1818 approuvées par arrêté royal.

Il nous paraît, conséquemment, hors de doute, que les articles

(¹) V. ci-dessus nⁿ 98.

de ces instructions qui sont relatifs au serment professionnel des hommes de l'art, ont été abrogés par l'art. 138 de la Constitution.

Et comme aucune loi postérieure à celle-ci n'a rétabli le serment dont il s'agit, nous sommes en droit de dire que ce serment ne peut plus être exigé aujourd'hui d'aucune des personnes qui se livrent à l'exercice d'une branche quelconque de l'art de guérir.

158. Les dispositions de la loi du 12 mars 1818 et de l'arrêté royal du 31 mai suivant (¹), qui font un devoir à tout praticien qui s'établit dans une province, d'y soumettre ses titres, avant d'en faire usage, à la vérification et au visa de la commission médicale du ressort, n'ayant été rapportées ni modifiées par aucune disposition ultérieure, sont toujours en vigueur chez nous, et doivent recevoir leur application, non-seulement à l'égard des médecins, pharmaciens et autres gens de l'art auquel elles s'appliquaient immédiatement à l'époque de leur publication, mais même à l'égard des nouvelles classes de praticiens introduites par les lois de 1835, de 1849 et de 1857.

Ce point, qui ne peut faire l'objet d'un doute sérieux, a été cependant contesté :

La question s'est élevée de savoir si les docteurs munis d'un diplôme académique octroyé dans les formes prévues par la loi du 25 septembre 1835, étaient tenus de le faire enregistrer.

Pour la négative, on invoquait l'art. 65 de ladite loi, qui subordonnait uniquement à la possession d'un diplôme de docteur, l'exercice de la médecine, de la chirurgie et de l'art des accouchements, et on inférait de là que ce diplôme donnait à celui qui l'avait obtenu le droit le plus absolu de s'en servir dans la pratique, au moins sans formalités préalables. M. Tielemans (²) nous apprend même qu'un jugement du tribunal de Mons, rendu en 1838, a résolu la question dans ce sens.

Mais, ainsi que le fait remarquer ce savant magistrat, « il n'est

---

(¹) V. ci-dessus n° 100.
(²) Dict. de droit admin., v° commiss. méd.

« pas rationnel de prétendre que la loi du 27 septembre 1835 ait
« aboli le visa même, dont elle ne s'occupe pas, et qui est une me-
« sure de police dont elle n'avait point à se préoccuper. »

Cette loi, en effet, n'a pour objet que les études médicales ; elle
reconnaît au docteur reçu par le jury d'examen toutes les capacités scientifiques nécessaires pour pouvoir pratiquer : elle défend
à quiconque n'en aurait pas le titre, d'exercer en cette qualité, mais
ne modifie en rien la législation de 1818 dans celles de ses dispositions qui ont exclusivement pour objet la surveillance médicale.

C'est, du reste, ce qu'a fort bien fait ressortir le gouvernement
dans l'exposé des motifs de la loi du 15 juillet 1849, dont l'art. 65
est conçu dans les mêmes termes que l'article correspondant de la
loi du 25 septembre 1835, en disant : « il nous a semblé que la loi
« actuelle ne devait s'occuper que des conditions scientifiques né-
« cessaires à l'exercice de certaines professions ou fonctions ;
« quant aux autres conditions, c'est à une législation spéciale
« à les régler. »

Ce qui est vrai pour les praticiens reçus suivant les lois de 1835
et de 1849, l'est également pour ceux qui le sont en vertu de la loi
du 1ᵉʳ mai 1857 qui dispose, comme les précédentes, par son art. 36,
que nul ne peut pratiquer en qualité de médecin, chirurgien, accoucheur ou oculiste, s'il n'a été reçu docteur suivant les règles que la
loi nouvelle détermine.

Ainsi, les docteurs diplômés depuis 1835 sous l'empire des lois
belges, sont soumis aux mêmes obligations que les docteurs reçus selon les lois et règlements du régime antérieur, en ce qui concerne le
devoir qui leur est imposé de faire viser leurs diplômes par la commission médicale dans le ressort de laquelle ils vont se fixer, de
faire renouveler ce visa au cas où ils transféreraient leur résidence
d'une province dans une autre, etc., etc.

Les principes de la législation de 1818, sur ce point, sont toujours
en vigueur, parcequ'ils sont relatifs, non à la réception proprement
dite, qui est surtout une affaire scientifique, mais à l'exercice de la
police médicale.

Cette considération démontre encore que les commissions provinciales sont toujours compétentes pour viser les diplômes des pharmaciens, quoique la loi du 15 juillet 1849, confirmée par celle du 1er mai 1857, leur ait enlevé la faculté d'examiner et de recevoir ces praticiens.

L'art. 53 de cette dernière loi, qui a permis aux chirurgiens, aux officiers de santé, aux accoucheurs et aux pharmaciens autorisés à exercer dans la circonscription d'une province, de pratiquer dans toute l'étendue du royaume en se conformant à leur titre, ne les a pas, non plus, dispensés, au cas où ils iraient s'établir dans une province autre que celle où ils résident, de l'obligation qui leur est imposée par l'art. 18 de l'arrêté du 31 mai 1818, de soumettre, dans ce cas, leur certificat à un visa nouveau.

Nous avons vu, en effet (*), que le but unique de cet article a été de supprimer les examens supplémentaires auxquels lesdits praticiens pouvaient être assujettis par la commission médicale du nouveau ressort, et qu'il a été entendu, du reste, dans le cours des discussions parlementaires, qu'en obligeant les chirurgiens, officiers de santé, etc., à continuer de se conformer à leur titre, on entendait par là maintenir toutes les dispositions législatives et réglementaires concernant l'exercice et la surveillance des professions.

En résumé donc, tout ce qui, sous le régime néerlandais, réglait le visa des diplômes, subsiste aujourd'hui, et s'applique aux différentes catégories de praticiens admis à exercer dans le pays, sans distinction

(*) V. ci-dessus n° 43°.

CHAPITRE IV.

DES DIFFÉRENTES PROFESSIONS MÉDICALES.

---

159. *Le docteur en médecine, en chirurgie et en accouchements*, reçu conformément aux dispositions des lois du 15 juillet 1849 et du 1er mai 1857 qui n'admettent plus qu'un seul diplôme pour les trois branches de l'art de guérir, peut exercer celles-ci simultanément, droit qui n'appartenait pas aux docteurs diplômés séparément en médecine, en chirurgie et en accouchements, d'après les principes du règlement de 1846 ou de la loi du 27 septembre 1835 [1].

Ce fait, aujourd'hui bien établi, a été mis en doute il y a quelques années.

La difficulté provenait de ce que la loi du 12 mars 1818 prononçait d'une manière positive, au moins en principe, l'incompatibilité d'exercice de la médecine interne avec les autres branches médicales, et de ce que la loi du 15 juillet 1849, uniquement relative à la collation des grades académiques, semblait n'avoir pu apporter aucun changement aux règles tracées par le législateur de 1818, au point de vue de la pratique professionnelle.

« La Chambre remarquera, » dit, en effet, l'exposé des motifs de la loi de 1849 [2], « qu'on a évité de rattacher à la question des « grades académiques plusieurs de celles qui ont été soulevées de- « puis quelque temps parmi les personnes qui s'occupent de l'art « de guérir : le projet de loi ne décide, ni la *question du cumul des* « *professions de médecin et de chirurgien*, ni celle de la vente des mé- « dicaments par les médecins, ni celle de l'âge des pharma- « ciens, etc. »

---

[1] V. ci-dessus n° 118.

[2] Annales parlementaires de la Chambre des Représentants. Sess. 1848-1849. p. 1101.

Le passage ci-après d'un rapport présenté au gouvernement par l'une de nos commissions provinciales, et reproduit par le ministre de l'intérieur dans l'exposé de situation de l'enseignement supérieur, déposé par lui à la Chambre des Représentants le 19 décembre 1853 (*), résume les objections de fait que l'on a fait valoir contre l'exercice simultané des trois branches :

« La commission n'est nullement portée à contester l'utilité de
« l'*étude* simultanée de la médecine, de la chirurgie et des accouche-
« ments; mais ce qu'elle croit pouvoir contester, c'est le bien qu'on
« semble vouloir attendre de la *pratique* simultanée de ces trois
« branches de l'art de guérir. En étudiant simultanément les ma-
« tières qui se rapportent à ces branches, l'élève parvient souvent à
« acquérir assez de connaissances théoriques pour obtenir les trois
« grades avec distinction et même avec la plus grande distinction.
« Peut-on croire, pour cela, que, dans la suite, il sera, et médecin, et
« chirurgien, et accoucheur distingué? L'on sait que, pour devenir
« médecin profond, il faut s'exercer à une observation longue et sé-
« vère des maladies; si, au contraire, l'on aspire à devenir un opé-
« rateur ou un accoucheur habile, il faut que l'on ait occasion d'ap-
« pliquer fréquemment ses connaissances théoriques aux opérations
« exigées par ces deux branches. Or, comme chaque branche en
« particulier demande une étendue de connaissances théoriques et
« pratiques qu'il est donné seulement aux intelligences et aux orga-
« nisations exceptionnelles d'embrasser avec avantage, il résultera
« inévitablement de l'exercice simultané des trois branches que, dé-
« sormais, l'on ne rencontrera plus que des médiocrités dans cha-
« cune d'elles. Le moyen d'éviter ce résultat est, dans l'opinion de
« la commission, de favoriser les études et la pratique spéciale et sé-
« parée, soit de la médecine, soit de la chirurgie, soit des accou-
« chements. Il est à présumer que cette mesure serait toute dans
« l'intérêt de la science et de la pratique médicale, car il est d'ob-
« servation que les praticiens qui se livrent à une spécialité dans

(*) Page 267.

« l'art de guérir deviennent, le plus souvent, des hommes distin-
« gués dans la partie qu'ils ont embrassée. »

En droit, selon nous, le grade unique de docteur en médecine, en
chirurgie et en accouchements donne au titulaire la faculté d'exercer à la fois les trois branches dans toute l'étendue du pays.

Nous reconnaissons volontiers que la loi du 15 juillet 1849 n'a
point modifié, quant à la pratique médicale, celle du 12 mars 1818 ;
nous admettons même qu'en principe cette dernière a voulu la séparation des diverses professions ; mais ce principe n'a point été
inscrit d'une manière absolue dans la loi hollandaise : ce que son
art. 12 défend, c'est l'usage cumulatif des diplômes de médecin et
de chirurgien, de médecin et d'accoucheur, obtenus *séparément*, conformément au système de 1816. Or, comme le droit pour chacun
d'exercer librement telles professions qu'il juge convenable, isolé-
ment ou simultanément, est positivement reconnu par notre droit
public (¹), sous la seule réserve d'observer les dispositions de police
qui restreindraient ce droit dans de certaines limites ; comme, d'une
autre part, aucune loi, aucun règlement de police ne défend la pratique cumulative de la médecine, de la chirurgie et de l'obstétrique
à celui qui, *par un seul et même titre*, a été diplômé dans les trois
branches, il nous paraît évident que les docteurs nouveaux institués
en 1849 et maintenus en 1857 jouissent de la faculté dont il est parlé
plus haut.

C'est, du reste, ce que le gouvernement, consulté sur la question
postérieurement à la publication de la loi du 15 juillet, a reconnu à
diverses reprises (²), après avoir consulté l'Académie de médecine
sur les effets que l'interprétation proposée sont de nature à produire
au point de vue de l'intérêt public.

Nous avons cité plus haut le texte d'une réclamation adressée au
ministre de l'intérieur par une commission médicale provinciale qui

(¹) Décret du 2-17 mars 1791. — V. ci-dessus n° 27.
(²) V. Rapport sur l'état de l'enseignement supérieur, déposé par le minist.
de l'Int. le 19 déc. 1853, p. 265.

s'était attachée à faire ressortir les inconvénients de cette interprétation.

Voici les explications dont le Ministre a fait suivre cette réclamation, insérée, comme nous l'avons dit, dans le rapport sur l'état de l'enseignement officiel de 1849 à 1853 (*):

« Si le gouvernement a adopté le système nouveau introduit en
« 1849, c'est parce qu'il avait pour lui l'autorité imposante de l'Aca-
« démie royale de médecine, qui s'était antérieurement prononcée
« en faveur de ce système à une très-forte majorité, après une dis-
« cussion approfondie. Toutefois, émue de la critique assez vive faite
« d'une des innovations les plus importantes consacrées par la loi du
« 15 juillet 1849, l'administration soumit les observations de la com-
« mission médicale provinciale à l'appréciation d'hommes éminents
« dans la science, qui président le premier corps médical du pays,
« et qui ont éclairé de leurs lumières les délibérations de la commis-
« sion spéciale chargée de préparer un projet de révision de la légis-
« lation sur l'art de guérir. Ces hommes n'ont nullement partagé les
« craintes exprimées par la commission médicale provinciale ; ils ont
« regardé comme un bienfait pour la société l'innovation qu'elle cer-
« tifie.

« La commission, ont-ils dit, a perdu de vue les motifs puissants
« qui ont fait introduire ce qu'on peut appeler une véritable amé-
« lioration dans la loi sur l'enseignement supérieur : c'est que, sous
« l'empire de l'ancienne législation, tout médecin se livrait à l'exer-
« cice de la chirurgie, tout chirurgien à celui de la médecine, au
« moins dans les villes secondaires et au plat pays, et cela, sans
« avoir fait preuve de connaissances et obtenu le diplôme légal.

« Et le gouvernement, partageant cette manière de voir, a fait re-
« marquer que si la société n'a peut-être pas la chance de rencontrer
« tous hommes également distingués dans le corps des praticiens qui,
« diplômés en vertu de la nouvelle loi, ont le droit d'exercer cumu-
« lativement les trois branches de l'art de guérir, elle aura, par

(*) Page 268.

« compensation, l'inappréciable avantage de n'être plus livrée, sur
« un grand nombre de points du pays, à des mains tout-à-fait inca-
« pables, quant à certaines branches de l'art de guérir. »

Les motifs principaux qui avaient primitivement engagé l'Académie de médecine à se prononcer en faveur du système de l'exercice
cumulatif de la médecine de la chirurgie et de l'obstétrique par les
docteurs reçus en conformité de la loi du 15 juillet 1849, reposaient
sur la connexité qui existe entre les trois sciences précitées, sur la
difficulté d'établir entr'elles, dans la pratique, une ligne de démarcation exacte, sur les garanties que présentent pour la société ceux qui
ont fait des études médicales complètes, et, surtout, sur la nécessité
fréquente, impérieuse, dans laquelle se trouvaient les docteurs, de
se livrer souvent à la pratique des trois sciences (*).

De ce qui précède il résulte donc que les docteurs diplômés par
un seul et même titre, en médecine, en chirurgie et en accouchements, peuvent exercer à la fois dans tout le pays, sans distinction
entre les villes et les campagnes, les trois branches de l'art de
guérir, mais à charge de se conformer, pour le surplus, à toutes les
conditions imposées par les lois, arrêtés et instructions de 1818,
aux docteurs qui ont été diplômés à la fois, mais par des titres
distincts, dans les trois branches que nous venons de mentionner.

C'est ainsi, par exemple, que les praticiens auxquels nous faisons
allusion n'ont point le droit d'exercer la pharmacie en vertu de
leur titre, mais peuvent uniquement délivrer des remèdes à leurs
malades au plat pays et dans les villes y assimilées, à la condition
d'avoir leur résidence dans une de ces localités : ils jouissent, d'ailleurs aussi, à ce point de vue, de la faculté exceptionnelle accordée
aux docteurs en médecine du régime hollandais, par l'art. 9 de
leurs instructions, de fournir des remèdes syphilitiques à leurs
clients, même dans les villes, et de celle que l'art. 5 des instructions
pour les chirurgiens de ville et les anciens docteurs en chirurgie

(*) Acad. de méd. Bull. des séances, vol. 1, p. 418.

accordait à ces praticiens, de donner à leurs patients les remèdes nécessaires *ad usum extemporaneum*.

En un mot, la profession du docteur en médecine, en chirurgie et en accouchements présente identiquement les mêmes caractères que celle du docteur en médecine reçu sous l'empire du règlement académique de 1816, et qui joignait à son diplôme ceux de *doctor chirurgiæ* et de *doctor artis obstetriciæ*, moyennant cette distinction que le premier peut cumuler l'exercice des trois branches, non-seulement au plat pays, mais dans toute l'étendue du royaume.

160. La profession du *pharmacien* reçu par les jurys conformément aux lois du 15 juillet 1849 et du 1er mai 1857, est, aussi, exactement la même que celle du pharmacien ou de l'apothicaire diplômé par les commissions médicales provinciales selon les règles tracées par la loi du 12 mars 1818 [1].

Les nouveaux pharmaciens jouissent, toutefois, en vertu de leur titre même, comme les anciens docteurs en pharmacie reçus par les universités des provinces méridionales du royaume des Pays-Bas, du privilège d'exercer leur profession dans toutes les localités du pays [2].

161. Sans préjudice aux réserves spéciales qui peuvent être introduites dans leur acte d'autorisation, les docteurs, licenciés ou pharmaciens diplômés à l'étranger, mais autorisés par le Roi, en vertu de l'art. 37 de la loi du 1er mai 1857, à exercer en Belgique la médecine, la chirurgie, l'art des accouchements ou la pharmacie, sont soumis, en ce qui concerne leur profession, aux mêmes règles que les praticiens belges porteurs d'un diplôme analogue au leur [3].

Quant aux individus qui ont obtenu une de ces dispenses particulières prévues par l'art. 36, § 2, de la loi de 1857, l'étendue de leurs droits professionnels est réglée par l'arrêté royal qui les autorise.

---

[1] V. ci-dessus, n° 110.
[2] Instr. min. du 28 janvier 1850. Bull. du min. de l'int., t. IV, pag. 27.
[3] V. ci-dessus n° 111.

Cet article dispose, en effet, que « la dispense spécifie la branche, « et ne peut s'appliquer qu'à ce qui y est nominativement désigné. »

162. Les praticiens dont il est parlé dans les n°ˢ qui précèdent, sont les seuls dont la loi du 1ᵉʳ mai 1857 règle le mode de réception ou d'admission.

Quant aux *sages-femmes*, aux *dentistes*, aux *droguistes* et aux *herboristes* qui seraient reçus par les commissions médicales provinciales, conformément aux principes des lois et arrêtés de 1818 qui sont encore en vigueur, la nature de leur profession n'a subi aucune altération depuis cette époque (¹).

La même observation s'applique à tout praticien, quel que soit son titre ou sa qualité, qui exerce en vertu d'un diplôme ou d'une autorisation légale obtenue antérieurement à la loi précitée du 1ᵉʳ mai 1857.

C'est ainsi, par exemple, que les docteurs en médecine, les docteurs en chirurgie et les docteurs en accouchements diplômés par application de la loi du 25 septembre 1835 (²), jouissent des mêmes droits et sont soumis aux mêmes charges que les docteurs reçus au même titre en conformité des lois du régime hollandais (³) : que les chirurgiens, les officiers de santé, les accoucheurs et les pharmaciens diplômés, soit en vertu des lois françaises du 19 ventôse ou du 21 germinal an XI, soit en vertu de la loi du 12 mars 1818, continuent d'exercer leur art comme il a été dit au titre précédent (⁴), etc.

L'art. 53, déjà cité, de la loi de 1857 (⁵) donne, cependant, une certaine extension aux droits que l'arrêté royal du 31 mai 1818 reconnaissait aux quatre classes de praticiens dont il vient d'être parlé en dernier lieu, en les déchargeant de l'obligation qui leur était précédemment imposée de s'établir et d'exercer exclusive-

---

(¹) V. ci-dessus n°ˢ 109, 111, 112 et 113.
(²) Loi du 1ᵉʳ mai 1857, art. 49.
(³) V. ci-dessus n°ˢ 101, 102 et 103,
(⁴)　　id.　　n°ˢ 105, 106, 107, 110 et 116.
(⁵)　　id.　　n° 139.

ment dans le ressort d'une province, c'est-à-dire, en les autorisant à pratiquer dans toute l'étendue du royaume, mais à la condition de se conformer à leur titre.

Nous avons fait connaître plus haut le sens qu'il faut attribuer à cette dernière réserve, et nous avons cité, notamment, l'opinion émise par le ministre de l'intérieur dans le cours des discussions parlementaires, que le chirurgien de campagne ne puise pas dans l'article précité la faculté d'exercer en qualité de chirurgien de ville.

Suit-il de là que le chirurgien ou l'accoucheur, autorisé à exercer au plat-pays, ne peut, sous aucune condition, depuis que les commissions provinciales ont perdu le droit de procéder aux examens, être admis à pratiquer dans une ville ; que le pharmacien qui, en vertu du certificat qui lui a été délivré par une commission médicale, ne peut pratiquer que dans les communes rurales, doit, pour pouvoir le faire dans les villes, subir un examen nouveau devant le jury, en se soumettant à toutes les formalités prévues par la loi de 1857 ?

Tel n'est point le sens que le gouvernement a attribué à la disposition qui nous occupe.

Il résulte, en effet, d'une circulaire ministérielle du 20 février 1851 [1], qu'aucune différence n'ayant jamais été introduite dans le programme des examens auxquels étaient soumises les personnes qui voulaient exercer la pharmacie, soit dans les villes, soit au plat-pays, le remplacement d'un diplôme de pharmacien de campagne par un diplôme de pharmacien de ville peut se faire par la commission médicale compétente, et ne doit être subordonné à aucune autre condition à charge du requérant, que celle de payer la différence que les tarifs en vigueur établissaient entre les frais de réception des pharmaciens de ville et des pharmaciens de campagne.

Le même principe doit s'appliquer, par identité de motifs, aux chirurgiens et aux accoucheurs.

163. Aucune loi postérieure n'a dérogé aux règles tracées par

[1] Bull. du min. de l'int., V, p. 60.

les art. 12 et 13 de la loi du 12 mars 1818, en ce qui concerne la défense faite, dans certaines limites, aux praticiens qui possèdent plusieurs diplômes, d'en faire un usage simultané [1].

Ces règles sont applicables, non-seulement aux différentes classes de gens de l'art que ces articles désignaient nominativement, mais également à ceux dont les diplômes plus récents ont été introduits par les lois de 1835, de 1849 et de 1857.

Le passage ci-après du rapport sur l'état de l'instruction supérieure, présenté aux Chambres législatives par le ministre de l'intérieur le 19 décembre 1853 [2], confirme cette opinion :

« Tout en reconnaissant que les docteurs en médecine, en chi-
« rurgie et en accouchements reçus sous l'empire de la loi du
« 15 juillet 1849, ont le droit incontestable d'exercer cumulative-
« ment les trois branches de l'art de guérir, le gouvernement a fait
« ses réserves quant aux médecins, chirurgiens et accoucheurs qui
« ont obtenu leurs diplômes dans les trois branches sous le régime
« de la loi de 1818 : ceux-ci restent soumis aux conditions aux-
« quelles cette loi subordonne l'exercice simultané de la médecine,
« de la chirurgie et des accouchements, et ne peuvent, comme par
« le passé, les pratiquer cumulativement qu'en vertu d'une autori-
« sation spéciale, ailleurs que dans les communes rurales où il n'y
« a pas de commission médicale locale ; ils n'ont pas cessé de
« tomber sous l'application de l'art. 13 de ladite loi.

« Il est une catégorie de docteurs en médecine qui, quoique di-
« plômés depuis cette dernière loi, restent indéfiniment soumis aux
« mêmes dispositions : pendant les deux premières sessions qui ont
« suivi la promulgation de la nouvelle loi du 15 juillet 1849, les
« récipiendaires ont eu la faculté de subir leurs examens conformé-
« ment à la loi du 27 septembre 1835 : il en résulte que, durant
« ces deux sessions, des personnes ont acquis le diplôme *simple* de
« docteur en médecine, et n'ont, *dès lors*, d'autres droits que ceux

[1] V. ci-dessus n° 118.
[2] Page 265.

« qui étaient attachés antérieurement à ce diplôme. Une disposition
« transitoire autorise les docteurs en médecine de cette catégorie à
« acquérir d'après la loi de 1835 les diplômes *spéciaux* de docteur
« en chirurgie et de docteur en accouchements : dans la supposition
« même que ces diplômes leur soient conférés, ils doivent être assi-
« milés aux personnes qui ont obtenu les trois diplômes antérieu-
« rement à la loi du 15 juillet 1849 : ils tombent, par conséquent,
« sous l'application du même régime. »

Ainsi, le docteur en médecine qui, conformément à la loi de
1835, a obtenu *séparément* les diplômes de docteur en chirurgie et
de docteur en accouchements, soit à l'époque où cette loi était en
vigueur, soit plus tard par application des mesures transitoires inscrites en sa faveur dans la loi de 1849 et même dans celle du 1er mai
1857, ne peut user cumulativement de ses titres distincts que d'a-
près les principes de la loi de 1818.

Quant aux docteurs en médecine, en chirurgie et accouchements
reçus selon lesdites lois de 1849 et de 1857, nous avons démontré
qu'ils peuvent toujours exercer à la fois les trois branches (*); mais
s'ils ont obtenu, en outre, le diplôme de pharmacien, ils ne sont
admis à s'en servir que dans les conditions prévues par les art. 12 et
13 de la loi du 12 mars 1818.

CHAPITRE V.

DE LA RÉGLEMENTATION DES PROFESSIONS MÉDICALES.

164 Les seules dispositions nouvelles qui, sous le régime belge,
ont eu pour objet la réglementation des professions médicales, laquelle reste soumise, dans son ensemble, aux mesures introduites

(*) V. ci-dessus n° 159.

par le gouvernement des Pays-Bas [1], résultent de la loi du 9 juillet 1858 relative à l'introduction de la nouvelle pharmacopée officielle, qui rend, en outre, applicables aux médicaments les lois générales sur l'usage des poids et balances et sur la répression des falsifications, ainsi que des arrêtés royaux du 28 décembre 1859 et du 1 juillet 1860 rendus en exécution de la loi précitée.

Ces dispositions traitent presque exclusivement de l'exercice de la profession des pharmaciens et du droit accordé à d'autres praticiens de délivrer des médicaments : les unes ne font, à cet égard, que reproduire textuellement certains articles des arrêtés du 21 octobre 1819 et du 28 avril 1821 dont il est parlé plus haut, les autres introduisent diverses prescriptions nouvelles que nous indiquerons ci-après.

Cependant, la loi de 1858 et les arrêtés ultérieurs contiennent aussi quelques mesures spéciales relatives à la rédaction des ordonnances médicinales et chirurgicales, qui n'étaient pas inscrites dans la législation précédente.

165. Nous avons cité les mesures de précaution à observer, dans la rédaction de leurs ordonnances, par les praticiens qui ont le droit de prescrire des remèdes [2].

Les lois et arrêtés récents ne rapportent aucune de ces mesures, mais en imposent d'autres ayant également pour but de prévenir toute erreur dans la préparation des *recipe*, savoir :

A. Les médecins et, en général, toutes personnes autorisées à prescrire des médicaments, se conformeront exclusivement, dans leurs ordonnances, aux dénominations des poids décimaux métriques adoptées par la loi du 1er octobre 1855 [3].

« Les doses des médicaments seront indiquées exclusivement en « grammes et décigrammes, et, pour prévenir toute erreur acciden-

---

[1] V. ci-dessus titre III, ch. 5.

[2] Id. nos 120 litt. A, 121 litt. C et 122 litt. A.

[3] Loi du 9 juill. 1858, art. 5, §3.—Arr. roy. du 28 déc. 1859, art. 4, § 1. —Arr. roy. du 1 juill. 1860, art 6.

« telle, on évitera d'employer la virgule ou le point destiné à sé-
« parer les unités des fractions décimales ([1]). »

« B. Ces praticiens emploieront, dans leurs prescriptions, les
« dénominations de la *Pharmacopée officielle* pour désigner les
« substances médicamenteuses décrites dans ce recueil; s'ils
« désirent que le remède soit autrement préparé, ils en donnent la
« formule dans l'ordonnance, ou bien ils indiquent la pharmacopée
« où elle se trouve ([2]). »

166. Nous avons exposé ci-dessus aux n°s 125 et 126, sous les
litt. *A* à *L*, les conditions à observer, dans l'exercice de leur art, par
les pharmaciens et autres personnes autorisées à tenir officine.

Les seules, parmi ces conditions, qui aient subi quelques modifications, sont celles dont il est respectivement fait mention aux
litt. *A*, *B*, *D* et *H* des deux articles précités, savoir :

A. D'après l'art. 4 de l'arrêté royal du 28 avril 1821, les pharmaciens établis au siége d'une commission médicale locale étaient
obligés de posséder tous les médicaments énoncés dans la *Pharmacopée belgique*, tandis que les autres pharmaciens, ainsi que les médecins et chirurgiens autorisés à tenir officine au plat-pays, ne devaient
avoir qu'un certain nombre de remèdes, indiqué dans une liste
dressée par la commission médicale provinciale et approuvée par
les États-Députés ([3]).

La nouvelle *Pharmacopée officielle* contenant une quantité de médicaments bien supérieure à l'ancienne, le législateur de 1858 n'a
pas cru pouvoir maintenir la charge onéreuse qui était précédemment imposée aux pharmaciens des villes ([4]); abandonnant à la
prudence des commissions provinciales le soin de prescrire, selon
les localités et selon la nature des professions, le nombre de médicaments dont la tenue serait obligatoire dans les différentes officines,

([1]) Arr. roy. du 28 déc. 1859, art. 5.
([2])　　　　　Id.　　　　　art. 4.
([3]) V. ci-dessus n°s 125 et 126, litt. *A*.
([4]) Rapport de la section centrale de la Chambre des représentants, du
1er mai 1857, ann. parlem. 1856-1857, page 1572 et 1573.

il s'est borné à statuer d'une manière générale que : « les pharma-
« ciens et toutes les personnes autorisées à délivrer des médica-
« ments sont tenues d'avoir, en tout temps, dans leur officine ou dans
« leur dépôt, et en quantités requises, les médicaments indiqués
« dans les listes dressées par les commissions médicales provinciales
« et approuvées par le ministre de l'intérieur [¹]. »

Le but de cette approbation est d'introduire, dans la rédaction des listes respectives, une certaine uniformité.

Les différents arrêtés ministériels rendus pour l'exécution de cette disposition stipulent que « les substances et préparations médicinales
« devront constamment se trouver, dans les pharmacies et dépôts,
« en quantités nécessaires pour pourvoir, au moins pendant huit
« jours, aux besoins ordinaires de ces officines et, en tous cas, pour
« que les agents chargés de la surveillance puissent s'assurer de
« leur bonne qualité [²]. »

B. Selon l'art. 2 de l'arrêté royal du 28 avril 1821, tous les médicaments officinaux devaient être d'une bonne qualité, telle qu'elle était indiquée dans la pharmacopée, et chaque remède composé devait être exactement préparé conformément aux règles tracées par ce *codex* [³].

Le législateur de 1858, modifiant cette rédaction trop absolue, en ce sens qu'elle semblait exclure des officines les remèdes non prévus par la pharmacopée, dispose, d'une part [⁴] : que tout médicament, sans distinction, doit être de bonne qualité, exempt de falsification et en bon état de conservation ; et, d'une autre part [⁵], que tout médicament de la nouvelle pharmacopée, qu'il soit ou non mentionné dans les listes officielles, doit être préparé et conservé selon les prescriptions du *codex*.

L'utilité de cette dernière disposition a été démontrée, en les

[¹] Loi du 9 juillet 1858, art. 2.
[²] V. ci-après nᵒ 167.
[³] V. ci-dessus nᵒˢ 125 et 126, litt. *B.*
[⁴] Loi du 9 juill. 1858, art. 4 et 5.
[⁵] Id., art. 2 et 4.

termes suivants, dans l'exposé des motifs de la loi : « Il est impor-
« tant que les médicaments indiqués au *codex* soient préparés
« d'après les indications de la pharmacopée : car à quoi servirait l'in-
« troduction d'un code pharmaceutique, si le médecin praticien ne
« trouvait pas, dans la loi même, la garantie que les médicaments
« qu'il prescrit sans indication spéciale, seront toujours de bonne
« qualité et préparés d'une manière uniforme et convenable ? »

D. Les dispositions mentionnées aux n°ˢ 125 et 126, litt. D, ci-
dessus, ont été remplacées, depuis l'introduction de la nouvelle
Pharmacopée officielle et la révision du poids pharmaceutique, par
les suivantes, qui sont à la fois applicables aux pharmaciens et aux
autres praticiens admis à tenir un dépôt de remèdes :

« Tous ceux qui sont autorisés à délivrer des médicaments doi-
« vent avoir un exemplaire de la pharmacopée officielle, des aréo-
« mètres pour mesurer la densité des liquides, un alcoomètre cen-
« tésimal, de bonnes balances et des poids décimaux métriques
« exacts (¹). »

Aux termes de l'art. 2 de l'arrêté royal du 28 décembre 1859,
« aucun exemplaire de la *pharmacopée nouvelle* ne pourra être livré
« sans être muni d'un timbre du ministère de l'intérieur et du visa
« de l'inspecteur général du service médical civil. »

C'est à leurs frais que les praticiens doivent se procurer cet
ouvrage, dont le prix a été fixé à 10 francs.

Le *codex* officiel décrit les différents aréomètres et alcoomètres, et
contient des renseignements utiles sur leur usage.

En ce qui concerne les *balances*, les praticiens dont il s'agit n'en
peuvent avoir d'autres que celles dont l'usage est autorisé pour les
transactions commerciales en général (²).

« Ils sont tenus d'avoir, en tous temps, au moins deux balances
« à bras égaux : l'une particulièrement destinée à peser les mul-
« tiples du gramme, sensible au décigramme; et l'autre particuliè-

---

(¹) Arr. roy. du 28 déc. 1859, art. 3.
(²) Loi du 9 juill. 1858, art. 5, § 3.— Arr. roy. du 4 juill. 1860, art. 3.

« rement destinée à peser le gramme et ses sous-multiples, sensible
« à 5 milligrammes [1]. »

En ce qui concerne les *poids*, les pharmaciens et autres personnes autorisées à délivrer des médicaments ne peuvent avoir, dans
leur officine ou dépôt, ainsi que dans les lieux qui en dépendent,
que les poids décimaux métriques dont la valeur est déterminée dans
le tableau annexé à la loi du 1er octobre 1855 sur les poids et mesures [2].

D'après une circulaire ministérielle du 15 novembre 1855, cette
interdiction s'applique aux arrière-boutiques, ainsi qu'aux magasins, ateliers, dépôts, etc., à l'exclusion des autres parties du domicile où il ne s'opère aucune transaction ou perception.

Les dispositions réglementaires générales concernant la composition et la forme des poids commerciaux sont rendues applicables aux
poids pharmaceutiques par l'art. 3 de l'arrêté royal du 4 juillet 1860,
dont l'art. 4 exige que la série de poids suivante se trouve, en tous
temps, dans les officines et dépôts :

1	poids de	500	grammes	(demi-kilogramme).
1	—	200	—	(double-hectogramme).
2	—	100	—	(hectogramme).
1	—	50	—	(demi-hectogramme).
1	—	20	—	(double-décagramme).
2	—	10	—	(décagramme).
1	—	5	—	(demi-décagramme).
2	—	2	—	(double-gramme).
1	—	d'un gramme.		
1	—	d'un demi-gramme.		
1	—	20 centigrammes	(double-décigramme).	
2	—	10	—	(décigramme).
1	—	5	—	(demi-décigramme).

[1] Arr. roy. du 4 juill. 1860, art. 3.

[2] Loi du 9 juill. 1858, art. 5, § 3. — Arr. roy. du 4 juill. 1860, art. 1, 2
et 3. — Circ. minist. du 16 fév. 1860.

1 poids de 2 centigrammes (double-centigramme).
2   —   d'un centigramme.
1   —   d'un demi-centigramme.

Le même article ajoute : « Ces poids seront en cuivre jaune
« fondu, et massifs ; ils auront la forme d'un cylindre surmonté d'un
« bouton.

« Toutefois, les poids, depuis et y compris le demi-gramme
« jusqu'au demi-centigramme, pourront être faits avec des lames
« d'argent, de platine ou de cuivre jaune, minces et coupées car-
« rément ; pour les saisir plus facilement, l'un des coins sera
« relevé. »

La disposition de ce dernier § est conforme aux règles générales
sur la forme et la composition des poids du commerce, tracées par
l'arrêté royal du 13 novembre 1858 rendu en exécution de la loi
du 1er octobre 1855 sur les poids et mesures, et visé dans l'arrêté
spécial précité du 4 juillet 1860 sur les poids pharmaceutiques.

Quant aux poids supérieurs au demi-gramme, le susdit arrêté
du 13 novembre 1858 dispose également qu'ils auront la forme
d'un cylindre surmonté d'un bouton, *s'ils sont en cuivre*, mais autorise l'usage des poids en fer d'un demi-hectogramme et au-delà,
offrant une forme différente. L'arrêté de 1860 déroge donc aux
conditions générales, puisqu'il exige que tous les poids dont la
tenue est obligatoire dans les officines soient nécessairement en
cuivre.

D'après l'art. 13 d'un arrêté royal du 4 octobre 1855 sur
l'usage des poids du commerce, rendu applicable aux poids pharmaceutiques par l'art. 3 de l'arrêté du 4 juillet 1860 : « Dans tout
« endroit où se font habituellement les transactions, les poids et
« mesures doivent toujours être exposés à la vue et à l'inspection
« de l'acheteur ».

Une instruction ministérielle du 11 novembre 1855 a fait
connaître, dans les termes suivants, le but de cet article : « On ne
« saurait trop multiplier les précautions contre les abus dont le
« consommateur peut être la victime de la part d'un marchand

« déloyal. En créant un nouvel obstacle à la fraude, l'art. 13 pré-
« cité aura encore pour effet de familiariser le peuple avec les nou-
« veaux poids, et de lui fournir les moyens de se rendre parfaitement
« compte de leur valeur. »

Remarquons que cette disposition spéciale, selon ses termes, doit
être observée dans les pharmacies, mais non dans les officines des
médecins et chirurgiens de campagne, où le public n'a pas accès.

L'arrêté du 4 juillet 1860 ne fait aucune mention des *mesures*
décimales métriques. Il résulte, en effet, d'une circulaire ministérielle en date du 16 février précédent, que, « dans le débit des médi-
« caments, on ne se sert pas de mesures proprement dites ; les
« récipients en verre sous forme de tubes gradués, ainsi que les
« gobelets en métal qu'on emploie dans les pharmacies, ont une
« destination particulière qui ne leur permet pas d'être considérés
« comme des mesures. »

C'est donc au poids, et non à la mesure, que les médicaments sont
légalement débités.

II. Comme conséquence de l'introduction du nouveau système
de poids pharmaceutiques, les praticiens tenant officine doivent, dans
l'exécution des prescriptions de médicaments, et, en général, pour
tout ce qu'ils vendent ou délivrent, se servir uniquement du poids
décimal métrique [1].

« S'il leur arrive des prescriptions formulées en poids médical
« ancien, ils sont autorisés à faire la réduction de ce poids sur le
« pied suivant [2] ; ils donneront :

« Pour la livre médicale. . . . . 360 grammes.
« Pour l'once . . . . 30 grammes.
« Pour le gros ou drachme . . . . 3 grammes 75 centigr.
« Pour le scrupule . . . . . . 1 gramme 25 centigr.
« Et pour le grain . . . . . . 5 centigr. »

[1] Arr. roy. du 28 déc. 1859, art. 6, et du 4 juill. 1860, art 1 et 2.
[2] Arr. roy. du 28 déc. 1859, art. 6, rendu conformément à une délibé-
ration de l'Académie de médecine du 16 août 1842.

La tolérance dont il s'agit était commandée par la nécessité : on n'aurait pu sans danger interdire la préparation des ordonnances rédigées conformément à l'ancien système aboli par la loi du 1er octobre 1855 sur l'introduction du nouveau système décimal métrique.

L. La visite de certaines officines ayant été rendue impossible, à raison de l'absence du propriétaire au moment où les inspecteurs se présentaient à son domicile, le législateur de 1858, jugeant insuffisantes les dispositions antérieures, qui se bornaient à interdire aux praticiens de *se soustraire* aux investigations des délégués de la commission médicale (¹), a exigé des pharmaciens et autres individus autorisés à délivrer des médicaments, qu'ils rendent, « en tous « temps, leurs officines et depôts *accessibles* aux personnes chargées « de les visiter (²). »

« Ils ne peuvent s'opposer à ce que les médicaments qui seront « trouvés mauvais, gâtés ou n'ayant pas été préparés de la manière « requise, soient immédiatement enlevés (³). »

Telles sont les seules dispositions concernant la réglementation des professions médicales, qui modifient les prescriptions sur la matière consignées au chapitre 5 du titre précédent.

CHAPITRE VI.

DE LA SURVEILLANCE MÉDICALE.

167. Les lois belges n'ont apporté aucun changement important à l'organisation des Commissions médicales provinciales et locales,

(¹) Liége, 26 octobre 1852 (*Pasicr.* 1853. 2. 51). — Annales parlem. de la Ch. des représ., sess. 1857–1858., p. 1115.

(²) Loi du 9 juillet 1858, art 6, § 1.

(³)   Id.   art. 6, § 2.

prévue par la loi du 12 mars 1848 et par l'arrêté royal du 31 mai suivant (¹).

Aujourd'hui, comme sous le régime précédent, il existe neuf Commissions provinciales, ayant respectivement dans leur ressort chacune des neuf provinces du royaume.

Celle du Brabant se compose de 11 membres; celles des deux Flandres, du Hainaut, de la province de Liége et du Luxembourg, de 10 membres chacune; celle de la province de Namur, de 8 membres; enfin, celles des provinces d'Anvers et de Limbourg, de 7 membres chacune.

Les commissions locales, au nombre de 13, sont établies: à Alost, Anvers, Bruxelles, Courtrai, Dinant, Lierre, Louvain, Malines, Namur, Saint-Nicolas, Termonde, Tournay et Verviers. Celle de Vilvorde a été supprimée en suite d'une décision judiciaire qui, fondée sur cette considération que la commune de Vilvorde n'est point une ville aux termes de la loi, a méconnu la légalité de son institution (²).

Ainsi que nous l'avons dit déjà dans un nº antérieur, certain arrêté royal du 31 décembre 1850 (³) a, dans un but d'économie, introduit quelques légères modifications au mode primitif d'organisation des commissions provinciales.

Ces modifications, dont nous avons suffisamment indiqué la portée (⁴), sont les suivantes :

Art. 7. « Le nombre des sessions annuelles des commissions « médicales provinciales, fixé à quatre par l'arrêté royal du 31 mai « 1818, est réduit à deux. L'époque et la durée des sessions seront « réglées par le gouverneur de la province, sur la proposition « motivée du comité central mentionné ci-après. »

« Il en sera de même pour les réunions extraordinaires que des « circonstances particulières pourront rendre nécessaires.

(¹) V. ci-dessus nᵒˢ 129, 130 et 132.
(²) Bruxelles, 8 novembre 1850.
(³) Bull. du min. de l'int., IV, p. 618.
(⁴) V. ci-dessus nᵒ 140.

Art. 8. « Il est formé, dans chaque commission médicale provin-
« ciale, un comité central composé du président, du secrétaire et
« d'un membre de la commission désigné annuellement par le
« gouverneur, sur la présentation du collège : ce membre sera choisi
« de préférence parmi les membres résidant au chef-lieu ou dans
« le voisinage du chef-lieu de la province ».

Art. 9. « Le comité central s'occupe, dans l'intervalle des sessions
« de la commission, de l'examen des affaires urgentes et de celles
« pour lesquelles il n'est pas jugé nécessaire de consulter la
« commission entière.

« Toutefois, le comité consulte par écrit les membres de la
« commission sur les affaires importantes qui sont soumises à son
« avis. »

Art. 10. « Le président réunit le comité central aussi, souvent
« que les besoins du service le commandent. Il peut, toutes les fois
« qu'il y a nécessité, adjoindre au comité, pour l'examen des ques-
« tions pharmaceutiques, un pharmacien, membre de la commission
« médicale provinciale. »

Art. 12. « Les dispositions antérieures contraires à celles qui
« précèdent, sont rapportées ».

L'institution des présidents permanents désignés par le Roi, conformément à l'art. 2 de l'arrêté du 31 mai 1818 (¹), est tombée en
désuétude. Trois praticiens seulement ont été investis de ces fonctions depuis 1818 ; ils ont été remplacés, à leur décès, par des présidents temporaires désignés annuellement par le ministre de
l'intérieur, conformément à l'arrêté déjà cité du 11 septembre 1818.

L'art. 33 de l'arrêté susmentionné du 31 mai, qui obligeait les
membres des commissions provinciales à prêter, lors de leur entrée
en fonctions, certain serment dont la formule était déterminée, a été
rapporté par l'art. 127 de la Constitution belge (²).

Toutefois, ces membres, remplissant de véritables fonctions

(¹) V. ci-dessus n° 130.
(²) Id. n° 157.

publiques, sont tenus. selon l'art. 2 du décret du Congrès national
en date du 20 juillet 1831, de jurer. avant d'entrer en fonctions :
« fidélité au roi, obéissance à la Constitution et aux lois du peuple
« belge. »

Les attributions des commissions médicales provinciales, en ce
qui concerne les examens et réceptions de différentes catégories de
praticiens, ont été, comme on le sait, successivement réduites :

1° Par la loi du 25 septembre 1835, qui a interdit toutes nouvelles admissions de chirurgiens de ville ou de campagne et d'accoucheurs [1].

2° Par celle du 15 juillet 1849, qui a supprimé les diplômes spéciaux d'oculistes, et a confié aux jurys le droit de recevoir à l'avenir
les pharmaciens [2].

3° Par l'art. 33 de la loi du 1er mai 1857, qui a permis aux chirurgiens, aux officiers de santé. aux accoucheurs et aux pharmaciens, lesquels précédemment ne pouvaient exercer leur art que
dans la circonscription d'une seule province, de le faire dorénavant
dans toute l'étendue du pays sans avoir à subir d'examen supplémentaire devant les commissions provinciales [3].

Il résulte de là que les seules réceptions auxquelles ces commissions puissent encore procéder aujourd'hui. sont celles des dentistes, des sages-femmes, des droguistes et des herboristes [4]; et
que les praticiens exerçant l'une de ces trois dernières professions
sont les seuls qui, en cas de changement de province, puissent
encore être tenus de subir un nouvel examen devant la commission
compétente [5].

Le droit de surveillance accordé par le législateur de 1818 aux
commissions médicales provinciales et locales, en matière de police

[1] V. ci-dessus n° 137.
[2]   Id.   n° 138.
[3]   Id.   n° 139.
[4]   Id.   n° 146.
[5]   Id.   n°s 108, 109, 112 et 143.

de l'art de guérir [1], leur a été conservé, moyennant cette réserve que la mission de procéder à la visite des pharmacies, officines, dépôts et magasins de drogues, autrefois répartie entre lesdites commissions, appartient exclusivement aujourd'hui aux commissions provinciales.

Telle est, au moins, l'interprétation que les autorités administratives et judiciaires ont donnée à l'art. 8 de l'arrêté royal déjà cité du 28 décembre 1859, lequel dispose que « les officines, les magasins, « dépôts ou laboratoires des pharmaciens et, en général, de tous « ceux qui vendent ou délivrent des médicaments, seront visités « par des délégués des *commissions médicales provinciales*, au moins « une fois l'an, à des époques indéterminées et sans avis préa- « lable, etc. [2]. »

L'art. 7 de l'arrêté royal du 4 juillet 1860 reconnaît, non-seulement aux commissions médicales, mais encore aux agens ordinaires chargés de la vérification des poids et mesures, le droit de veiller à l'accomplissement des dispositions spéciales qui ont pour objet la tenue des poids et des balances pharmaceutiques.

Ces agents sont, outre les officiers de police judiciaire, les employés de l'enregistrement, les commis des accises commissionnés, ainsi que les vérificateurs des poids et mesures et leurs adjoints [3].

L'art. 14 de la loi du 1er octobre 1855, rendu applicable aux officines par l'art. 5 de celle du 9 juillet 1858, rappelle les principes généraux auxquels doivent se conformer les fonctionnaires chargés de la visite des lieux où des poids, mesures ou instruments de pesage sont déposés. Il est ainsi conçu : « Les lieux où se font habi- « tuellement, soit des perceptions à charge des particuliers, soit des « transactions pour lesquelles on emploie des poids et mesures, sont « soumis à la visite pendant tout le temps qu'ils sont ouverts au « public. »

---

[1] V. ci-dessus nos 131 et 132.
[2] Bruxelles, 5 avril 1861. — Circ. minist. du 24 mai suivant.
[3] Loi du 1er octobre 1855, art. 13.

« Sont également soumis à cette visite, après le lever et avant le
« coucher du soleil, les lieux affectés à la même destination, dont
« l'accès n'est pas ouvert au public ; toutefois, les commis des accises
« et les vérificateurs ne peuvent y pénétrer, si ce n'est en présence,
« soit du commissaire de police, soit d'un membre de l'administra-
« tion communale, et le procès-verbal sera, le cas échéant, signé
« par celui en présence de qui il aura été fait. »

Les dispositions du § 1 ci-dessus s'appliquent aux pharmacies et
aux boutiques de drogues ; celles du § 2, aux dépôts de médicaments
des médecins et chirurgiens de campagne et des officiers de santé.

L'art. 2 de la loi du 12 juillet 1821 comminait une amende contre
les pharmaciens, médecins, chirurgiens, etc., qui se seraient sous-
traits à la visite de leur officine, prévue par l'art. 6 de l'arrêté du
28 avril 1821, et qui devait se faire, aux termes de cet article, par
les délégués des commissions médicales *assistés d'un commissaire*
ou autre agent de police.

L'intervention de ce dernier fonctionnaire n'est plus requise par
la loi du 9 juillet 1858 ni par l'arrêté du 28 décembre 1859, qui
rapportent la loi et l'arrêté précités de 1821.

Cet arrêté de 1859 autorise simplement les délégués des commissions provinciales à inspecter les pharmacies et dépôts de médicaments, et l'art. 6 de la loi de 1858 exige que ces officines soient
accessibles aux personnes déléguées pour les visiter.

Ces dernières ne doivent donc plus se faire accompagner, dans
leurs visites, d'un officier de police.

Cette interprétation est rationnelle : les délégués des commissions
médicales agissent, en effet, en vertu d'un droit de surveillance
établi par la loi ; ils peuvent rechercher les contraventions, et les
constater au moyen de procès-verbaux qui font foi en justice jusqu'à preuve contraire : ils sont donc, en réalité, à un point de vue
spécial, de véritables officiers de police administrative, au même titre
que les commis des accises dans le cas prévu par l'art. 182 de la loi
du 26 août 1822, que les vérificateurs des poids et mesures dans
celui prévu par la loi du 1er octobre 1855, etc.

Ainsi que nous avons eu déjà occasion de le dire, l'art. 1er de la loi du 9 juillet 1858 charge les commissions provinciales de dresser une liste des médicaments que les pharmaciens et, en général, toutes les personnes autorisées à délivrer des remèdes, doivent avoir en tous temps dans leur officine [1].

Quoique la plus entière latitude ait été laissée à ces commissions, quant au point de savoir s'il convenait de dresser des listes distinctes pour les praticiens des villes et pour ceux des campagnes, pour les pharmaciens, d'une part, pour les docteurs, chirurgiens et officiers de santé tenant officine, d'une autre part, le gouvernement a fait connaître devant la Chambre des Représentants, lors de la discussion de la loi, les distinctions qu'il semblait juste d'établir en cette matière.

« Il faut trois espèces de listes, » a dit le Ministre de l'intérieur, « parce qu'il y a trois catégories de personnes autorisées à vendre « des médicaments : les pharmaciens des grandes villes, ceux des « petites villes et des campagnes, ainsi que les médecins et chirur- « giens autorisés à fournir des médicaments à leurs malades et à « préparer les *recipe* des docteurs en médecine et en chirurgie.

« Les pharmaciens des petites villes seront mis sur la même ligne « que les pharmaciens établis dans les communes rurales. »

« Les pharmacies des grandes villes doivent évidemment être « mieux fournies, c'est-à-dire, avoir plus de médicaments que les « autres, parce que leurs besoins sont plus grands, et que c'est dans « ces officines que les pharmaciens et les praticiens des petites loca- « lités doivent, le cas échéant, pouvoir se procurer les médicaments « rares, peu employés ou d'une conservation plus ou moins diffi- « cile. »

Quant au plus ou moins d'uniformité à introduire dans les listes des différentes catégories, le Ministre s'est encore exprimé, sur ce point, dans les termes suivants [2].

[1] V. ci-dessus n° 166, litt. A.
[2] Ann. parl. de la Ch. des Représ., session 1856-1857, p. 1572.

« Les usages diffèrent notablement d'une province à l'autre ; il
« importe d'avoir égard à ces différences et, conséquemment, il
« est impossible d'arrêter des listes uniformes pour tout le royaume.
« La confection de ces listes doit être laissée aux commissions pro-
« vinciales, seuls juges des besoins des différentes localités ; il y
« aura donc autant de listes de chaque catégorie qu'il y a de pro-
« vinces.

« Ces listes doivent comprendre tous les médicaments indispen-
« sables.

« Si l'on veut pouvoir exercer une juste sévérité dans l'inspection
« des officines et faire appliquer les peines comminées par la loi
« concernant les médicaments qui manquent ou sont gâtés, il faut
« que les listes n'exigent, comme obligatoire, aucun médicament
« peu employé ou sujet à se gâter malgré les soins qu'on apporterait
« à sa conservation ; il ne faut point placer les pharmaciens dans
« le cas de faire des dépenses pour renouveler des substances qu'ils
« ne vendent presque jamais.

« Les listes à dresser pour les pharmaciens des grandes villes ne
« font pas exception à la règle qui vient d'être posée : il vaut mieux
« exiger un médicament de moins qu'un médicament de plus ;
« comme les listes doivent être révisées tous les ans, il sera facile de
« faire disparaître les lacunes qu'elles présenteraient. »

Les membres de la commission de publication de la nouvelle
pharmacopée, chargés par le gouvernement d'émettre leur avis sur
les projets primitifs de listes dressées par les commissions provinciales en 1858 et soumis, conformément à la loi, à l'approbation du
gouvernement, se sont prononcés, sur les différents points dont il
vient d'être fait mention, dans le même sens que le ministre de l'intérieur, mais ont cependant exprimé l'opinion qu'en principe, les
listes ne pouvaient sensiblement différer d'une province à l'autre,
puisque les médicaments strictement nécessaires à une bonne pratique médicale doivent être à peu près les mêmes partout.

Afin d'introduire au moins une certaine uniformité dans cette
matière, le gouvernement a transmis aux commissions médicales un

projet-modèle des listes à dresser par elles, en leur laissant d'ailleurs la liberté d'y apporter tous les changements utiles, selon les besoins des localités.

Parmi les attributions *spéciales* confiées par les lois belges aux commissions provinciales, nous rappellerons celles qu'elles exercent en vertu de l'art. 4 de la loi du 1er mai 1857 sur la collation des grades académiques, lequel charge ces commissions de délivrer, aux personnes qui désirent obtenir le grade de docteur. certains certificats dont la production doit être faite par les intéressés préalablement à leur examen. Ces certificats attestent que l'élève a fréquenté avec assiduité et succès, pendant deux ans au moins, la clinique interne, externe et des accouchements (¹.

CHAPITRE VII.

DES PÉNALITÉS.

168. Des chapitres qui précèdent, il résulte que toutes les dispositions de police qui, dans l'intérêt de la santé publique, règlent actuellement le droit d'exercer l'art de guérir, dérivent, soit de la loi du 12 mars 1818 ou des arrêtés et instructions du 31 mai suivant, soit de la loi du 9 juillet 1858 ou des arrêtés royaux rendus pour son exécution le 28 décembre 1859 et le 4 juillet 1860.

Toute contravention aux articles de la loi du 12 mars qui sont encore en vigueur, est punie des peines comminées par cette loi même.

Toute contravention aux dispositions des arrêtés et instructions royales du 31 mai 1818, qui n'ont point été ultérieurement rapportées ou reproduites dans la loi de 1858 ou dans les arrêtés de 1859

(¹) V. ci-dessus n° 151.

et de 1860, est, comme autrefois, réprimée par l'art. 5 de la loi du 12 juillet 1821

La loi du 9 juillet 1858 sanctionne par des pénalités distinctes, chacune des obligations ou des prohibitions qu'elle prononce, et abroge implicitement la loi du 12 juillet 1821 , puisqu'elle statue sur les mêmes points, sauf la réserve que nous venons de mentionner, c'est-à-dire, sans préjudice à l'application des peines établies par l'art. 5 de cette dernière loi, à l'égard de ceux qui contreviendraient aux dispositions réglementaires introduites par le gouvernement hollandais et qui sont encore en vigueur, pour autant que ces dispositions n'aient pas été insérées de nouveau dans la loi de 1858 ou dans les arrêtés pris pour son exécution, soit littéralement, soit moyennant quelque modification (¹).

La loi dont il s'agit prononce les peines suivantes :

1° Une amende de 5 francs, et du double en cas de récidive, sera appliquée pour chaque infraction au devoir qui est imposé aux pharmaciens, et, en général, à tout praticien autorisé à délivrer des médicaments, d'avoir en tout temps dans leur officine ou dans leur dépôt, dûment conservés et en quantités requises, les remèdes mentionnés dans les listes officielles dressées par les commissions provinciales (²).

2° « L'amende sera de 10 francs pour chacun des médicaments
« de la pharmacopée qui n'aura pas été composé comme le *codex*
« l'indique, ainsi que pour tout médicament qui sera trouvé gâté ou
« de mauvaise qualité, lors même que ce médicament ne serait pas
« mentionné dans la pharmacopée.

« L'amende sera double en cas de récidive.

« Celui qui, étant déjà en état de récidive, subit une nouvelle
« condamnation du même chef, pourra être privé, en outre, de la
« faculté de délivrer aucun médicament, pendant 15 jours au
« moins et 6 mois au plus.

(¹) V. ci-dessus n° 144.
(²) Loi du 9 juillet 1858, art. 2 et 3.

« L'infraction à cette défense sera punie d'une amende de 100
« francs et d'un emprisonnement qui ne pourra être de moins
« de 8 jours, ni excéder 6 mois [1] ».

3° Une amende de 26 francs, qui sera doublée en cas de récidive, sera appliquée, pour chaque infraction, à celui qui délivrera des médicaments gâtés ou de mauvaise qualité.

En cas de nouvelle récidive, il sera procédé comme il est dit ci-dessus, même numéro, 2°, §§ 3 et 4 [2].

4° Les différentes pénalités prévues par la loi générale du 17 mars 1856 concernant les denrées falsifiées, sont rendues applicables à la falsification des médicaments et des substances médicamenteuses, c'est-à-dire, des drogues dont le débit caractérise la profession du droguiste [3].

Il sera également procédé comme il est dit ci-dessus, même numéro, 2°, §§ 3 et 4, à l'égard de celui qui, étant déjà en état de récidive, subirait une nouvelle condamnation pour avoir détenu des remèdes falsifiés destinés au débit, sachant qu'ils sont falsifiés (4).

5° Les peines prévues par la loi générale du 1er octobre 1855 sur le système décimal métrique des poids et mesures, sont rendues applicables à la prescription et au débit des médicaments [5].

Est passible de ces mêmes peines, l'auteur d'une prescription médicinale ou chirurgicale qui y introduirait d'autres dénominations que celles indiquées dans le tableau annexé à ladite loi [6].

6° Il sera appliqué une amende de 50 à 200 francs aux praticiens qui ne rendront pas leur officine accessible aux personnes déléguées pour la visiter, ou qui s'opposeront à l'enlèvement immédiat des médicaments trouvés mauvais, gâtés ou non préparés de la manière requise.

[1] Loi du 9 juill. 1858, art. 4, §§ 1, 2, 4 et 5.
[2]   Id.   art. 4, §§ 3, 4 et 5.
[3]   Id.   art. 5, § 1.
[4]   Id.   art. 5, § 2.
[5]   Id.   art. 5, § 3.
[6]   Id.   art. 5, § 4.

« En cas de récidive, il pourra leur être interdit de délivrer aucun
« médicament pendant quinze jours au moins et trois mois au plus,
« sous peine, en cas d'infraction, d'une amende de 500 francs et
« d'un emprisonnement qui ne pourra être moindre de 8 jours, ni
« excéder 6 mois (¹). »

Les arrêtés royaux du 28 décembre 1859 et du 4 juillet 1860,
dans le but d'assurer la bonne et complète exécution de la loi du
9 juillet 1858, imposent aux hommes de l'art auxquels cette loi s'applique, certaines obligations dont la plupart étaient inscrites déjà
dans les arrêtés abrogés du 21 octobre 1819 concernant les poids
médicaux et du 28 août 1821 sur l'introduction de la *pharmacopée
belgique*, ou dans les instructions pratiques du 31 mai 1818.

Ceux qui se soustrairaient à ces obligations seraient passibles des
pénalités prévues par l'art. 8, ainsi conçu, de la loi du 9 juillet 1858 :

« Les contraventions aux arrêtés qui seront rendus pour assurer
« l'exécution de la présente loi, seront punies d'une amende de 5 à
« 10 francs. »

« En cas de récidive, l'amende sera de 10 francs à 25 francs. »

« Dans ce dernier cas, il pourra être prononcé un emprisonne-
« ment qui n'excédera pas 7 jours. »

(¹) Loi du 9 juillet 1858, art. 7.

FIN.

TABLE DES MATIÈRES.

TITRE I.

LÉGISLATION ANTÉRIEURE AU RÉGIME FRANÇAIS.

CHAPITRE PRÉLIMINAIRE.

CONSIDÉRATIONS GÉNÉRALES.

CHAPITRE I.

DE L'OBLIGATION IMPOSÉE AUX DIFFÉRENTS PRATICIENS DE POSSÉDER CERTAINS TITRES DE CAPACITÉ.

CHAPITRE II.

DES CONDITIONS DE CAPACITÉ REQUISES POUR LA DÉLIVRANCE DES TITRES MÉDICAUX.

CHAPITRE III.

DU SERMENT ET DE L'ENREGISTREMENT DES TITRES.

CHAPITRE IV.

DES DIFFÉRENTES PROFESSIONS MÉDICALES.

CHAPITRE V.

DE LA RÉGLEMENTATION DES PROFESSIONS MÉDICALES.

CHAPITRE VI.

DE LA SURVEILLANCE MÉDICALE.

TITRE II.

LÉGISLATION FRANÇAISE.

CHAPITRE PRÉLIMINAIRE.

EXPOSÉ GÉNÉRAL.

CHAPITRE I.

DE L'OBLIGATION IMPOSÉE AUX DIFFÉRENTS PRATICIENS DE POSSÉDER CERTAINS TITRES DE CAPACITÉ.

CHAPITRE III.

DE LA PATENTE, DU SERMENT ET DU VISA DES TITRES.

CHAPITRE IV.

DES DIFFÉRENTES PROFESSIONS MÉDICALES.

CHAPITRE V.

DE LA RÉGLEMENTATION DES PROFESSIONS MÉDICALES.

CHAPITRE VI.

DE LA SURVEILLANCE MÉDICALE.

CHAPITRE VII.

DES PÉNALITÉS.

TITRE IV.

LÉGISLATION BELGE.

CHAPITRE PRÉLIMINAIRE.

EXPOSÉ GÉNÉRAL.

CHAPITRE I.

DE L'OBLIGATION ACTUELLEMENT IMPOSÉE AUX DIFFÉRENTS PRATICIENS DE POSSÉDER CERTAINS TITRES DE CAPACITÉ.

FIN DE LA TABLE.

www.ingramcontent.com/pod-product-compliance
Lightning Source LLC
LaVergne TN
LVHW021930030726
842523LV00001B/102